sapientia
サピエンティア 18

アメリカの影のもとで

日本とフィリピン

Japan and the Philippines in America's Shadow

藤原帰一・永野善子 ［編著］

法政大学出版局

目次

第5章 象徴天皇制とホセ・リサールの神格化との比較考察 永野 善子 155

アメリカの影のもとで——日本とフィリピン

序　章　二つの帝国の物語

後発植民地主義としての日本とアメリカ

藤原　帰一

はじめに

植民地帝国としてアメリカ合衆国と日本を比較することは奇妙であり、ともすれば奇想天外なこととすら思われるに違いない。日本は、言うなれば、日本人にとってのみ「合法的」にみえる曖昧な法的根拠のもとで朝鮮半島を併合し、さらに満州、続いて中国全土と東南アジアを武力で占領した強国であった。他方、アメリカは領土的拡大にほとんど関心を示さなかった。アメリカは、抑圧者ではなく、自由の戦士に援助の手を差し延べる運命にあった。

一九世紀ヨーロッパで実践された植民地主義は、世界において「民主主義のために安全」な場を提供することはなかった。キューバとフィリピンを占領したのち、アメリカは、諸帝国がこの二つの領土を羨望のまなざしをもって重要資産とみなし、キューバとフィリピンではともに反植民地運動の勢力と影響が限定的ですらあったのだが、この二つの領土を放棄した。日本は権力の相対的欠如にもかかわらず植民地領有を希求したのに対し、アメリカはその未曾有の権力にもかかわらず、海外領土における独立を促進した。

かくして、日本、さらにいえばロシアやドイツは帝国を希求したが、アメリカはそうではなかったという社会的通念が生まれたのである。もし帝国とは、本国では専制政治を展開し、海外では領土的野心を高ぶらせるものであるとするならば、アメリカは本国でも海外においても民主主義を促進した。これは、アメリカは帝国ではないというだけのことではなかった。アメリカは帝国の圧制と植民地主義から自由な世界への道を開く、帝国の反対物であった。こうした見解は、国際関係の研究者たちのあいだで共通の理解となっているようだ。なぜなら、日本は、ロシアやドイツと並んで帝国研究のなかで必ず取り扱われる国であるが、アメリカは帝国的願望に対抗する自由の擁護者として立ち現われるからだ。

私はこうした見解に賛成できない。歴史的にみると、アメリカと日本はともに植民地主義の時代のレイトカマーであって、イギリスやフランス勢力の海外的進出の後塵を拝しているが、そのことはアメリカと日本が海外領土を拡大する対外的機会を求めることを妨げるものではなかった。そのうえ、アメリカと日本は、私がここで「後発植民地主義」(latecomer-colonialism)と呼ぶような特異な性格をもっており、両国にとって先駆的存在であるイギリス帝国やフランス帝国では見られない共通の特徴を分かち合っている。国家の強力な役割から出発して地政学上の重要性にいたるまで、アメリカと日本の両者のあいだには比較分析を可能にする十分な類似性がある、と私は思う。

このことは、両者が同一であるということではない。アメリカが領土的支配への依存度が小さい非公式の帝国を推し進めたとするならば、日本は汎ナショナリズムの拡張主義的解釈をとおして、領土的拡大のために民族自決の概念を屈曲した。領土的支配はアメリカの海外勢力拡大において中心的問題ではなかったのに対し、日本の汎ナショナリズムの追及において領土的拡大は必須のことだった。

だが、非公式の帝国と汎ナショナリズムへの希求は、二つの相反するものとみなすべきではなく、むしろ後発植民地主義の二つのモデルと考えるべきであろう。アメリカと日本はともに、植民地主義を植民地主義として擁護することが困難な時期に植民地主義の時代に突入した。非公式の帝国と汎ナショナリズムはともに、軍事的命令による外側からの支配を単純に正当化しない新しい枠組みのもとで、海外における政治的支配を拡大する試みだった。

以下では、つぎの手順で議論を進めていきたい。はじめに、後発帝国主義の性格を、ヨーロッパの帝国主義のより伝統的なタイプと対置するかたちで確定することを試みる。ついで、非公式の帝国と汎ナショナリズムという二つのモデルを第一次世界大戦後の国際秩序に対する二つの回答として、すなわち、植民地主義がその正統性を剥奪された時代に植民地における政治的支配を維持・拡大した試みとして論じる。

最後に、この二つの帝国の行方について手短に議論したい。アメリカの非公式の帝国が第二次世界大戦後に世界秩序の原型として姿を現わしたとき、日本の帝国は自滅的戦争の結果として崩壊し、日本は事実上、アメリカの従属国となった。本書の諸章で議論されるように、アメリカは日本に対し恩恵的かつ改革的な占領を強要したが、これはフィリピンで先行したアメリカの植民地支配と著しい類似性をもっていた。日本は、ファウスト的運命のいたずらのなかで、帝国から出発し従属国に終わったのである。

一　植民地主義のレイトカマー

後発植民地主義とは何であろうか。第一に指摘すべきは、ほとんど自明なことだが、海外領土の併合の時期に関わることである。そしてアメリカと日本の植民地的拡大はともに、イギリスやフランスの拡大と比較してかなり遅れた時期に開始された。アメリカの蒸気船は一九世紀半ばからすでに太平洋を横断していたが、アメリカでは海外領土的支配の拡大に対する要求はほとんどなかった。というのは、アメリカは豊富な天然資源と豊かな市場に恵まれており、一九世紀後半から太平洋への進出がすでに始まっていたものの、対外的問題に関わるよりも先住インディアンを周辺の辺境地に押しやることにより高い優先順位がつけられたからである。日本は世紀転換期にいたるまで、自身で植民地を獲得するために勢力を拡大することよりも、イギリス、フランス、あるいはロシアなどの西欧列強による植民地化を恐れることにむしろ十分な理由があった。海外領土に対する大規模な進出が重要な課題となったのは、アメリカでは一八九〇年代であり、日本では一九〇五年以後のことだった。

アメリカと日本が対外的膨張を開始したとき、世界はすでにヨーロッパ列強によって多くの地域が割譲されていた。このため、膨張のための唯一の道は、残された空間を貪り食うようにして占有する方法だけだった。ハワイやサモアなど太平洋諸島へのアメリカの進出はもとより、日本の台湾併合は、このような膨張への序曲、すなわち、ヨーロッパの植民地主義が取り残した地域に対する膨張だった。

厄介なことに、一九世紀後半には地球上には植民地支配からもはや取り残された地域はあまりなかった。このため、レイトカマーは、すでに諸列強によって支配されていた諸領土を乗っ取らねばならなかった。いくつかの領土は比較的容易に勝利を得ることによって獲得された。米西戦争後のアメリカのフィリピン支配や、日露戦争後の日本による韓国併合と第一次世界大戦後の中国の青島（チンタオ）併合がその例である。その他の地域では大変な争奪戦が展開され、日本の満州侵略はその最たる例だった。レイトカマーは他国を犠牲にすることによってのみ帝国を築くことができたのであり、こうした行為は一定の地域における勢力均衡と国際関係の安定性に対する深刻な挑戦となった。

領土的併合の時期は、帝国形成活動における主要な行為主体が何であったのかということについても関連していた。初期の帝国は、本国において限られた制度的支援を受けた諸個人によって建設された。なぜなら帆船がエンジンをもたず、未知の病に対して効果を発揮した医薬品が稀であった時代にあって、海外領土と制度的つながりを確立することはきわめて困難だったからである。このような状況のもとでは、勇士、冷血漢、物好きな者たちだけが祖国の心地よい生活から遠く離れた不毛の地で自らの生命を危険にさらしたのだろう。

かくして、スペインのラテンアメリカ征服を達成したのは国家官僚ではなく、むしろ征服者たち《コンキスタドーレス》だった。新大陸にキリスト教世界をもたらしたのは、組織された教会の行為というより、むしろ一人ひとりの宣教師たちの行為だった。インドで綿工業を起こしたのは、ロンドンの株式市場に上場されていた会社というより、むしろ野心的で無法な商人たちだった。ジョン・シーリーがその著書『イギリスの膨張』（Seeley 1885）で悲嘆したように、イギリス帝国は、帝国形成のための総合的な政府による政策なくして、その裏口から建設された。

　医薬と医療の飛躍的進歩と同様に、蒸気船の定期航路の発展は、海外への旅と滞在をより安全なものにし、植民地と本国とのあいだの制度的連関をより密にする道を開いた。宣教師たちは彼らの教会とより緊密に結びつき、商人たちは法人組織のなかに組み込まれ、そして緩やかに分散された官庁組織は、植民地国家の渾然一体化した行政的構造へとその姿を変えていった。初期の植民地主義は、無法者たちや物好きな人びとの個人的努力によって成り立っていた。一九世紀後半の植民地主義は組織的な行為によるものとなった。非協調的な個人的行動からなる行為に代わって、教会・近代的企業・国家が優越性を確保したのである。

二　国家の卓越性

　植民地支配の制度的強化がゆっくりと漸増的にイギリス帝国とフランス帝国のなかで展開していったとするならば、後発型帝国では、まさにその始まりから本国国家からの強力なイニシアティブが働いていた。植民地は征服者たち《コンキスタドーレス》にとってだけでなく、政府にとっても重要だった。植民地主義は国家によって渇望された最重要課題であった。そのことは、海外に派遣された人びとの名簿録から容易に知ることができる。フィリピンにおけるアメリカの支配には、二〇世紀初頭のアメリカの政治・軍事的分野における多くの有名人が関わった。のちにアメリカ大統領となったウィリアム・タフト、ボストンの銀行業界の大物W・キャメロン・フォーブス、のちの第一次世界大戦の英雄ジョン・パーシング、そして最後に忘れてならない人物として、落選はしたものの、アメリカ大統領の候補者を選ぶ共和党の予備選挙に出馬したレナード・ウッドがいた。同様のことが日本についてもいえる。日本統治下朝鮮の第一代総督は、明治維新の立役者・伊藤博文その人だった。イギリスはインドにチャールズ・カニングのような人物を送り込むのに二世紀を要したが、アメリカと日本は植民地支配の開始当初から最良の人物を送った。このことは、植民地主義が何にもまして国家プロジェクトであったことの明白な証左である。

植民地における弾力的な政治制度が植民地支配の最後の数十年に確立されたイギリス、フランス、オランダの植民地と異なり、アメリカと日本の植民地統治はともに、その植民地支配のほとんど当初から、新たに獲得した領土に対するより強力な国家的監視を目的とした多額の費用を要するプロジェクトに従事した。アメリカがフィリピンにおいて手がけた初期のプロジェクトのなかに国勢調査があった。多くの地域やたくさんの島々のあいだの行き来が事実上不可能な時代にあって、この企てを実施するためには後背地への一連の遠征が必要なことを示唆するものであり、時にそれは「原住民」との暴力的衝突をともなうものだった。日本の朝鮮統治の場合には、戸籍制度、つまり各世帯を基礎とした住民登録制度が日本の支配下におかれた最初の一〇年間に導入された。父親を家長とする各世帯の名前と住所が植民地当局に対して正確に登録された。もうひとつの事例は土地調査で、これによって朝鮮におけるすべての耕作地が調査され、法的所有権をもたない土地は国家、もしくは日本人の所有下におかれた。

アメリカの国勢調査と日本の戸籍はともに租税の基礎となり、また治安対策を後背地へ拡大するという類似した目的をもっていた。フィリピンと朝鮮では類似した国家的介入が行なわれ、交通網と幅広い教育制度の確立が優先された。過度の国家的介入と財政支出は、もっとも非民主的形態をもつこの二つの統治に対して、社会民主的外観すら与えた。だが、ここでの問題は、もちろん、こうした政策が公共的利益に浴したか否かにあるのではなく——それはかなり疑わしいことであるが——、フィリピン人や朝鮮人の日常生活にまで過度の行政的介入が及んだことである。アメリカ植民地行政が提供した公教育は、近代的で改革主義的な実用主義がより伝統的なイスラム教の学校に不利に働いたため、南部フィリピンのムスリム住民から敵対的な反応を受けた。たとえば、戸籍は、日本の家父長制、もしくは父系制的家族制度の観念を広めたが、これは朝鮮ではなく日本社会で根づいた家族単位であったため、朝鮮社会住民のあいだで不満の種となり、むぎだしの搾取によるよりもより強力な怒りを招いたのである。

　イギリスとフランスの植民地では、国家によるこのような強力な介入は、まったく聞かないわけではないにせよ、帝国の最後の時代になってはじめてもたらされた。伝統的植民地主義は諸個人を基礎とする分散した行為から出発し、そしてインド政庁やオランダ型官僚国家（beambtenstaat）はインドと蘭領東インドにおいて漸次的に発展したにすぎず、その統治の最後にいたるまで後背地における植民地支配を脆弱かつ曖昧なものとして残存した。

　これとは対照的に、フィリピンにおけるアメリカ統治と朝鮮に対する日本の支配はともに、国家的プロジェクトとして開始され、抑圧的のみならずきわめて制度的に整備され、本国で実施されたものよりも「近代的」ですらあったような官僚的装置を備えた政治的上部構造を強要することに強い関心を向けた。レイトカマーにとって植民地統治とは、それ自体が領土的従属と政治的監視であり、それは広範囲の国家装置をとおしてのみ達成することができた。したがって、当初から植民地国家が出現したことは、後発植民地主義の決定的な特徴なのである。

三　地政学の帝国

後発植民地主義における国家の役割が示すもうひとつの特徴は、地政学上の卓越性である。併合当時すでに、アメリカがなぜフィリピンを支配下におく必要があると考えるのかが問題となっていたが、このことは今日にいたるまで謎のままである。だが、ゆるぎない事実は、アメリカはアメリカ以外の国によるフィリピン統治を望まなかったことである。アメリカ海軍が仮想敵国に対してもつ軍事力に関して深刻な論争に巻き込まれていたときに、アメリカがフィリピンを併合したことは、アメリカの戦略的思考を如実に示している。フィリピンの経済的価値がいかなるものであれ、それがアメリカの外交政策にとって地政学上の資産を提供することになることに疑問の余地はない。

アメリカ帝国はほかの諸帝国の戦略的野望を過度に警戒した。タフト゠桂協定は、タフトがフィリピンの独立の可能性よりも、フィリピンに対する日本の進出をより憂慮したことを示している。タイディングス゠マグダフィ法案とヘア゠ホーズ゠カッティング法に関するほとんどの論争は、フィリピンの中立を保つこととフィリピンがほかの諸列強、とりわけ日本と手を結ばないようにするための方策に費やされた。さらに、独立後に軍事基地を維持しなければならなかったのだが、このことは、ほかの経済的権益に対する地政学上の卓越性を明確に示している。植民地主義から手を引くことはまったく問題はなかったが、基地は維持されねばならなかった。この地政学上の卓越性は、しばしば無視されるものの、アメリカのフィリピン占領の決定的な特徴だった。

地政学は、日本の対朝鮮進出においてさらにより顕著な役割を演じた。当初、日本の領土的あるいは地政学上の野望はすべて封印されていたが、李朝の宮廷のなかで懐疑的な目をもつ人びとには明白であった。日本は、曲がりなりにも、李朝に対して朝鮮をロシアの野望から守ると約束していた。朝鮮は当初、ロシアと日本の双方を天秤にかけながら綱渡りをすることによって独立を維持しようと試みた。日本のロシアに対する勝利（より正確には、日本の勝利というよりはむしろロシアの敗北）によってこの企てが破綻したとき、独立朝鮮の落日は時間の問題となった。

しかし、日本の朝鮮に対する考え方は驚くほど否定的なものだった。植民地として朝鮮だけでは日本にとってほとんど意味がなく、この半島の経済資源に対し日本はまったくといってよいほど無関心だった。朝鮮それ自体が日本の目的ではなかった。どちらかといえば、朝鮮は将来ロシアを日本の統制下におくための戦略的記念物だった。日本の対外的活動の本来の目的は、つねに中国であり、朝鮮は中国への足掛かりとして利用されたものの、それは、フィリピンがアメリカの中国進出の足掛かりとなったのと同様であった。

さらに、中国は経済的資源としてよりも、むしろ軍事・戦略的資源として重要だった。産業界は中国における領土的野心に対して一貫して無関心だった。なぜなら、彼らは、市場を植民地に変えることなく事業を行なうことができたからである。もし私たちの関心をビジネス・エリートだけに限定してしまったら、なぜ日本が中国に領土的野心をもったのかを理解することが困難になるだろう。なぜなら、中国はすでに一九二〇年代から、ピーター・ドウスが命名した「日本の非公式の帝国」、あるいはその経済的勢力圏のなかに組み込まれていたからである。

しかし、軍人にとって市場の支配権だけでは不十分であり、中国に対する軍事的進出の可能性を軍部中枢が模索し続けた。彼らの目的は純粋に地政学的で、もし日本が満州を手に入れなければ、ソ連の進出が不可避となるだろうというものだった。したがって、日本帝国は地政学上の利害関係によって支配された軍事的勢力圏であり、それは経済的必要や需要によってごく曖昧に支持されたにすぎなかった。

後発植民地主義は、植民地国家の建設と地政学上の過度の卓越性の双方の観点から、伝統的な植民地帝国とは際立った対照を示している。イギリスとオランダにとって、植民地とは富であった。シンガポールの海軍基地は植民地の開発を続けるために必要とされたのであって、その逆ではなかった。アメリカと日本にとって、植民地とは、政治的支配と軍事的資産であり、それは長期的にみれば本国を利するものだった。支配と地政学に対するこうした不均衡な考え方は、後発植民地主義を国家プロジェクトとして、それ自体を植民地的拡大の時期が生んだ結果として捉えたときにはじめて理解することができる。

四　非公式の帝国と汎ナショナリズム

しかし、同時にアメリカと日本の植民地主義には、とりわけ政治的イデオロギーの分野において顕著な違いがあった。フィリピンにおけるアメリカの支配は、ナショナリズムやエスニシティについてほとんど触れることのない、一見したところ普遍的な構想に包まれている。「文明化された人種が地球の暗黒の場所に広がり、平和が最後の世紀に地球の大部分に訪れた」というセオドア・ローズヴェルトの声明にもみられるように、それは文明人と未開人との出会いだった。

この点では、フィリピンにおけるアメリカの統治の見かけ上の目的は、フィリピン人に対して自治の手法を手ほどきすることにあった。ローズヴェルトによれば、アメリカの役割は略奪することにあったのではなく、フィリピン人に自由を与えるというものだった。「彼ら自身の暗黒の歴史をとおしてこれまで彼らが決して知ることのなかった自由」、そして「彼ら自身の民族主義的指導者の支配のもとで彼ら自身が決して享受することのなかった自由」を。

なるほどこれは白人の責務である。しかし、アメリカはその統治を植民地主義と呼ぼうとはあまりしたがらなかった。アメリカ人は彼らの統治方法が、イギリス、フランス、オランダによる圧政とは異なるとみていたからである。もちろん、自由への支援をとおして植民地統治を正当化することには、なんら新しいことはない。アメリカに関して興味深いことといえば、「暗黒」が暗黒でなくなり非文明的でなくなったときに、「暗黒の場所」に対して政治的独立を与える用意をしていたことにある。非ヨーロッパ政府が文明化の規則に従う限り、植民地統治は不要であった。

このような議論の仕方は、国際連盟の委任統治についての考え方とほとんど同じである。国際連盟憲章第二二条によると、委任統治は、旧来の統治者がすでに撤退し、そこに住む人びとが一般に自治能力をもたないような植民地や領土に対して必要とされるものである。この意味で、フィリピンにおけるアメリカの支配は、第一次世界大戦後に実行された伝統的植民地主義をうわべだけ改造することに対する先駆者だったという点で、普遍的なレトリックをもっていた。

これに対して、日本はそのような普遍的信条にほとんど関心を払わなかった。日本の帝国への衝動は、結局のところ、一八五〇年代に諸外国に対して門戸開放を行なったときに強要された屈辱的な条約締結によって駆り立てられたものだった。それ以来、日本は経済的、外交的、戦略的に西欧諸国と対等の地位につくという目標を追い求めた。もし日本が正々堂々と西洋と向き合うことを望むのであれば、ほかのアジア諸国も同様でないはずはなかろう。かくして日本のレトリックは、アメリカが表明した普遍的な考え方とはまったく対照的に、西洋対東洋という考え方のもとで形成されたのである。

その事例は溢れるほどある。ヨーロッパの諸列強の手から朝鮮を保護することができるのは唯一日本だけだとの理由から、日本は朝鮮を支配していた。日本にとって中国と「手を組む」のは「自然」なことだった。なぜなら、日本と中国は共通の文化（「同文」）と民族（「同舟」）を共有するからである。近衛文麿がのちに「米英本位の世界」と呼ぶように、アメリカとヨーロッパの影響のもとで世界が実際に拡大したことは、少なくとも日本人の目からみて、文化と民族についての疑わしい解釈を正当化する基礎となった。

こうした文化的再解釈を行なったのは日本人だけではなかった。いまや悪名高き概念となった「八紘一宇」、つまり八つの国々の結束は、一九世紀後半とそれ以降のヨーロッパを揺るがしてきた汎ナショナリズムの現代的復活にすぎなかった。汎ナショナリズムの信奉者によれば、世界は文化的に異なり、相互に対立している国家によって構成されており、ある国がそのアイデンティティと生活様式を守ることを望むのなら、文化的遺産を共有する国々と同盟を結ばなければならなかった。これは、一九世紀中葉と末葉における汎スラヴ運動の要求であり、同様に汎ドイツ主義の主張でもあった。後者は当初、汎スラヴ主義と対をなすイデオロギーとして登場し、最終的にはナチの「生活圏」(Lebensraum)の概念へと発展したのである。

もしアメリカが進歩的で普遍的だとしたら、日本は人種的で特殊的だった。第一次世界大戦の終結とともに植民地主義それ自体を正当化することがますます困難となり、民族的自決と植民地主義の要求との折り合いをつけることがいっそう必要となった。非公式の帝国というアメリカの概念は、進歩的かつ普遍的な解釈をとおして獲得された民族自決との融和だった。その日本的変形は、人種的かつ拡張主義的な解釈をとおしての民族自決との融和だった。アメリカは第一次世界大戦後、公式の植民地支配から漸次的に手を引きはじめ、それに代わって、のちに歴史家たちが非公式の帝国と呼ぶことになるものを拡大した。日本は、一九二〇年代における束の間の休息ののち、汎ナショナリズムの仮面をかぶって植民地的侵略を再開したのである。

おわりに

アメリカと日本のうち勝者がどちらだったのかは、苦痛なほどまでに明白である。非公式の帝国、あるいは公式の植民地なき帝国主義が勝利を収め、第二次世界大戦後の主要なガイドラインを提供した。全盛時代にアメリカはイギリス帝国よりもはるかに広範な軍事基地のネットワークを構築したが、これは最小限の領土的支配、つまり進歩的で同時に海外の影響を制御するためのきわめて費用効果が高い方法をとおして達成されたものだった。日本の汎ナショナリズムは、そのドイツ型の変形とともに、この世界から完全に追放されるにいたった。

これをさらに皮肉なことにさえしているのは、戦後の日本において、第二次世界大戦前にフィリピンで行なわれたのと酷似したアメリカの占領が実施されたことである。日本は汎ナショナリズムと後発型植民地主義から撤退して、アメリカの後見指導のもとにおかれた従属国になっていた。

汎ナショナリズムの失敗をここで述べる必要はない。あらゆる民族主義的なレトリックとともに、いかなる国もほかの国々と対等であることほど明白なことはない。このことは、日本がその支援を獲得しようと望んだまさにアジア諸国の目からみて、汎ナショナリズムを魅力のないものにした。それでは、進歩的な非公式の帝国はどうであろうか。アメリカの影響の対象となっただけでなく、アメリカの直接的支配のもとにおかれたフィリピンと日本というこの二つの国に、それは何を遺産として残したのだろうか。ここに私たちの研究課題がある。第二次世界大戦後において、アメリカと日本を帝国として比較することは無意味となった。探究すべき残された課題とは、ともにアメリカが創造し維持してきた進歩的で非公式な帝国の影のもとにおかれた、フィリピンと日本の比較であろう。

参考文献
ドウス、ピーター（一九九二）藤原帰一訳「植民地なき帝国主義——『大東亜共栄圏』の構想」『思想』第八一四号、四月。

和田春樹・姜尚中・藤原帰一（二〇一〇）「討議：朝鮮植民地支配とは何だったのか——『帝国』日本と現代」『世界』（一月号）。

Beale, Howard (1956) *Theodore Roosevelt and the Rise of America to World Power,* Baltimore: Johns Hopkins University Press.

Beisner, Robert L. (1985) *Twelve Against Empire: The Anti-Imperialists, 1898–1900,* Chicago: University of Chicago Press.

Challener, Richard (1973) *Admirals, Generals, and American Foreign Policy,* Princeton, N.J.: Princeton University Press.

Duus, Peter (1995) *The Abacus and the Sword: The Japanese Penetration of Korea, 1895–1910,* Berkeley, Cal.: University of California Press.

Duus, Peter, Ramon H. Myers, and Mark R. Peattie, eds. (1989) *The Japanese Informal Empire in China, 1895–1937,* Princeton, N.J.: Princeton University Press.

———, eds. (1996) *The Japanese Wartime Empire, 1931–1945,* Princeton, N.J.: Princeton University Press.

May, Ernest R. (1961) *Imperial Democracy: The Emergence of America as a Great Power,* New York: Harcourt, Brace & World.

Myers, Ramon H., and Mark R. Peattie, eds. (1983) *The Japanese Colonial Empire, 1895–1945,* Princeton, N.J.: Princeton University Press.

Seeley, John Robert (1885) *The Expansion of England: Two Courses of Lectures,* London: Macmillan（ジョン・シーレー／加藤政司郎譯『英國膨張史論』興亡史論刊行會、一九一八年）.

Stanley, Peter W. (1974) *A Nation in the Making: The Philippines and the United States, 1899–1921,* Cambridge, Mass.: Harvard University Press.

Stephanson, Anders (1996) *Manifest Destiny: American Expansion and the Empire of Right,* New York: Hill and Wang.

Thomson, James C., Jr., Peter W. Stanley, and John Curtis Perry (1981) *Sentimental Imperialists: The American Experience in*

East Asia, New York: Harper & Row.

Young, Louise（1999）*Japan's Total Empire: Manchuria and the Culture of Wartime Imperialism*, Berkeley, Cal.: University of California Press（ルイーズ・ヤング／加藤陽子ほか訳『総動員帝国——満洲と戦時帝国主義の文化』岩波書店、二〇〇一年）.

Williams, William Appleman（1959）*The Tragedy of American Diplomacy*, Cleveland: World Publishing Co.（ウィリアム・A・ウィリアムズ／高橋章・松田武・有賀貞訳『アメリカ外交の悲劇』御茶の水書房、一九八六年）.

第Ⅰ部　帝国と国民国家のせめぎあい

ミドルサイド兵舎（コレヒドール島）

第1章　フィリピンと合衆国の帝国意識

ジュリアン・ゴウ

はじめに

　アメリカ歴史学研究における伝統的例外主義思想によれば、合衆国は、とりわけその反植民地的起源とこの国に影を落とすリベラルかつ民主主義的伝統ゆえに、「帝国」であったことは一度としてなかった。しかし、こうした帝国への伝統的拒否反応は、今日すでに新たなかたちで複雑な様相を呈している。

　一方において、研究者やメディア評論家たちは一様に、合衆国は現在もこれまでもつねに帝国であったと考えている。ある評論家が二〇〇三年の『アトランティック・マンスリー』のなかで語ったように、合衆国が「帝国」であると言うのは、ほとんど「常套句」となってきた。他方、「帝国」という言葉が大衆的語彙の仲間入りすら果たすようになると、例外主義思想のある側面がふたたび人びとの心のなかに刻印されるようになった。例外主義のこうした側面を、リベラル例外主義と呼ぶことができるかもしれない。それは合衆国が従来帝国であったことを容認しつつも、帝国が独創的であったことを強調する。

ヨーロッパの諸帝国が専制的かつ搾取的であったのに対して、アメリカ帝国は情け深く利他的であった(Ikenberry 2002: 59)。ヨーロッパの諸帝国が自由・権利・民主主義を抑圧したのに対して、アメリカ帝国はそれらを流布させることを目的としていた。「アメリカの帝国主義者たちはほとんどの場合、民主的に選出された現地指導者への権限移譲を——ちょうど彼らがイラクで行なおうとしているように——、ヨーロッパ帝国主義者たちより迅速に行なった」(Boot 2003: 363)。伝統的例外主義が「帝国」という言葉を抑制するのに対して、リベラル例外主義はアメリカに特徴的な帝国主義——アメリカの例外的な伝統・価値・政治文化を表出させる独創的な「リベラル帝国主義」——を公然と語るのである(Boot 2002; Ferguson 2004)。

政治家や研究者たちは一様に、アメリカで自明視されている例外的帝国を論証するために、フィリピンにおけるアメリカ植民地主義を引き合いに出してきた。合衆国はフィリピンを植民地として占有しつつ、その後アメリカ流の民主的自治政府をフィリピン人に準備させる目的で、リベラルな植民地国家をフィリピンに付与しようとしたと、彼らは強調する。

このように、フィリピンにおける「民主的後見指導」という、いわゆるアメリカの「使命」は、アメリカ帝国をヨーロッパ諸列強の「専制」帝国から区別するための重要な特徴と認識されている。それは、帝国としての合衆国がこれまで独創的であり、なおかつその独創性はアメリカの例外的政治制度・伝統・価値から誕生していることを証明する(Wheeler-Bennett 1929: 506; Moses 1905: 18)。このようにアメリカの例外的帝国としての自己顕示意識は、フィリピンと密接に絡み合っている。

本稿の前段では、この関係をさらに掘り下げ、アメリカの帝国的特徴を立証するために、フィリピンにおけるアメリカ植民地主義の歴史を、研究者や政治家たちがどのように流用してきたかを確認したい。しかし、後段では、こうした流用への批判を展開するために、合衆国の植民地国家としての起源と民主的後見指導という特別な使命に対して、さらなる接近を試みていく。こうして、いわゆるフィリピンにおけるアメリカの使命とは、それ自体が植民地権力を拡大維持する目的で、植民地国家建設者によって先取り流用された結果であることを証明したい。

一　リベラル例外主義とフィリピン

ニアール・ファーガソンは、「テキサス併合とフィリピン侵略以来、合衆国は体系的に帝国主義政策を推進してきた」（Dowd 2003: 27 より重引）と明言する。このようにアメリカによるフィリピン併合は、従来の例外主義を批判するために適切に用いられてきた。合衆国はこれまで帝国であった。フィリピンを正式な植民地（公式的には一八九九年）として占有した事実が、その否定できない証拠である。

しかし同時に、フィリピン群島におけるアメリカ流の継続的支配が、アメリカの例外的帝国主義の否定できない証拠にもなってきた。フィリピンに着任したベルナード・モーゼズの記述は、その典型である。モーゼズは、アメリカの新しい帝国は必然的な歴史的発展であると力説した。世界はますます帝国主義と遭遇することになり、そのため「優勢人種」による介入なくして、「劣勢人種」の生存が可能であると示唆するのは「絵空事」にすぎない（Moses 1905: 5）、と。

だが、モーゼズは同時に合衆国のための格好の演出を忘れなかった。アジアとアフリカにおけるイギリス植民地主義の歴史を振り返ったのち、モーゼズはそれが「無謀かつ専制的だった」と主張した。君主的な伝統ゆえに、イギリスは「より劣勢な人種」を発展させるという約束を達成することができなかった。対照的に合衆国は特別であった。その独創的な民主主義的来歴ゆえに、アメリカ人は生まれながらにして、その他の者には太刀打ちできないようなリベラルな特徴に恵まれていた。こうして唯一合衆国だけが「粗野な住民に対する賢明かつ恩恵的な政治的権威」を確立し、「より高等な生活形態とより拡大された自由の達成に向けた衝動と指導」を帝国従属者に付与することができる。モーゼズは明示的にフィリピンに言及しながら、こう結論づけた。

もし、アメリカが自分たちの大陸の境界を越えたところに何らかの使命をもつとするなら、それはより低開発な住民のあいだに奴隷や社会的停滞を生み出すような制度や慣習を温存するためでなく、むしろ自由に邁進するための理想や自らの国家の自由の保持を実現させるような法律を、彼らの日常生活に根づかせるためである。(Moses 1905: 7, 18)

フィリピンにおけるアメリカの支配を概観すると、モーゼズが特異なほどアメリカ的とみなした「使命」の遂行こそが、まさしくその目的であったことが明らかとなる。陸軍長官エリフ・ルートによる一八九九年の報告書には、その包括的な考え方が描かれていた。「われわれの疑う余地のない責務とは、主権を主張する現地住民の諸利益を、彼らに関わるすべての立法と行政において最優先かつ適性に考慮することであり、またできる限り彼らに個人の自由、能力に応じた自治政府、公正かつ公平な法律そして教育や利益をもたらす産業、さらには文明発展のための機会を提供することである」(USWD 1899: 24)。ウィリアム・マッキンリー大統領のフィリピン委員会への最初の教書も——フィリピン群島での民政支配を開始するものであったが——、それと同様の考えを表明していた。マッキンリーは同委員会に対して、「われわれが享受してきた伝統」と政治理念に従い、フィリピン人の政治的「発展」を支援する諸政策を実行するよう要請した(Forbes 1928: II, 443 より重引)。

植民地当局は植民地の状況に照らし合わせて、こうした枠組みを実行に移した。彼らは自分たちこそ後見人的政府であり、したがって植民地支配された側はアメリカの「強大かつ模範的な手腕」のもとで、アメリカ流の政治理念・制度・価値にならった「指導」を受容することになると力説した(USWD 1899: 24; USPC 1900: I, 83–85)。そのひとつの政策として、「無知蒙昧」かつ「盲信に囚われやすい」大衆に対して、公民科授業を提供する公立学校制度の設立があった(Taft 1908: 24)。教科書には人権宣言から投票までのすべてを網羅する内容が盛り込まれた(Jernegan 1910; Margold 1995)。

このプロジェクトのもうひとつの役割は「大衆」の教育ではなく、影響力のより大きな社会階層のための「実践的政治教育」にあった。「無知なる同胞国民が読み書きと算術を必要としているのと同様に」、フィリピン人エリートは「実践的な公共的自由に対して多くの教育を必要としている」(Taft 1908: 24)、とタフト総督は明言した。「実践的政治教育」とは、一般にスペイン支配が提供しなかったとされる文明化の影響をエリート層に与えることによって、自明視されたギャップの穴埋めをすることであった。

植民地国家そのものが、この教育過程に寄与するためのものであった。植民地当局ははじめに、地方レベルでフィリピン人を対象とした選挙による官職とその他さまざまな職務を用意した（Cullinane 1971）。彼らはまた現地官僚に対して、「政府の誠実なる行政運営の可能性を明示する政治教育」を提供するために、公務員制度も設けた（Taft to Hoyt, Sep. 8, 1900, CE: 1）。その後一九〇七年になって、フィリピン委員会は公選されたフィリピン人代表者からなる国民立法議会を創設した。これはフィリピン人の国会議員たちが「経験にもとづく実務学校において……行政の原則や手続き上の指導を受け」、そうした「教訓」を「議会から分離された強大な権限をもつアメリカ方式の行政府」として学ぶことを容認するものだった（USPC 1900: 92–93）。

タフト総督によれば、フィリピン議会は、「住民代表者から構成される政府の科学と実践におけるフィリピン人教化」のための「政治学校」であった（Taft 1908: 42）。当初制約があったものの、のちに拡大された参政権による選挙は、こうした教育カリキュラムを補完するためのものだった。植民地当局は選挙における「清浄さ」を印象づけ、なおかつそれを確実なものにするために、公選制ルールと投票システム――じつは合衆国内では進歩主義時代の改革者によって前進させられたのだが――を確立した。アメリカの役人たちは「合衆国の経験から、投票の清浄さと選挙の公正さにもっとも貢献したとされる特徴が、フィリピン諸島の選挙法のなかに組み入れられた」と誇らしげであった（Act 1582, RG 350, 10265–18）。

こうした後見人的政治体制という点からすると、同時代の人びとがそれを独創的なほど慈悲深い帝国主義の好例として取り上げたとしても、なんら驚くにあたらない。役人や傍観者たちは一様に、フィリピンにおける後見指導は「世界がこれまで目にしたことのないほどきわめて偉大な政治的実験」であり、世界史上「前例のない」ことと自慢した（*Manila Times*, Oct. 15, 1907: 4）。

最初期の植民地行政官のひとりであるW・キャメロン・フォーブスはのちに、ヨーロッパの植民地主義が「利害にもとづく動機」に駆り立てられたのに対して、フィリピンのアメリカ支配は異なる見解に導かれていると力説した。「［最初期の植民地行政官に対する］マッキンリー大統領教書のなかにも……利他主義的な高い語調が温存されている。彼らは住民の福利のためだけにフィリピン政府が設計されたことを想起し、感激している」。フォーブスはヨーロッパの支配者たちがその後、文明化の使命に取り組んだ際に、彼らは「ただ単に合衆国が用意した前例に従っているだけ」とさえ言いきった（Forbes 1928: II, 391–392, 394–395）。

一九三〇年代になると、歴史家プラットはこう付言した。「おそらく歴史上の人間集団のなかで、フィリピン人に対してより高レベルな公衆衛生・繁栄・教育そして政治能力を付与しようと尽力した……アメリカ人行政官ほど、現地住民の利益に照らしてみて、植民地行政という職責を真摯に全うしたものはいない」。彼は、「慈悲深い帝国主義というプロジェクトのなかで、フィリピンこそが一番の証拠だ」と結論づけた（Pratt 1934: 277–278）。

第二次世界大戦後、合衆国が世界大国として君臨したときも、その主題は引き継がれた。一例を挙げれば、フランクリン・D・ローズヴェルトが大戦中に、ヨーロッパ帝国を崩壊させることを強調していたことは周知のことである。ローズヴェルトは当時国務長官であったコーデル・ハルとともに、民族自決とリベラル民主主義というアメリカ特有の価値に根ざした戦後世界構想を思い描いていた。その任務遂行中、フィリピンはつねに参照されるべき主要な実例であった。

コールデル・ハルは、戦後世界がたどるべき道筋のアメリカ的ビジョンを描いて見せた、その有名な一九四二年のラジオ演説のなかで、フィリピンに言及した。合衆国は、ヨーロッパ列強と異なり、「人種、肌の色あるいは宗教といった差異に関係なく、自由という責務を受容する態勢が整い、またそれを進んで受容できる全住民こそがこの喜びを享受する権利があると……つねづね信じてきた。……われわれはこの点で……フィリピンであれ、われわれのもとで発展してきたほかのどの地域であれ、自らの責務を真正面から担おうと努力してきた」(Holborn 1943: I, 101 より重引)。

のちにローズヴェルトとハルが、ヨーロッパの指導者たちとの会議において、よりリベラルな方向へと植民地政策を転換するよう彼らを説得した際に——したがってそれは彼らの戦後ビジョンを実現させるためのものでもあったのだが——、この二人はフィリピンが「お手本」だと明瞭に語った。ハルが、のちにその会議について記録したところによれば、「フィリピンを扱ったわれわれの筋道こそ、植民地あるいは属領が国家と協調しつつ自由のためのすべての準備を整えるために、国家が植民地あるいは属領をどう取り扱えばよいのかを完璧に示した事例、と私は考えた。われわれは、ほかのすべての国々とその属領にとって最良の事例としてこれを提示したのである」(Dulles 1955: 9 より重引)。

二　例外主義を超えて

アメリカ固有のアイデンティティを打ちたてるためにフィリピンが援用される一方で、同群島でのアメリカ支配がとりわけ思いやりに満ちたものとの見解に対して、数多くの研究者が関心を寄せてきた。たとえば、サルマン（Salman 1991）やラファエル（Rafael 1993）をはじめとする研究者たちは、アメリカが信じて疑わない慈悲深いプロジェクトの裏側を暴くため、フィリピン・アメリカ戦争に付随した暴力や「白人の愛」の背後にある人種的言説を力説する。また、アメリカの慈悲深い発展主義の主要な事例として取り上げられてきた公衆衛生プロジェクトが、当初想定されたほどには思いやりに満ちたものでないことも明らかにされている。そうしたプロジェクトは、暴力行使の不在というより、自らの正当な権利のための規律権力という欺瞞に満ちた形態だったと、イレートは示唆する（Ileto 1988）。

そうはいっても、リベラル例外主義の主張の核心を捉えるためには、さらに検証しなければならないアメリカ植民地統治体制の主要な特徴がまだ残されている。結局のところ、アメリカの統治体制は後見人的であった。アメリカ植民地当局は、地方自治政府・選挙・国民議会において、かなり大幅な現地住民の参加を容認したからである。このような後見人的政治体制をアメリカの役人たちが創設したという事実そのもの――それはヨーロッパの植民地主義を思い浮かべた場合、相対的にリベラルであった――について、深く掘り下げて検討することがないままに、例外主義に関する論法の一般的な方向性は不変のままだった。アメリカ固有の「使命」とは、現在でも、そしてこれまでにも世界中に「民主主義を輸出する」ことであるとの見解を表明するために、たとえば近年の研究者たちは、アメリカが「政党と選挙から三権分立を具備する中央集権政治制度までに及ぶ近代的政府」を創設したという事実に、繰り返し言及している（Smith 1994: 45）。

カーナウは、アメリカの対フィリピン関係を扱い、ピューリッツアー賞を受賞した自著のなかで、つぎのように語っている。

ヨーロッパ人と比較して、アメリカ人は顕著なほど政治的にリベラルであり……フィリピン人が早くも一九〇七年にアジアで最初の国民立法府を保持できるよう、［アメリカ人は］自分たちの到着後まもなく積極的に選挙を奨励した。このほぼ同時期に、イギリスは自らの民主主義的な信条に遠慮なく、法廷手続きを経ずしてインドの反体制派を拘留し、フランスは自由・平等・友愛の原則への忠誠にもかかわらず、手続きを簡略化してヴェトナム人民族主義者を処刑した。(Karnow 1989: 13)

より近年には、自らの例外主義的主張を行なうために、ブートがフィリピンの後見指導について、つぎのように言及している。「過去にある貪欲かつ色あせた帝国主義と比べても、アメリカのリベラルな帝国主義はきわめて特色があり、しかもより野心に満ちた目標を追求する。それは専制政治を経験した土地に民主主義を植えつけることである」(Boot 2003: 361)。

また、フィリピン史の研究者たちはブートにさまざまな根拠から攻撃しつつも、ブートの事実関係に反駁しない。ある研究者はこう述べてブートに譲歩する。「合衆国帝国主義支配下のフィリピン人は、ヨーロッパ植民地主義支配下のいかなる地域の住民よりもうまく事を運び、そしてフィリピンは国民議会(一九〇七年)を創設したアジアではじめての国家だったという［ブートの］主張はすべて正しい」(Bankoff 2002: 180)、と。

一見議論の余地のないこうした一連の事実と、どう向かい合えばよいのだろうか。アメリカの植民地体制がリベラルであるという主張の背後には、動機と起源に対するひとつの先入観がある。リベラル例外主義という論理によれば、アメリカが民主化プロジェクトを実行したのは、アメリカには特別かつ独創的な政治文化、すなわち反植民地的伝統とリベラルな民主主義的な過去がある、ということになる。いいかえれば、フィリピンにおけるアメリカ植民地支配が例外的とされたのは、アメリカ人自身が例外的だったからで、合衆国がヨーロッパの国々と峻別され、それが後見人的プロジェクトを決断するほど際立った「国民的特徴」を保持していたからであった。

　こうしたことから、ウッドロー・ウィルソンはフィリピン人がアメリカ人の後見指導から享受できるものは、「われわれの国民性という名の援助である」（傍点は筆者）（Wilson 1901: 298）と主張した。グレン・メイは同様に、多大な影響を及ぼした自身の研究のなかで、後見人的プロジェクトがヨーロッパの植民地主義と比較して異彩を放ったのは、アメリカの役人たちの独創的なまでの「アメリカの過去の歩み」（May 1980: 17）によるものだと述べている。

　グリークは「アメリカ人たちは［フィリピンにおいて］……政治的、社会的、経済的、宗教的ないかなる形態であれ、民主主義を自分たちの価値体系の頂点に位置づけ、そして本能的にどの役人たちも、それをマッキンリー教書によって宣言された諸原理のなかでおそらくもっとも自明なものとみなしていた」と強調した（Gleeck 1976: 20）。カラザースは例外主義思想についてこう述べている。「かりに合衆国が独創的なほどに高潔であったとすると、……帝国主義統治にみるアメリカ的様式がその高潔さを映し出していたのは、合衆国による介入が期待する高邁な目標とアメリカの役人たちがその目標を探求しようとする際の物腰の柔らかさという二点であり、それはきわめて当然のことだった」（Carruthers 2003: 10）。

だが、アメリカの民主的な後見人的プロジェクトの起源は、本当にアメリカ自身の例外的な「価値」と「伝統」のなかにあるのだろうか。これは批判的視点をもつ研究者たちでさえ、十分に解明してこなかった問題のひとつである。

たとえば、アメリカの役人とフィリピン人エリートたちとのあいだの「パトロン・クライアント制度」に関して多大な影響力を与えた研究は、後見人的プロジェクトの実践が、協力とパトロン・クライアント制度という現実によって、どのように欺かれていったのかを解明したが、こうした研究はなぜ、後見人的プロジェクトがはじめに導入されたのかについては、不問に伏したままであった。それにもかかわらず、われわれは、後見指導が――その理想を実現することはできなかったが――アメリカの際立ったリベラルな民主主義的価値と伝統を反映していると思い込まされている。後見指導の起源という重要な問題に対して、より深い考察が必要である。

後見人的プロジェクトの起源を理解するには、はじめに植民地国家一般に関する理解が必要である。植民地国家はいかにして植民地国家になりうるのだろうか。それらはどのように支配権力を醸成するのだろうか。これまでの研究では、植民地国家を「ヘゲモニーなき優位性」を維持した抑圧のメカニズムと捉えている（Guha 1997）。こうした研究は武力のみが植民地支配のルールだと主張する。

しかし、全世界の植民地主義に関するさまざまな研究成果が解明したように、現実には植民地支配者はつねに銃・弾丸・剣に依存したわけではなかった。植民地体制はたしかに残虐な武力を頼りとしたが、彼らがつねにそうするだけの資源をもっていたわけでも、またそうしたいと思っていたわけでもなかった。効率よくかつ現場主義に徹する支配者がめざしたねらいとは、協力者と支援を開拓し、同意を勝ち得て、そして服従を徹底することだった。したがって支配者は地域の要求や願望を自分自身のものとして接合させるために、記号や象徴を用いながら植民地支配された側の利益にかなうことが支配であると、絶えず表明しようとした。そして、彼らは人心を掌握するために、あるいは少なくとも服従を勝ち得るために、頻繁に物質的および政治的な譲歩を与えた。こうした意味において、支配者は自らの支配の正当化に必死だった。彼らはまさにそうしなければならなかったのである（Engels and Marks 1994: 3）。

アメリカ植民地当局も例外ではなかった。彼らの内部の通信記録からは、自分たちの支配の正統性と地域住民がそれをどのように認識していたかについて、露骨なまでの関心が明らかである。たとえば第一次フィリピン委員会は、アメリカの支配は圧政に頼るべきものでもなく、またそうすることもできないと説いた。友愛を示すことで、首尾よく事を運ぶことができるだろう。抵抗を鎮圧するためには、生まれたばかりの植民地体制は「平和を希求する人びとが安心し、まさにそうだと共感し、そして現場にいる仲間たちも一緒になって、われわれの意図が善良と評価するだけでなく、達成済みの事実を示しながら、われわれの権威を受容する利点を明示する人びとがいる状況こそ創出しなければならなかった」（Williams 1913: 60–61）。

かくしてフィリピン委員会委員長ジェイコブ・シャーマンは、既存の軍事政府を民政に取り換えることは、「フィリピン人にアメリカの主権を認知させるために何よりも重大事であろう」と示唆した（USPC 1900: 90）。くわえて、シャーマンのような政策立案者は、人心を掌握することが抵抗を鎮圧させ、そしてアメリカによる支配の確立に寄与すると訴えただけでなく、同様に長期的な視点からするとアメリカによる支配の維持に貢献するとさえ力説した。シャーマンは、「アメリカ人とフィリピン人は互いに信頼しなければならないだろう」とワシントンの国務長官ジョン・ヘイに書き送った。「……嫌悪憎悪あるいは報復に囚われの身になりながらも、何も行動に示さずあるいは死ぬことも考えないフィリピン人がいるかと思えば、その彼が力ある権力者の同情と寛大さには随分と心動かされることがある。フィリピン人に対しては、器量の大きさがもっとも安全かつ安価で最善の策と信じよう」(Schurman to Hay, June 3, 1899, MP ser.1.r.7)。

正当性をめぐるこうした重要な規範を理解することは、合衆国の植民地主義のかたちを説明するための第一歩である。正当化の論理は二つあった。

第一に、生まれたばかりの植民地体制は、現地住民の必要性・要求・利害を見極めなければならなかった。もし当局が植民地支配された側を「説得する」ことを望むならば、住民を納得させるものは何かを正確に理解することが不可欠だった。もし当局が「協力」「自信」「信頼」の獲得をめざすのならば、支配された側が誰と協力し、そして彼らが何を信頼するのかを正確に探求することが必要だった。シャーマン委員会はワシントンに宛てて、こう記している。「フィリピン人の自信と愛情を勝ち得るには、彼らの利益を研究するだけでなく、彼らの願望を聞き入れ、理想や偏見にさえ同情することが必要である」(USPC 1900: 90)。

第二に、もっとも重要なこととして、当局は自分たちが学習したことを、自らの統治実践のなかに盛り込まねばならなかった。彼らは自分たちの支配が現地の要求に適合することを示すとともに、少なくともそうした要求のいくつかを政策や計画のなかに組み入れなければならなかった。武力を行使せずに、首尾よく占領を達成するには、植民地支配者たちは物分かりのよい国家、すなわち、彼らが理解した現地の枠組みのなかに、彼ら自身を部分的にでもはめ込んでいくような支配体制を構築しなければならなかった。

こうした論理は、後見人的政策が実施される、はるか以前から根を下ろしていた。合衆国がどのような形態の植民地政府を実現すべきかを進言する責務を負ったシャーマン委員会は、住民の「願望」と「理想」を区別することが、その最初の仕事であると表明した。それゆえ、そうしたことを学ぶために多大の時間が費やされた。

マニラでは「著名なフィリピン人」との公聴会が開催され、インタビューが実施された。委員会の委員たちはまた戦場に配属された司令官たちから情報を収集し、フィリピン共和国や革命軍、「その他フィリピン人による穏健派組織」から得た文書を徹底的に調べ上げた（USPC 1900: I, 83）。委員会がこのような仕事に着手する前に、香港総領事は亡命中のフィリピン革命指導者たちとすでに会見していた。こうして植民地政策を考案しはじめたとき、彼らは彼らの理解に従って地方の要求や要望を、自分たちの言説・政策・支配形態に盛り込もうとしたのである。

三　後見人としての支配とその辺境的起源

ここで、アメリカ当局がフィリピンで最初に発布したいくつかの公式宣言を検討しよう。一八九八年一二月末に発布されたマッキンリー大統領による「フィリピン住民への宣言」が、そのうちのひとつであった。これはマッキンリー大統領の「恩恵的同化」宣言で、後見人的理想を明言している最初期の公的文書である。これまでの研究成果は、この宣言をアメリカの独創的なほど慈悲深い目標を表わす証拠としているが、そうした研究はある重要な事実、すなわち、駐香港合衆国総領事R・ワイルドマンによるフィリピン報告をワシントンが受理してから六カ月後にこの宣言が出された、ということを無視している。ワイルドマンは、亡命中の革命指導者たちと接触していた。

彼のつぎなる報告書——「フィリピン諸島の反乱政府の政策と希望」と題された——は、説得力に富むものだった。それははじめに、フィリピン人を「指導者の気の赴くままに、ある保護区から別への保護区へと移動させられることをまったく厭わない北米先住民と同じように扱うことはできない」と主張した。フィリピン人は極端なほど西洋化されていた。アギナルド、アゴンシリョ、そしてサンディコのような反乱軍指導者たちは、「どこの国であったとしても、それぞれ独立した部隊を率いるリーダーにふさわしい男たちばかりだった」。彼らの支援者は、「お抱えの銀行員や弁護士がどこにでもいるような」富裕かつ高学歴の家族だった。

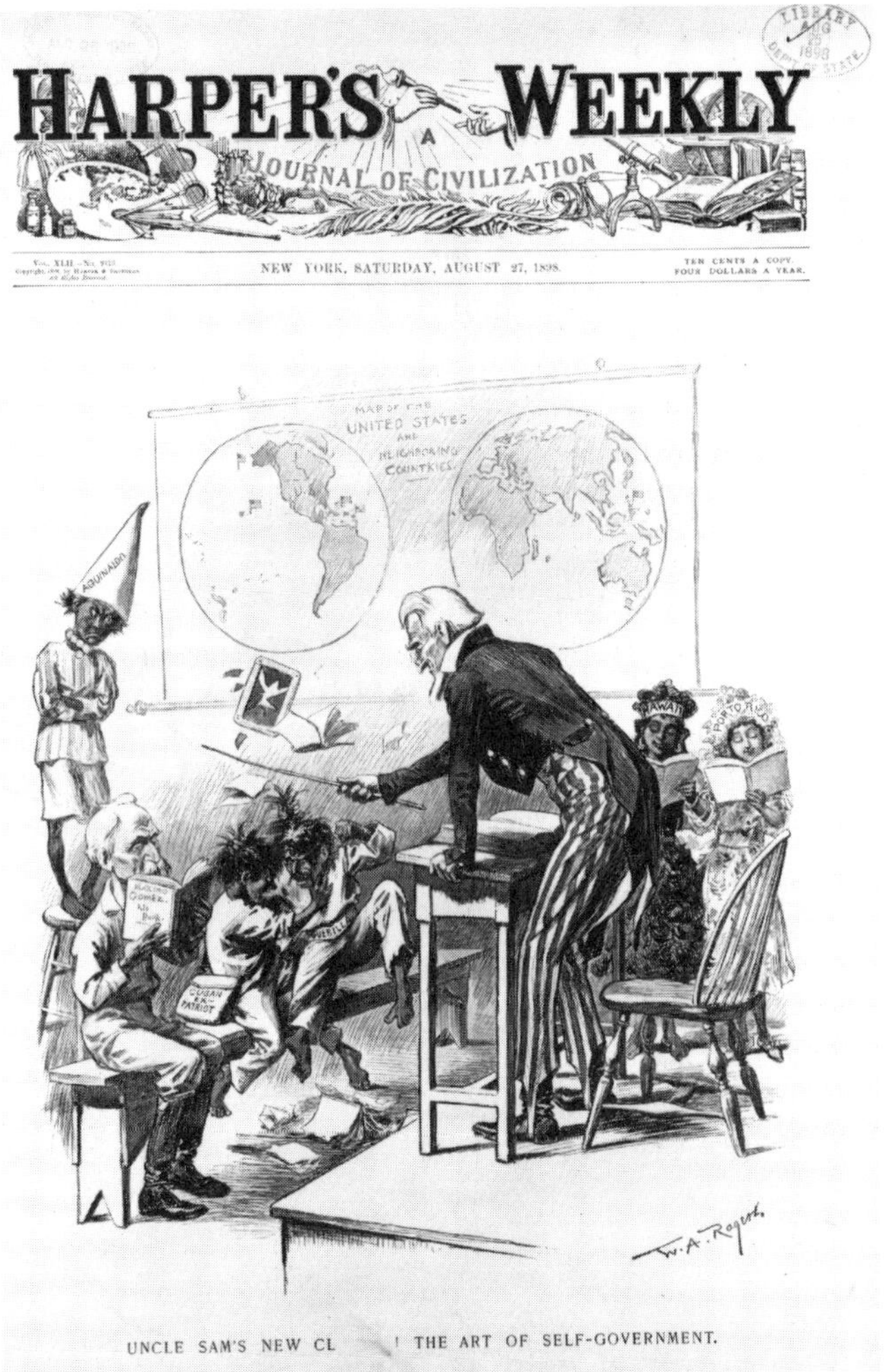

アメリカの雑誌『ハーパーズ・ウィークリー』の表紙に掲載された諷刺画（William Allan Rogers〔1854–1931〕作），1898年８月。中央のアメリカ人教師が２人のキューバ人少年を切諌する間，左後方で，トンガリ帽子をかぶったフィリピンのエミリオ・アギナルド将軍が椅子の上からそれを眺める。左前方にはキューバのゴメス将軍が，右後方にはハワイとプエルトリコの少女たちが読書をいそしむ。

さらにワイルドマンは、反乱軍は「まずは合衆国への併合を、そしてそのつぎに独立を求めている」と指摘した。そして、彼らは原始的な本能で突き動かされているのではなく、むしろ「スペイン支配からの自由のために戦い、そして自分たちの将来に関しては、われわれの政府のすべての行動を統制する正義という誰でも知っている道徳意識に従っていた」(Wildman to State Dept., July 18, 1898, USCG 19)。

つぎに、マッキンリー宣言の内容に注目しよう。この宣言は自由や正義という概念に言及しながら、スペイン支配を専制的であり、アメリカ支配を慈悲深いものと描き出していた。

われわれは侵略者や征服者としてではなく、あくまでも友人として来たのであり、……あらゆる可能な限りの手段でもって、自由なる人びとの遺産である個人の権利と自由のすべてを保証し、なおかつ合衆国の使命が恩恵的同化のひとつであり、恣意的な支配が正義と権利の緩やかな統治へと転換することを実証することによって、フィリピンの現地住民の自信・敬意・愛情を勝ち得ることが……軍事政府の切実なる望みであり、高邁な目標でもある。(Forbes 1928: II, 438)

それはあたかも、マッキンリーの言説がワイルドマン報告をもとに、そっくりそのまま形づくられたかのようであった。たしかに、ワイルドマン報告以前に発布された宣言には後見指導というレトリックは見あたらない(1)。それらは、単にアメリカの主権を宣言し、現地住民からの服従を要求したものにすぎない。

これに対してワイルドマン報告は、アメリカの価値観を前提としたものではなく、フィリピン人の指導者とはどのような存在で何を要求しているのか、彼らの利害とは何なのかについて、ワイルドマン自身が考えたことに依拠していた。このようにマッキンリー宣言は、フィリピン人の指導者の特徴や彼らの要求を組み入れることをもくろむものだった。彼の宣言は、アメリカの友愛さをフィリピンに移しかえるためでなく、同意を勝ち得るために現地の利害を流用するという、戦略的な企てを映し出していたのである。

現地の要求の流用は長期的な視点から見れば、植民地政策の勧告のなかにも現われている。のちの展開にとって決定的な意味があったとされる政策上の勧告を行なった、シャーマン委員会の活動を振り返ってみよう。すでに指摘したとおり、同委員会は現地の利害を確定し、マニラで著名なフィリピン人やマロロス政府からの密使と会見し、フィリピン共和国憲法や有産知識階層《イルストラード》の演説、その他無数の文書を調査することに多くの時間を費やした。同委員会委員たちは、それらすべてを植民地政策策定上の「もっとも重要かつ意義深いこと」とみなしていた。そうした調査から、委員たちは、フィリピン人の大多数が独立よりも、「合衆国からの後見指導と保護」を求めていると結論づけた。

事実、アメリカの支配に対して期待を表明していた、パルド・デ・タベラのようなマニラを拠点とする有産知識階層の意見に耳を傾けながら、委員たちは、現地住民はスペインが付与したもの以上に、リベラルなかたちの植民地政府を望んでいると論じた。またアメリカの主権に反旗を翻していたフィリピン人たちも、同様のものを求めていると委員らは結論づけた。革命軍からの文書に言及しながら、彼ら委員たちはこうまとめた。「ほかの何よりもまして住民が必要としているものは、基本的人権の保障である。それはアメリカ人が個人の自然かつ譲渡不可能な生得権と同等とみなすものであるが、スペイン圧政下のフィリピンでは臆面もなく侵害され無惨にも踏みにじられていた」(USPC 1900: I, 82–83)。

四　創出された政府

合衆国植民地政府に対するフィリピン委員会委員たちからの勧告は、こうした新事実によって導かれていた。彼ら委員たちはこう報告する。

もし［スペイン支配からの］こうした虐待が取り除かれるならば、もし能力に富みかつ誠実な政府が設置されたならば、もしフィリピン人が精一杯に努力して、政府に参加することが許されたならば、……もし政教が分離されたならば、もし公的歳入が合法的な政府支出を負担するためにだけに用いられたならば、……一言でいって、もしフィリピンにおいて政府が、合衆国と同じ精神で運営されることになれば、一部の人びとがすでに予知しているように、群島住民はスペインの堕落的かつ抑圧的な支配に抵抗するために、武器を取る夢を見る以上により多くの恩恵を享受することになるだろう。(USPC 1900: I, 82)

委員たちの最終的な結論は、リベラルな後見人的政府は不可欠ということだった。そのような政府は、フィリピン人に対して植民地国家における立場を保証すべきである。それは公的教育に参加し、将来的には（州の形態もしくは独立国家であろうとも）自治の可能性を示すことを意味する。より具体的に、委員たちは、植民地支配が最終的に選択するまさにその政府形態――中枢部はアメリカ当局によって支配されつつ、現地住民の参加・公選制による国民立法議会・選挙による地方官職制を備えたもの――を勧告したのである。

そうした政府は、植民地支配された側を「アメリカ人の訓練により発展過程へと位置づけ、最終的には完全なる地方自治政府という目標」、そして究極的な「満足・繁栄・教育・政治的啓発」を達成することになろう（USPC 1900: II, 109, 120）[2]。しかし、それはまた現地の要求と利害に根拠をおくものでもあろう。のちにシャーマンは「フィリピン人知識人の見解と願望を満足させるものをもっとも可能な限りにおいて考案することが、フィリピンの政府形態を考案する際の委員会の主なねらいだった」（Schurman 1902: 49）と報告している。

最終的にその証拠として、後見人的政府は成功裡に占領を治めるというアメリカ人自身の利益を達成する。委員たちはつぎのように書き記して、自分たちの勧告を表明した。

合衆国は現地住民の性格と状況を理解し、彼らの願望と理想をお互いに共有し実現させることによってはじめて、フィリピン支配を成功に導くことができる。存続には政府が現地住民の必要性・利害・判断・献身のなかにしっかりと根づいていなければならない。それを達成するには、支配される側の性格や可能性に――すなわち彼らは何者なのか、彼らは何になるために政府を必要とするのか、何を必要としているのか、そして最終的には自分たちは何を手にできて、何を享受する権利が

あると考えているかなど――政府を順応させることが肝要である。(USPC 1900: I, 82)

最後に、初代民政委員会へのマッキンリー大統領教書に戻ってみよう。マッキンリーの「恩恵的同化」宣言にあるように、既存の研究成果は、この教書――民政支配は、アメリカ流の政治手法に従って政治教育を施すべきと強調した――をアメリカの例外的支配形態の好例と指摘してきた。ウィリアム・タフトも、それらを「これまでに発布されたもっとも偉大な公文書」と位置づけ、そしてすでにみたようにキャメロン・フォーブスも教書をアメリカにとって、帝国への例外的アプローチの好例と指摘した(Taft to Root, Nov. 30, 1900, ERP; Forbes 1928: II, 443)。

しかし教書は、政治的自治に向けたフィリピン人の政治的願望と、権利・解放・自由に関する彼らの言説を記した初期の報告書が刊行されたのちに発布された。さらにこの教書は、後見人的政策を最初に提案したシャーマン委員会報告のあとになって発布された。事実、マッキンリー教書はそれより先の諸提案をそのまま丸写しただけであった――そのすべての提案は、権利・自治・最終的な自治政府に対する現地の要望が植民地形態に取り入れられた暁には、支配の正統性と継続性が達成されると主張していた。

マッキンリー自身その教書のなかで、この取り込みという過程について婉曲な表現で言及している。教書は、一方において、委員会の作業はアメリカの政治的伝統と理想に従うべきであり、また植民地支配はそうしたものを移植すべきであると命じていた。「われわれの政治システムの根幹をなしてきた政府の優れた諸原則がいくつかある。……そのなかでは［フィリピン人たちは］不運にもわれわれが所持していた経験を否定されてきたのだが、……またこうした偉大なる自由と法律の原則を保持するうえで、本質的だとわれわれが思う政府の実践的な諸規則もいくつか存在する。そして政府のこうした諸原則と諸規則は、フィリピン人の自由と幸福のために、この諸島で確立され維持されるに違いない」。

他方で、マッキンリーはこうした諸原則や、そこから派生することになる後見人的支配の形態が、フィリピン人エリートに理解され、彼らと強く共鳴することも十分に認識していた。「フィリピン諸島において、もっとも開明的な思想がこうした諸原則と諸規則の重要性を受け入れることになるのは当然のことであり、ごく短期間のうちに普遍的な同意を必ずや手中に収めることができよう。したがって、フィリピン政府のあらゆる部局に対して、こうした不可侵の諸規則が徹底されるに違いない」(Forbes 1928: II, 443 より引用、傍点は筆者)。

マッキンリー教書は既存の歴史学研究のなかでは、アメリカの美徳溢れる特徴を典型的に示すものと理解されてきたが、ここではまったく異なる点を示唆している。すなわち、マッキンリーとその後の関係当局者たちは、リベラルでそれゆえに「例外的」な植民地支配を要求したのだが、彼らがそうしたのは植民地支配された側の独創的な要求と願望を自分自身のものとして表明することで、植民地権力を獲得しようとしたからである。

おわりに——帝国意識と流用

フィリピンにおけるアメリカの植民地支配は、独創的で例外的、かつ慈悲深い帝国としてのアメリカ流に色づけされたアイデンティティの根幹をなしてきた。合衆国はフィリピンを獲得したものの、民族自決と民主主義という自ら例外的だとする政治的価値に従いフィリピンと対峙した。

しかし、ここでみてきたように、アメリカが自明視する例外的プロジェクトの起源は、アメリカの「価値」や独創的な国民的性格のなかにあるわけでない。その起源はアメリカの特殊な反植民地的遍歴、あるいはまたリベラルな制度にあるわけでもない。むしろそれは、アメリカの役人たちがフィリピンで見つけたもの、すなわち自由・民主主義・自治政府を長年要求していた現地住民のなかにあった。こうしてアメリカの役人たちは、自己の目的としてフィリピン人の積年の主張を流用したのである。自分たちの支配を効果的に持続させるために、アメリカ当局はフィリピン人が抱く願望と要求を植民地国家というまさにその構造のなかに埋め込んだ。アメリカの支配者は、その後そうした価値観を反映する植民地国家を創出するために、外国の社会に対して自分たち自身や自ら所与とする価値観の強要はしなかった。

その代わり、ほかの植民地権力と同様に同意と服従を取りつけようとしたとき、植民地当局は別の方法で対処した。彼らは究極的には土着化するような政権を準備して、現地の状況に応じてそれを改変し、そこで発見したものを取り込んだ。この意味でアメリカが自明視する例外的帝国とは、歴史的かつ地理的な偶発的出来事の産物だった。いいかえれば、アメリカ植民地主義をともかく例外的とするならば、それは支配される対象であった現地住民がもつ固有の特徴や歴史にのみに関連するのであって、合衆国が自明視するような例外的な特徴や歴史にあるのではない。

そのどれひとつをもってしても、裏口から例外主義をこっそりと救出するわけでもなく、またアメリカ当局が自分たちの理解に従って現地の状況に適合し、現地の要求に対応しようとした点で、彼らが独創的かつ慈悲深かったことを暗示しているわけでもない。すでにみてきたように、彼らの包摂しようとする努力の大部分がその支配を確立・維持し、それゆえに植民地支配者としての自己の利益を実現しようとする欲望に突き動かされていた。後見人的プロジェクトは植民地支配された側に彼らの希求するものを付与するという意味で、情け深い行為だったわけではない。当局は現地の言説を尊重したものの敬意を払ったわけでなく、その代わりに自分たちが全知全能であることを強調した。タフトはフィリピンについて、「彼らは自由や抑圧のない政府といった聞こえの良いフレーズを操りながらも、それが何を意味するのかまったくわかっていない」(Taft to Root, Aug. 18, 1900, ERP) と主張した。

このため、後見指導という論理が権力を帯びた巧妙なプロジェクトを形づくることになった。すなわち、アメリカ当局が現地の要求を読み取りつつ、そうした要求に対して部分的に譲歩したのだが、その後当局者自身の言葉で作りなおすことこそが後見指導のねらいだった。この意味において、アメリカによる支配はどこかほかにあるヨーロッパの植民地主義と酷似する――すなわち支配者は現地の必要性・願望・要望を再適合させ、あらためて方向づけしたうえで、さもなければ規律化しながらでもそれらを取り込もうとしたのである（Salman 1991; Scott 1995）。

サバルタン研究の創設者のひとりであるディペシュ・チャクラバルティは、従来の歴史学研究に挑戦するために斬新な戦略を提供してきた。伝統的な言説がヨーロッパを「進歩」の中心として特権化するような、直線的かつ当然ながら普遍的とされる語りのなかで作用しているのに対し、チャクラバルティは「ヨーロッパを辺境化させる」（Chakrabarty 2000）ことによって、歴史学者たちがさらに貢献できると示唆する。

私の理解では、この戦略とは伝統的なヨーロッパの語りの消滅を願うためではなく、逆にそうした語りこそが——すなわち「ヨーロッパ」そのものであるが——周縁化された空間と人びととの関連でつねに形成され、さらには再形成されていることを明らかにするものである。ここでいう「ヨーロッパ」とは、帝国の辺境にまで拡大された特権的な中心地を指してはいない。まさに意識と語りとしてのヨーロッパが、帝国の「辺境」の外と内との複雑な相互作用をとおしてはじめて形成されたのである。

アメリカ帝国の例外主義をよりよく理解するために、これと同様の戦略が実りあるかたちで適用できることを私の分析は示している。例外主義の語るところによれば、海外での帝国的な形態と実践のなかに縫い込まれ、映し出され、そして表出するような独創的でリベラルな民主主義文化と美徳溢れた特徴が、合衆国には備わっていた。こうした考え方のより大きな前提は、海外における権力の帝国主義的な展開が、中心地で自明視されている国民的性格の単なる表現にすぎないということにある。

アメリカ帝国の辺境性を理解することで、こうした考え方を超えるひとつの批判的な視座が浮き彫りになってくる。それによれば、二〇世紀初頭におけるアメリカ帝国の特徴は、アメリカ国内における国民的性格よりも、帝国が支配しようとした現地住民と空間から読み取られた特異性によって形づくられていた。かくして、アメリカの帝国意識とは、今日イラクやアフガニスタンを支配するプロジェクトのなかにまさに投影されている意識であり、それはフィリピンの固有の歴史に依存してきたものである——たとえアメリカがその帝国意識を自らのものとして最初に獲得するために、そうした歴史をやむをえず隠蔽したとしても。

註　記

（1）　たとえば、「恩恵的同化」という表現は一八八九年一月四日のオティス将軍による宣言のなかに再登場しているが、それ以前のオティスの宣言（一八九八年八月一四日）には後見指導というレトリックは見あたらない。それはわずかに軍政の樹立を宣言しているだけである（Forbes 1928: II, 429–430, 437–438）。

（2）　一九〇〇年八月二一日付のフィリピン委員会からエリフ・ルート宛の書簡（MP 31–3）を参照。後見人的政府という独特の形態を提案する際に、委員たちは西部開拓での準州政府というモデルを部分的に援用したが（USPC 1900: I, 106）、すでにみてきたとおり、シャーマン委員会はそのモデルが現地の要求に適合するものだと結論づけたあとで準州モデルに関心を寄せた。

参考文献

［略表記］

CE: Clarence R. Edwards Papers, Massachusetts Historical Society
ERP: Elihu Root Papers, Library of Congress
MP: The Papers of William McKinley, Library of Congress

USCG: United States Consulate General. Hong Kong. USNA Microfilm
USMG: United States Major-General Commanding the Army
USNA: United States National Archives. Washington, D.C.
BIA: Bureau of Insular Affairs
RG: Record Group 350
USPC: United States Philippine Commission
USWD: United States Department of War

Bankoff, Greg (2002) "Response: A Tale of Two Wars," *Foreign Affairs,* 81.

Boot, Max (2002) *The Savage Wars of Peace: Small Wars and the Rise of American Power,* New York: Basic Books.

——— (2003) "Neither New nor Nefarious: The Liberal Empire Strikes Back," *Current History,* 102.

Carruthers, Susan (2003) "The Imperial Interrogative: Questioning American Empire," in *Paper presented at the Third Drew Colloquium in Transdisciplinary Theological Studies, "An American Empire? Globalization, War, and Religion", 25–27 September 2003.*

Chakrabarty, Dipesh (2000) *Provincializing Europe: Postcolonial Thought and Historical Difference,* Princeton, N.J.: Princeton University Press.

Cullinane, Michael (1971) "Implementing the 'New Order': The Structure and Supervision of Local Government during the Taft Era," in Norman Owen (ed.), *Compadre Colonialism: Studies on the Philippines under American Rule,* Ann Arbor: Michigan Papers on South and Southeast Asia No. 3.

Dowd, Maureen (2003) "Hypocrisy and Apple Pie," *New York Times,* April 30.

Dulles, Foster Rhea, and Gerald E. Ridinger (1955) "The Anti-Colonial Policies of Franklin D. Roosevelt," *Political Science Quarterly,* 70.

Engels, Dagmar, and Shula Marks（1994）*Contesting Colonial Hegemony: State and Society in Africa and India,* London & New York: I. B. Tauris.

Ferguson, Niall（2004）*Colossus: The Price of America's Empire,* New York: Penguin Press.

Forbes, W. Cameron（1928）*The Philippine Islands,* Boston: Houghton Mifflin Company.

Gleeck, Lewis E., Jr.（1976）*American Institutions in the Philippines*（*1898–1941*）, Manila: Historical Conservation Society.

Guha, Ranajit（1997）*Dominance without Hegemony: History and Power in Colonial India,* Cambridge, Mass.: Harvard University Press.

Holborn, Louise W.（1943）*War and Peace Aims of the United Nations, Vol. I,* Boston: World Peace Foundation.

Ikenberry, G. John（2002）"America's Imperial Ambition," *Foreign Affairs,* 81（G・ジョン・アイケンベリー著、竹下興喜監訳・入江洋ほか訳「新帝国主義というアメリカの野望」フォーリン・アフェアーズ・ジャパン編・監訳『ネオコンとアメリカ帝国の幻想』朝日新聞社、二〇〇三年所収）.

Ileto, Reynaldo（1988）"Cholera and the Origins of the American Sanitary Order in the Philippines," in David Arnold（ed.）, *Imperial Medicine and Indigenous Societies,* Manchester: Manchester University Press.

Jernegan, Prescott F.（1910）*The Philippine Citizen. A Text-Book of Civics, Describing the Nature of Government, the Philippine Government, and the Rights and Duties of Citizens of the Philippines,* Manila: Philippine Education Publishing Co.

Karnow, Stanley（1989）*In Our Image: America's Empire in the Philippines,* New York: Ballatine Books.

Margold, Jane A.（1995）"Egalitarian Ideals and Exclusionary Practices: U.S. Pedagogy in the Colonial Philippines," *Journal of Historical Sociology,* 8.

May, Glenn A.（1980）*Social Engineering in the Philippines: The Aims, Execution, and Impact of American Colonial Policy, 1900–1913,* Westport, Conn: Greenwood Press.

Moses, Bernard（1905）"Control of Dependencies Inhabited by the Less Developed Races," *University of California Chronicle,* 7.

Pratt, Julius William（1934）“The Collapse of American Imperialism,” *American Mercury,* 31.

Rafael, Vicente（1993）“White Love: Surveillance and Nationalist Resistance in the U.S. Colonization of the Philippines,” in Amy Kaplan and Donald Pease（eds.）, *Cultures of United States Imperialism,* Durham/London: Duke University Press.

Salman, Michael（1991）“In Our Orientalist Imagination: Historiography and the Culture of Colonialism in the United States,” *Radical History Review,* 50.

Schurman, Jacob G.（1902）*Philippine Affairs, A Retrospect and Outlook,* New York: Scribner's and Sons.

Scott, David（1995）“Colonial Governmentality,” *Social Text,* 43.

Smith, Tony（1994）*America's Mission: The United States and the Worldwide Struggle for Democracy in the Twentieth Century,* Princeton, N.J.: Princeton University Press.

Taft, William H.（1908）*Special Report of Wm. H. Taft Secretary of War to the President on the Philippines,* Washington, D.C.: Government Printing Office.

Wheeler-Bennett, J. W.（1929）“Thirty Years of American-Filipino Relations, 1899–1929,” *Journal of the Royal Institute of International Affairs,* 8.

Williams, Daniel R.（1913）*The Odyssey of the Philippine Commission,* Chicago: A. C. McClurg & Co.

Wilson, Woodrow（1901）“Democracy and Efficiency,” *The Atlantic Monthly,* 87（521）.

（鈴木伸隆　訳）

第2章　戦後日本とフィリピンのエリートの継続性

アメリカの影響

テマリオ・C・リベラ

はじめに

フィリピンと日本は、アメリカの統治を受けたという歴史的経験を共有している。前者は四〇年以上アメリカの植民地であり、後者は敗北した国家として、第二次世界大戦後にアメリカによる占領を約六年半受け入れた。この共通した歴史的経験は、第二次大戦直後の日比両国の政治的展開におけるエリートの再構築とその再生の理解を目的とする本稿の参照基準となる。

第二次世界大戦後、日本とフィリピンはともに、「古参政治家とエリート支配による伝統的な政治手法」の再生と再構築において大きな成功を収めた。しかし、安定した保守本流のヘゲモニー支配のもとで日本の戦後民主主義が繁栄したのに対し、フィリピンは寡頭的な選挙政治による不安定なシステムのもとで苦しみ続けた。

日比両国の政治経済的展開におけるこの重要な差異を説明するにあたり、本稿では、アメリカ占領期に遂行されたさまざまな改革と政策、さらにその展開に対する国内エリートの反応を考察し、第二次大戦直後（おおよそ一九四六年から一九五〇年まで）のエリートの再構築と再統合の性格に分析の焦点をあてていきたい。とりわけ日比両国において、大衆運動と非伝統的なエリート集団や政党の勢力が拡大・発展し、伝統的なエリート支配に挑戦していく状況を生み出した占領期の機会と限界に関心を寄せるものである。

一　戦後日本におけるアメリカの占領政策と改革

アメリカの日本占領は、非軍事化と民主化をめざして日本の社会と政治を根本的に再構築することを模索し、日本は、天皇制を含む既存の統治機構や省庁をとおして間接統治された。ジョン・ダワーが述べるように、「……敗戦日本は、未曾有の実験対象にされた。それは民族的優越感の強さにおいてだけでなく、功名心の大きさの点でも、そして冷戦に飲み込まれるまでは非常に理想主義的であった点でも、大胆きわまわりない実験であった。この企ては当初から種々の矛盾、とくに『上からの革命』という矛盾した考え方をかかえこんでいた」(Dower 1999: 80; ダワー 二〇〇一：上、八八)。

戦後政策を示した三つの主要文書は、占領下日本の連合国最高司令官（SCAP）としての職権を行使するにあたり、ダグラス・マッカーサー将軍に対し、絶大なる権限と並外れた自由裁量を与えた。[1] 連合国最高司令官総司令部（GHQ/SCAP）の初発の重要指令は一九四五年一〇月四日に布告され

東京の連合国最高司令官総司令部

「政治的民事的及宗教的自由に対する制限の撤廃に関する覚書」と題された「人権指令」だった。この指令によって、「治安維持法[2]」や思想・宗教・結社・言論の自由に制限を加えるその他の法令や規則が廃止された。またすべての政治犯釈放が命じられ、内務省の悪名高い特高警察をはじめとする秘密警察組織をなくし、内務大臣や警察関係要職者が多数更迭された。さらには「天皇、皇室及帝国政府に関する自由なる討議」を妨げるすべての障害が取り除かれた。

人権指令の結果、「内務省と警察関係機関の職員五〇〇〇人近くが追放され、治安維持法によって訴追され地下に潜っていた日本共産党が合法的な政治団体として姿を現わした」(Takemae 2003: 238)。また、同指令の布告後「一〇月一〇日に共産主義者、朝鮮人ナショナリスト、自由主義知識人および宗教的平和主義者四三九人が釈放され、警察は『破壊分子』二〇六〇人に対する監視をただちに取りやめることを余儀なくされた」(*ibid.*: 240)。

政治改革のつぎの段階は、政党の復活、選挙制度改革、そして好ましくない人物の公職からの追放であった(Takemae 2003: 261–270)。政党の復活は保守政党の再出現のみならず、一九四五年一〇月の日本共産党の再建と一九四五年一一月二日の日本社会党の結成をもたらした。日本共産党は、復活した最初の政党として、「平和的な民主革命」によって天皇制を打倒する方針を再確認し、労働者・農民・都市貧困層を統一し、幅広い人民戦線を作り上げることに努めた。日本社会党は非共産党系のさまざまな見解をもつ労働団体と農民団体から構成され、キリスト教徒の社会主義者であって、労働運動の顧問を務めた経験もある片山哲を党首として、一九四七年五月から一九四八年二月まで連立政権を形成することに成功した。

一九四五年一二月一七日には改正選挙法(衆議院議員選挙法中改正)が可決され、投票要件の改正と有権者数の増加をめざした選挙制度改革が行なわれた。(一)投票年齢を二五歳から二〇歳に下げたことにより、さまざまな背景をもつ議員が著しく増加した。(二)候補者の年齢制限が三〇歳以上から二五歳以上に引き下げられた。(三)女性に参政権が与えられた。(四)大選挙区制制限連記制が採用され、新規参入者が当選する可能性を広げた。[3] この新選挙法によって国会の構成が変わり、少数政党、無所属、女性候補の政治関与がさかんとなり、一九四六年四月の選挙では、これらのグループが衆議院議員全体の三五パーセントを占めるにいたった。

一九四六年から一九四七年にかけて公職に不適格とされる団体および個人を追放する指令が施行され、そこでは、公職追放される者を定める根拠として七つの「罷免及排除すべき種類」が列記された。これらのカテゴリーには、「好戦的なナショナリズムや侵略の積極的な提唱者」、職業軍人、超国家主義的団体や暴力主義的団体の指導者、日本の膨張に関与した海外金融機関や開発機関の役員、そして旧植民地や占領地の行政長官が含まれていた。影響を受けた者のおよそ七七パーセントは職業軍人であり、またこの追放令によって、一九四六年四月の選挙では六〇〇人以上の保守政党の党役員と国会議員が不適格とされた。この政治パージは一九四六年五月の「教職」パージにより補完され、さらに一年後の「経済」パージでは工業・金融業・商業の指導者一五三五人が排除された。GHQは最終的に七一万七四一五人を審査し、二〇万一八一五人を公職の重要ポストから追放した（Takemae 2003: 267–269）。

これらの公職追放の影響とはどのようなものだったのだろうか。連合国による日本占領についての専門家である竹前栄治は、つぎのように述べている。

> 不平等な側面をもっていたものの、追放運動は社会・政治・経済生活の重要な部分で指導層に対して影響を与えた。天皇制国家を忠実に支えてきた多くの中間官僚は、なんとかそれまでの地位を保持するか、あるいは類似の職を見つけることができた。しかし、公職追放は、将校やその他の反動的な人びとの政治的上昇に決定的な終焉をもたらし、超国家主義イデオロギーにさほど侵されていない若い政治指導者や企業人が上昇する道を開いた。これらの人びとが戦後日本の急速な経済回復や民主国家創出の立役者となった。（Takemae 2003: 270）

占領改革初期の最重要項目は新憲法の成立であった。新憲法はGHQによって準備され、最終的にまとめられた。それは、憲法研究会、憲法懇談会、日本弁護士協会などの私的団体、社会党や共産党を含むさまざまな政党、さらには、労働運動の指導者であり学者であって、大原社会問題研究所の設立に参加した高野岩三郎をはじめとする影響力のある人びと（Takemae 2003: 273）、鈴木安蔵、森戸辰男、大内兵衛などの自由主義や社会主義の思想をもつ学者、ジャーナリスト、弁護士によるさまざまな提案を注意深く検討したものである（Sims 2001: 244）。

一九四六年一一月三日に公布され、一九四七年五月三日に施行された新憲法は、「明治憲法の強権的なプロイセン的伝統をなくし、その代わりにアングロ・アメリカ的な自由主義を据え」（Takemae 2003: 271）、つぎのような急進的で新しい特徴をもっていた。（一）天皇は「日本国の象徴であり日本国民統合の象徴」となり、「国政に関する権能を有しない」。そして「この地位は、主権の存する日本国民の総意に基く」とした（第一章）。（二）国権としての戦争放棄と「陸海空軍その他の戦力」の保持が違法化された（第二章第九条）。（三）「権利及び義務」の規定では、法のもとでの平等や思想・言論の自由、信教の自由、華族の廃止、成年者による普通選挙、人種、信条、性別、社会的身分又は門地によるすべての関係における差別の禁止、婚姻および家族関係における男女平等を含む、基本的人権および市民的自由の行使が保障された（第三章）。そして、（四）国会は「国権の最高機関であって、国の唯一の立法機関」であり、衆参両院によって構成され、その議員はすべて選挙をもって選ばれるとされた（第四章）[4]。

新憲法は日本政府に強要されたものであることは疑いようもないが、これが「一九四六年の日本の世情から外れていたとはいえず、その後も幅広い賛同を受け続けた」（Sims 2001: 244）。保守的な日本人

枢密院会議，帝国憲法改正案を可決（1946年10月29日）［国立公文書館所蔵］

は天皇の地位の変更に反対したが、戦争を放棄し軍隊の保持を禁じた第九条は、保守主義者やナショナリストからよりいっそう激しい反発を招いた。しかし、この条項は強力な自衛隊の設立を阻むものではなかった。世界規模の冷戦とアジアにおける朝鮮戦争という文脈において、「逆コース」とアメリカの政策の練り直しへの対応として、一九五〇年に自衛隊の前身である警察予備隊が七万五〇〇〇人の要員をもって創設された（*ibid*.: 245）。

GHQによる改革のつぎの段階は、一連の制度的・経済的な変化に焦点をあてたもので、警察、地方自治、官僚制度、労務管理、財閥、さらには地主制に関わるものだった。警察や地方自治の改革とともに、官僚制の地方分権化は占領の重要な目的とみなされた。GHQ／SCAPの民生局の職員の多くは、官僚制度は「旧体制の防塁であり、その重要性において、東條周辺の戦争屋や、金融複合体、反動的な政党や大地主に比肩するものである」と考えた（Takemae 2003: 305）。GHQによる強力な圧力のもとで一九四七年一〇月二一日に国家公務員法が国会で可決され、官僚制度の効率化と近代化を促し、縁故主義や社会的地位にもとづく永続的な名誉職化に終止符を打つことを求めた。しかし、官僚制度の改革は困難をきわめた。竹前栄治によれば、「行政職への近代化の影響は否定することはできないものの、GHQが究極的により強い関心を向けたことは、官僚制の再編成よりもその効率化にあった。その結果、国家機構はその多様な構成員の偏った要求の犠牲となり続け、省や庁はあらゆる勢力に対してそれぞれの特権や固有の計画を守り続けようとした」（*ibid*.: 306–307）。

占領期に関するもうひとりの著名な研究者ジョン・ダワーは、つぎのように述べている。

むろん、アメリカの改革担当者たちが日本の政治経済の重要部分を変化させたことは事実である。著名な例をあげれば、農地改革、財閥の持ち株会社の解体、労働組合にかつてなかったほどの権利を付与した法律の制定がある。また、占領軍は官僚制に具体的な改革を強制し、その後に長く影響を与えた。たとえば軍事組織を除去し、警察と地方政府を支配する強力な官庁であった内務省を解体した。しかし、官僚組織のその他の部分、より広くいえば「一九四〇年システム」に対しては、占領軍は便宜のために手をつけなかった。既存の経路を使うほうが、占領政策の実施が容易であったし、すでに状況が混乱している上に、システム全体を根本的に変えれば、大混乱が生じるかもしれなかったからである。（Dower 1999: 560; ダワー 二〇〇一：下、四二一）

ＧＨＱは日本の経済再生にあたり、日本の軍国主義と天皇制国家による侵略は経済的・制度的な要因によるものであり、これらの諸要因を取り除くことが必要であるとの見通しに立って対応した。端的にいえば、これらの諸要因とは、厳しい管理のもとで過小な賃金で過大な労働を課せられた労働力、半封建的な労働力と経営管理を用いて資本集約的な輸出部門を独占する少数の巨大な産業金融複合体からなる財閥システム、比較的少数の地主によって支配された農村地域の貧困を永続させる土地制度などであった。

農地改革は、ＧＨＱのもっとも成功した改革計画といえるかもしれない。一九四九年までに二〇〇万ヘクタールの耕作地、もしくはすべての小作地の約八〇パーセントが再配分された。農地改革終了時には、作付面積の九〇パーセントが自作農によって耕作され、土地を保有しない小作農は農業人口のわずか七パーセントにまで下落した（Takemae 2003: 344）。これらの改革は、農業生産量を引き上げ、農村の収入を増加させたのみならず、地方における社会主義運動や共産主義運動の政治的支持基盤を効果的に切り崩した。

農地改革の全面的な成功とは対照的に、財閥システムを解体しようというＧＨＱのキャンペーンは、ワシントンの政策立案者とアメリカの大企業からの反発を招いた。一九四七年中旬には、彼らは日本の資本主義を弱めることに対して用心深くなっており、経済回復、共産主義の封じ込め、日本の保守政治の強化を重要視しはじめていた。財閥解体キャンペーンへの反発勢力には、米国商工会議所や全米製造業者協会、さらにはジェームズ・Ｆ・フォレスタル国防長官、ウィリアム・Ｈ・ドレーパー陸軍次官、ケネス・ロイヤル陸軍長官といった高級官僚がいた。この強力な集団は、財閥システムを分権化しようとするマッカーサーの試みを骨抜きにした。こうして吉田時代の終わりには、政策をめぐるアメリカの内部分裂や官僚と企業による激しい抵抗が、結果的に強力な「新しい財閥」構造を作り上げたものの、古い財閥が継続して中心的な役割を果たし続けることになった（Takemae 2003: 336–339; Cohen 1987: 353–377 も参照）。

労働運動はＧＨＱの経済分野における民主化改革のもうひとつの重要な対象だった。[5] 一九四五年から一九四七年の間にＧＨＱの指導のもとで労働運動はかつてないほどの自由を与えられ、急激に勢力を広げていった。一九三〇年代後半に軍国主義者によって設立された反動的労働組織はＧＨＱによって解体され、一九四五年一二月二二日には労働組合法が国会で可決し、団結権、団体交渉権、争議権が保障され、中央および都道府県レベルで争議を仲裁する労働委員会が組織された。自由を謳歌できるこの新しい状況は、占領期初期、とりわけ食料不足に直面した際に、民衆による積極的な運動参加、大衆の戦闘的な運動、さらには組合作り運動の波を巻き起こした。労働者は「生産管理闘争」をさまざまな企業で展開し、大規模デモを組織し（一九四六年の東京のメーデーには五〇万人が参加）、食糧倉庫の開放、隠匿物資の摘発と民衆による管理、無能な幣原内閣の解散、戦争犯罪人の追放、労働者による生産管理を求めた。

この大衆動員と労働者の戦闘性は、一九四七年二月一日のストライキ〔二・一スト〕で最高潮に達するはずであった。しかし、マッカーサー将軍がこれに直接介入し、ストライキは違法であるとの指令を出し、主催者がストライキを敢行すれば兵隊を配置すると脅した。この事件が解放重視の占領政策に終止符を打ち、一九四八年以降、ＧＨＱは労働団体のオルグ活動や闘争を弾圧し、ほぼすべての公的団体における争議権や団体交渉権を禁止した。企業レベルや産業レベルでの急進主義的な組合をつぶそうとする「レッド・パージ」がこれに続き、占領体制の職員、保守政治家、日本政府の官僚、そして企業の上層部のあいだで緊密な協力体制が取られるようになった。一九五〇年末までに、政府機関では約一万一〇〇〇人の組合活動家が追放され、メディアを含む民間企業でもほぼ同数が同じ運命をたどった。

さらに、「追放解除」、すなわち、軍国主義や超国家主義の運動に関わったことによって「永久に」追放された状態におかれるはずの個人の公職復帰により、この保守への決定的な流れに拍車がかけられた。しかし、ダワーが強調するように、「『逆コース』によって、日本国内では、二〇世紀末の今日まで続く、政治家と官僚と企業人の保守的なヘゲモニーが確立されたとはいえ、共産党と社会党はつねに選挙をつうじて党員を国会に送りこんでおり、また公共政策に関する議論の場においても、注目を集めた」(Dower 1999: 273; ダワー 二〇〇一:上、三七〇)。

このように、戦争とアメリカによる占領という試練のなかで、日本では再構築された保守的エリートが出現し、自由民主党によるその後の保守政治へゲモニーの基盤が準備された。しかし、政治的な遺産はこれよりも複雑だった。再度ダワーの適切なまとめによると、「占領の残したものは新しい保守主義であったが、再構築された国家の内部では、進歩的かつ改革的な理念と法体系とが日本国民自身のあいだに相当な支持層をもちつづけた」(Dower 1988: 313; ダワー 一九八一:下、四七~四八)。

二　戦後フィリピンにおけるエリートの再生

第二次世界大戦中の東南アジアにおける既存秩序の全面的崩壊という文脈のなかで、フィリピンはエリートの粘り強さという点でもっともみごとな足跡を残してきたといえるかもしれない。戦争前には植民地的で寡頭的な家族がフィリピン政治を支配してきたが、彼らは戦争を生き抜いたばかりではなく、戦後の選挙戦においても継続して勝利を重ねた。インドネシア、ビルマ、ヴェトナムとは異なり、フィリピンでは、国内の革命運動と民衆による急進主義的なナショナリズム運動が、戦争による大変動から勝利者として立ち現われることがなかった。

フィリピンの文脈における私の主要な関心は、戦争によって解き放たれた新しい社会経済的な諸勢力が、なぜ効果的に伝統的なエリート支配に対抗できなかったのかという点にある。国際的なレベルでのひとつの明白な説明要因は、戦争終結時におけるアメリカの支配力の深化と増進に関連づけられるべきものである。東南アジアにおけるその他の植民地勢力は、戦争の結果、軍事的かつ政治的な側面において著しく弱体化し、旧植民地における歴史の流れを効果的に支配することができなかった。これに対し、アメリカ合衆国は戦後の最強プレイヤーとして登場し、世界的かつ地域的な歴史の流れを決定しようとした。くわえて、フィリピンの場合、急進的なナショナリズム運動が、一方においてフクバラハップのような共産主義者によるものであり、他方では、アルテミオ・リカルテ将軍やベニグノ・ラモスの支援者のような親日派をその担い手とした。フィリピンにおける急進的な大衆運動のこうした特徴は、とりわけマッカーサー将軍下のアメリカ軍が戦前の寡頭的支配権力の再興に全力を費やしていた戦争終結直後の状況のなかで、アメリカによる暴力的な対抗主義と弾圧を呼び込むことになった。

この戦後の新しい権力関係は、この国でアメリカ植民地統治が新たなかたちで永続する政治的遺産が生まれたという観点から、フィリピンの文脈のなかで際立った特徴を与えられた。一九〇一年に公式に始まった代議制選挙民主主義による寡頭的支配の深化がこれである。このことは、エリート支配が公的な選挙制度によって維持され、この制度が地主と大企業からなる強力な政治的名望家族に多大な権益を与えてきたことを意味した。アメリカ植民地統治下では、この寡頭的へゲモニーの典型はマヌエル・L・ケソン指導下のナショナリスタ党の支配力のなかに見られた。ケソンこそが、パトロン・クライアント関係にもとづく縁故政治のもっとも熟達した使い手であった。このパトロン・クライアント政治におけるケソンの役割は、地方の寡頭的支配に根ざし維持されたものである。アルフレッド・マッコイは、この状況をつぎのように適切に説明している。

> コモンウェルス政府〔独立準備政府〕の大統領となったケソンは、上院議長として一八年ものあいだフィリピン政治を自らの支配下に収めるために利用してきた縁故主義制度を、完璧なものに仕上げた。もはや行政的権力との乖離を抑制されることもなく、ケソン大統領は、相互に関係し微妙に調整されたパトロン・クライアント制度を、ムニシピオ〔町〕からマラカニアン〔大統領府〕、そしてホワイト・ハウスにまで短期間のうちに作り上げた。（McCoy 1988: 120）

しかし、アメリカの植民地統治や地方における選挙政治の寡頭的支配は、合法的野党と議会外の抵抗の双方の基盤を成した急進的な農民運動と戦闘的な労働組合によるこの国の長い革命的伝統を、消し去ることはできなかった。こうした戦闘的な抵抗運動の社会的基盤は、土地の再分配と農地改革に関する総合的な計画、十全で民主的な権利の実行、即時国家独立への確固たる要求によって結びつけられていた。これらの要求に対して、寡頭的支配層は粗暴なごまかしと機会主義をもって対応した。第二次世界大戦勃発直前に、貧農と労働者階級のなかでもっとも組織化された戦闘的部分が単一政党を立ち上げることを決意し、中部ルソン地方で組織された農民を代表するフィリピン社会党と急進的労働組合の活動家の代表であるフィリピン共産党が、一九三八年に正式に統合された[6]。戦争が開始されると、新しく統合されたこの政党が、フクバラハップ（抗日人民軍、以下「フク団」）と呼ばれるもっとも効果的な抗日ゲリラ抵抗運動を、中部・南部ルソン地方を中心として組織することに成功した。

戦争が終わると、二つの重要な変化が伝統的な寡頭政治に直接的な脅威と挑戦をもたらした。第一に、日本の侵略者に対するゲリラによる抵抗は、貧農、戦闘的な労働階級、急進的な知識人とのあいだに根を下ろした武装革命勢力を作り出し、これらのグループの社会的基盤と政治上の計画は伝統的なエリート支配の再生に対する挑戦となった。第二に、寡頭政治の指導者層による日本占領軍との協力問題が、エリート階級に楔を打ち込み、伝統的なエリート支配に挑戦する機会を提供した。アメリカの政策と介入は、これら二つの変化の進行において決定的な影響を及ぼすことになった。

フク団の抗日ゲリラ闘争は、第二次世界大戦における反ファシスト統一戦線という広い文脈のなかで展開された。この戦略のなかで合衆国は反ファシズム戦争の同盟軍として理解され、アメリカ帝国主義に対して常時行なわれてきた攻撃は戦時中にはほとんど中止された。また、戦争勃発という嵐を前にしたこのような世界的反ファシスト戦略の文脈において、コモンウェルス政府大統領ケソンは非合法であった共産党が公的な活動を行なうことを許し、創立者クリサント・エバンヘリスタなどの監禁されていた共産党指導者たちを解放した。しかし、国内の共産主義運動はまた、共産主義の全世界的な反ファシスト戦略に同調することによって、リカルテ将軍やベニグモ・ラモスの支持者などによる、反米であり親日の大衆ナショナリズム運動に、接触し対応していく柔軟さを失ったともいえる。たとえば、親日反米のマカピリ（比島愛国同士会）は抗日フク団とともに、再上陸したアメリカ軍に対する共同戦線を結成しようとしたが、この試みは失敗に終わった（Terami-Wada 1999: 83; 寺見 一九九六：七六）。

フク団の指導層と下部組織は、マッカーサー将軍指揮下に舞い戻ってきたアメリカ軍による獰猛で敵対的な行動によって完全に不意を突かれた。一九四四年にはフクバラハップの指導層が、当時オーストラリアにいたマッカーサー将軍と直接接触して、アメリカ軍のフィリピン到着に合わせた行動を取るべく派遣団を組織しようとしたが、失敗に終わったという事実すらある（Lava 2002: 47–60）。悲劇的にもフク団は、フィリピンに戻ってきたアメリカ軍による組織的な迫害を前にしても、当初アメリカ軍と統一戦線を張る方針を堅持し続けたのである。歴史家であるコンスタンティーノ夫妻は、フク団の反応をつぎのように描写している。

フク団の戦闘員とその支持者たちは、こうしたアメリカ軍の敵対行動に最初のうち、驚愕と途惑いをもって対したが、やがてそれは深い怨恨に変った。かれらはそれまで反日闘争のために一切を犠牲にしてきたのだし、反ファシズム戦争でかれらの同盟軍だったアメリカ軍が、かれらに対してファシスト的な手段を用いようなどとは夢にも思っていなかったからである。米軍《ママ》による再占領の以前から、すでにかれらに対する悪感情を示す不吉な徴候はあったのだが、フク団の指導者は統一戦線政策を忠実に追求してきた。かれらが樹立した地方政府が退けられ、かれらのゲリラ組織の公認が拒絶された後でも、また、いくつかの大隊が強制的に武装解除された後になってまでも、フク団は引続きその統一戦線政策を実行したのである。かれらは掃蕩作戦での支援も続けたし、軍事施設の建築のための労働者大隊の組織化を助けたりもした。さらに日本本土への進攻を援助するため、強力なフク団の勢力を動員すると申し出さえしたのである。(Constantino and Constantino 1978: 168–169; コンスタンティーノほか 一九七九：Ⅲ、二一八〜二一九)

アメリカ軍の口車に乗せられたライバルのゲリラと地方地主の私兵団によって指導層が拘束・処刑され、支援者たちが残忍な攻撃を受けるなどして、フク団は非常に苦しんだが、それでも戦後議会政治に参加しようとする決意は固かった。一九四六年の大統領選挙と国会議員選挙で、フク団は民主同盟(DA)に参加した。民主同盟は、革新主義的な都市上流・中流階級の自由主義者、農民組織、戦闘的な労働組合、そして分裂したナショナリスタ党のオスメーニャ派と協力関係にあり、対日協力者に対して厳しい姿勢をもつゲリラ組織から構成されていた。(7) 組織された農民と労働者階級を基盤としていたことから、フク団とフィリピン共産党(PKP)が民主同盟の大衆基盤を成していた。民主同盟は、即時無条件独立、対日協力反対、ファシズムに対抗する民主主義、社会保障と農地改革、工業化という五項目プログラムを掲げて選挙戦を戦った。

中部ルソン地方の強力な大衆基盤から、民主同盟は、フク団＝ＰＫＰの著名な指導者ルイス・タルクとヘスス・ラバを含む、七人の下院議員を当選させた。しかし、民主同盟の下院議員たちは、ナショナリスタ党の上院議員三人と同党の下院議員一人とともに、ロハス政権から選挙戦中の詐欺行為やテロ行為の疑いで追及され、正当に得た議席を剥奪された。この失格措置の背後には、憲法を改正してベル通商法の内国民待遇権を可能にするために、ロハス政権が国会において四分の三の賛成投票を必要としたという事情があった。(8) ロハス政権は憲法改正とベル通商法の可決に成功したが、正当に選ばれた議員を国会から追い出すことによって、急進的対抗勢力の中心的支持基盤を立法過程に組み入れるという千載一遇の機会を失うことになった。

三　対日協力問題

戦争終結時において、この国の伝統的寡頭的支配権力構造に対して挑戦の機会を提供した第二に重要な問題は、対日協力問題だった。(9) 全国レベルで指導的役割を担っていたエリート政治家のほとんどが、日本軍政下の行政委員会やその後日本軍の指導下に形成されホセ・Ｐ・ラウレルが率いた戦時政府に参加した。また、州レベルのエリートの多くが地方政府官僚に任命された。一九四六年の選挙戦で民主同盟とオスメーニャ大統領のナショナリスタ党の協力を可能にし、マヌエル・ロハスの自由党へ対抗する大同を作り上げた主要な問題は、対日協力問題だった。オスメーニャは、戦時中にワシントンで客死したケソン大統領の後継者で、戦前においても同様の寡頭政治の長老的指導者であったが、対日協力問題に対する攻撃を先導するにはあまりにも中途半端な立場にあった。

アメリカのフィリピンにおける対日協力政策は、一九四四年六月のフランクリン・D・ローズヴェルト米大統領のつぎの文言、「敵に協力したフィリピン人は、この国の政治・経済生活における指導的で影響力の強い地位から追放されなければならない」とともに定められた。この政策に対してケソンは、つぎのように主張した。合衆国は協力者を有罪とし罰を与える「法律的な手続き上の権利」をもつものの、「この権利を放棄し、フィリピン政府にそうした人びとの対処をまかせるのが賢い選択だ」。なぜなら、「アメリカは彼らを守ることができなかったのだから、……彼らを罰するような立場にはないと」フィリピン人が「感じている」からだ（Hayden 1944: 440）、と。たしかに、ローズヴェルトとケソンのあいだには、対敵協力に関して微妙だが重要な違いがあった。それはフランク・ゴーレイによれば、つぎのとおりである。

ローズヴェルトは、罪の有無にかかわらず対日協力者を指導的で影響力の強い地位から追放すべきだと強調していた。対日協力者が有罪であることを確かめるべきというケソンの主張は、慎重な司法手続きにもとづく証拠の精査を求めていることを意味し、その主張の裏には、ナショナリスタ党の彼の同僚たちが日本統治のもとでフィリピン人の状況を少しでも良くするために対日協力を行なったという確信があった。また、このコモンウェルス政府大統領はこの諸島の権力の座に残り続けることを決意しており、したがってコモンウェルス政府時代に組織されたケソン支持者による政府をわざわざ解体する必要を見いださなかった。(Golay 1997: 440–441)

オスメーニャ大統領は当初、組閣にあたり、反・対日協力強硬派を入閣させ、著名なゲリラ指導者のトーマス・コンフェソールとトーマス・カビリがそれぞれ内務長官と国防長官の要職についた。しかし、アメリカ軍のレイテ島上陸後の最初の一〇カ月の間、事実上の統治者であったマッカーサー将軍は、戦後早期に対日協力を含む重要問題に関する権限を行使した。マッカーサーの総司令部はマヌエル・ロハスの「解放」を宣言したが、ホセ・ユーロ、アントニオ・デ・ラス・アラス、キンティン・パレデス、テオフィロ・シソンなど日本の傀儡政権に関わった人びとを「拘束」の名のもとに監禁した(Steinberg 1967: 115)。戦時中、ロハスはしばらくのあいだラウレル政府の閣僚職には就かずにすんでいたが、マッカーサーがレイテ島に上陸する五カ月ほど前にラウレルに説得されて、食糧危機の解決に向けた不毛な試みの一環として「食糧皇帝」と揶揄される無任所大臣職に就いた(*ibid.*: 107)。

ロハスは(ケソンとオスメーニャとともに)ナショナリスタ党の指導者三人組のひとりとして、ケソンの後継者と考えられていたし、マッカーサー将軍の親友であり軍事顧問でもあった。マッカーサーは自ら進んで、ロハスは対日協力行為をまったく行なっていないと彼の潔白を証明したうえ、ロハスが戦後フィリピンの指導者たる人物であるとの自身の支持を公式に表明した。その後、ロハスはオスメーニャに代わる権力の中心を作りはじめ、対日協力者としての刻印が押され苦慮している人びとを味方に引きつけた。ロハスの権力基盤は、一九四一年の総選挙による国会招集とともに飛躍的に拡大した。国会ではケソン支持者が権勢を振るっており、ロハス自身が上院議員の議長と強い権限をもつ人事委員会委員長の要職にあった。さらに、ロハスの同調者ホセ・スルエタ下院議員が下院議長になった。一九四六年の大統領選挙が近づくと、ロハスは自由党を新たに立ち上げ、多くの古参政治家やナショナリスタ党のケソン支持者たちを自由党に鞍替えさせた。

この間、対日協力問題は行き詰まった。ハリー・トルーマン米大統領は一九四六年三月に、「フィリピンの対日協力者に関する処遇はフィリピン政府当局に委ねるというわれわれの既定方針があり、それを変える必要性はない」との声明を出した（Golay 1997: 453）。オスメーニャとロハスは、対日協力の疑いのある者を訴追するために、人民法廷と特別捜査部を設けることを定めた議案を一九四五年九月二五日に可決することで合意した。しかし、これら二つの機関は、人員的にも物理的にも限界の多い厳しい時期に活動することを余儀なくされた。たとえば、法律上、犯罪告発を受けた者は六カ月以内に訴追されるはずであった。しかし、アメリカ陸軍の対敵諜報部隊（ＣＩＣ）の調査による「監禁の正当な理由とされる証拠」をともなう五六〇〇もの案件を前にして、このような訴追は二五人の特別捜査官にはとうてい不可能な作業であった。

裁判の最終結果はまさに惨憺たるものであった。この分野の専門家として著名なデイヴィッド・スタインバーグは、つぎのようにまとめている。

人民裁判に提訴された五六〇三件のうち、一五六件（〇・二七パーセント）についてだけ有罪が確定し、有罪者のなかでテオフィロ・シソンただ一人が政治的に名の知れた人物であった。比率で見てみると……戦時期指導者層の〇・六パーセントが有罪判決を受け、七四パーセントは法廷に足を踏み入れることさえもなかった。戦争が終わったとき、群衆による血の洗礼も、組織内外におけるパージもなかった。エリートは、戦時中の危険とエリートの平均年齢を考えれば、驚くべき生存率で、戦前の状態をそのまま保持し続けた。戦争は、エリート体制の規模も権勢も弱めることはなかったのである。（Steinberg 1967: 162–163）

おわりに

深遠な意味において、フィリピンにおける旧来秩序の復活は、日本における旧来秩序のいかなる継続性よりもよほど予想可能なものだった。敗北した日本において、マッカーサーの明白な指令は、戦時期の支配エリート（天皇を除いた軍事的官僚制度）の破壊を含んでいた。再占領されたフィリピンにおいて、マッカーサーの当面の政治目的は旧来秩序の復活であった。たとえそれが寡頭政治のより活気に溢れたメンバー（つまりオスメーニャではなくロハス）の指導によるもので、アメリカの全面的な権益を守り、旧来秩序を再構築・再生させるにあたって、より有能と目される人物の手によるものであったとしてもである。

民主同盟（DA）を中心とした進歩的な勢力が戦争の余波のなかで出現したが、この勢力は、アメリカの権益と現地エリートの双方に対する脅威となった。なぜなら、その支持基盤が小作農と労働者から構成されており、抗日ゲリラ戦争の難局をとおして強化され、政治社会改革のための急進的な計画によって活気づいていたからである。フク団の指導者と支持層に対する軍事的攻撃、そして下院に当選した民主同盟の候補者に対してなされたでっち上げの選挙違反を理由とする失格措置は、ベル通商法とその内国民待遇権の可決へと道を開いたが、進歩主義に則った合法政党の出現の可能性を実質的に消去してしまった。

一九九五年の政党リスト法の制定にともない、フィリピンの国会においてマージナルで抑圧された社会層の利益を代弁する政党が議席を獲得するまでに、じつに五〇年以上かかった。戦後の保守政治指導層は、抜本的な社会経済的な改革を実行することや、急進的かつ大衆的なナショナリスト運動を議会政治に取り込むことに失敗した。このことは、今日まで続く共産主義者による武器をともなう挑戦へとつながっている[10]。これは、日本の状況において社会党や共産党が、国会のみならず、日常生活の政治に関する言説においても政治的な存在感を保ち続けてきたとの対照的である。また、日本では占領期の改革によって、旧来の政治的な権力関係においてもっとも反動的な部分であった軍事的官僚制度も、実質的に駆逐された。

だが、より重要なことは、日本の一般の農民や労働者たちの生活を大いに改善した構造改革が実施されたが、それは、アメリカの占領下で農地改革が成功し、労働者や労働組合に民主的な権利が付与されたことによるものであった点にある。これは、フィリピンで同様の改革が欠如し、失敗に終わったことと際立った対照をなしている。これまで未達成に終わったこうした構造変化が、今日のフィリピンにおいて改革に向けた最重要の検討課題であり続けていることは、まったく驚くに値しない。

註記

（1）これらの資料は、ポツダム宣言（一九四五年七月二六日）、国務・陸軍・海軍三省調整委員会（ＳＷＮＣＣ）の「降伏後に於ける米国の初期対日方針」（一九四五年九月二二日）、「日本占領及び管理のための連合国最高司令官に対する降伏後における初期基本的指令」（一九四五年一一月三日）である。

（2）一九二五年に可決した治安維持法は、「国体変革」と「私有財産制度の否認」を目的とした結社に関わった者を最高一〇年の禁固刑に処するという厳しい罰則を課し、共産主義者、無政府主義者、その他の急進主義者を標的とした。

（3）改正選挙法は女性や少数政党に有利な措置を設けたが、一九四七年三月に吉田内閣のもとで敗戦前の選挙区制が復活し、制限連記制が単記制に変更された。

（4）日本国憲法の英訳は<http://www.solon.org/Constitutions/Japan/English/english-Constitutions.html>を、日本語訳は<http://www.jicl.jp/kenpou_all/kenpou.html>を参照。

（5）本節の労働運動の記述については、Takemae（2003: 310–324）、Cohen（1987: 187–239）を大いに参考にした。

（6）社会党と共産党が合併した政党は、公式にはフィリピン共産党として知られている。この二党合併大会の記録については、Allen（1985: 56–59）を参照。この合併した政党はＰＫＰ（Partido Komunista ng Pilipinas）と呼ばれ、一九六八年に創設されたＣＰＰ（Communist Party of the Philippines）とは異なるものである。

（7）民主同盟（ＤＡ）はつぎの団体から構成されていた。すなわち、三つのゲリラ組織――フク団、「自由フィリピン人」、「青い鷹」、二つの農民組織――「ＰＫＭ（全国農民連合）」、一つの労働団体――「ＣＬＯ（労働組織委員会）」、その他四つの進歩的団体――「民族解放連盟（ＬＮＬ）」、「反売国奴連（ＡＴＬ）」、「反日連盟（ＡＪＬ）」、「自由人権協会（ＣＬＵ）」である（Constantino and Constantino 1978: 182–183; コンスタンティーノほか 一九七九：Ⅲ、二三八）。

（8）フィリピン通商法、すなわち通称「ベル通商法」は、一九四五年にアメリカ連邦議会を通過し、一九五四年までの八年以上を無関税貿易期間とし、それ以降一九七四年までの二〇年間の漸次的な関税率引き上げを定めた。また、為替相場を一ドル＝二ペソで固定し、フィリピンから通貨管理権を奪った。この法律のなかでもっとも悪名高い条項は内国民待遇権であり、天然資源の開発、公有地の取得、放牧、漁業、鉱物採掘権、公益事業の所有権と経営において、アメリカ人がフィリピン人と同じ権利を享受することが定められた。

（9） 対日協力問題に関しては、Steinberg（1967）、Abaya（1970）、Agoncillo（1984）を参照。

（10） これらの問題についての詳細な議論は、Rivera（2002: 466–483）を参照。

参考文献

Abaya, Hernando J.（1970）*Betrayal in the Philippines,* Quezon City: Malaya Books, Inc.

Agoncillo, Teodoro A.（1984）*The Burden of Proof: The Vargas-Laurel Collaboration Case,* Quezon City: University of the Philippines.

Allen, James S.（1985）*The Radical Left on the Eve of War: A Political Memoir,* Quezon City: Foundation for Nationalist Studies.

Cohen, Theodore（1987）*Remaking Japan: The American Occupation as New Deal,* New York: The Free Press.

Constantino, Renato, and Letizia R. Constantino（1978）*The Philippines: The Continuing Past,* Quezon City: Foundation for Nationalist Studies（レナト・コンスタンティーノ、レティシア・R・コンスタンティーノ著、鶴見良行ほか訳『フィリピン民衆の歴史 Ⅲ・Ⅳ――ひきつづく過去』井村文化事業社、一九七九～八〇年）.

Constitution of Japan <http://www.solon.org/constitutions/Japan/English/english-Constitutions.html>.

Dower, John W.（1999）*Embracing Defeat: Japan in the Wake of World War II,* New York: W. W. Norton & Co., Inc.（ジョン・W・ダワー著、三浦陽一・高杉忠明訳『敗北を抱きしめて――第二次大戦後の日本人』上・下、岩波書店、二〇〇一年）.

――――（1988）*Empire and Aftermath: Yoshida Shigeru and the Japanese Experience, 1878–1954,* Cambridge and London: Harvard University Press（ジョン・W・ダワー著、大窪愿二訳『吉田茂とその時代』上・下、ティビーエス・

ブリタニカ、一九八一年).
Golay, Frank Hindman (1997) *Face of Empire: United States-Philippine Relations, 1898–1946,* Quezon City: Ateneo de Manila University Press.
Hayden, Joseph Ralston (1944) "Principal Matters Discussed with Quezon," cited in Golay (1997).
Lava, Jesus B. (2002) *Memoirs of a Communist,* Pasig City: Anvil Publishing.
McCoy, Alfred W. (1988) "Quezon's Commonwealth: The Emergence of Philippine Authoritarianism," in Ruby R. Paredes (ed.), *Philippine Colonial Democracy,* New Haven: Yale University, Southeast Asia Studies Monograph Series No. 32.
———, ed. (1985) *Southeast Asia Under Japanese Occupation,* New Haven: Yale University, Southeast and Asian Studies Monograph Series No. 22.
Rivera, Temario C. (2002) "Transition Pathways and Democratic Consolidation in Post-Marcos Philippines," *Contemporary Southeast Asia,* 24(3).
Sims, Richard (2001) *Japanese Political History since the Meiji Renovation: 1868–2000,* New York: Palgrave.
Steinberg, David Joel (1967) *Philippine Collaboration in World War II,* Ann Arbor: University of Michigan Press.
Takemae, Eiji (2003) *The Allied Occupation of Japan,* trans. by Robert Ricketts and Sebastian Swann, New York and London: Continuum (元になった日本語版は、竹前栄治著『GHQ』岩波書店、一九八三年).
Terami-Wada, Motoe (1999) "The Filipino Volunteer Armies," in Setsuho Ikehata and Ricardo Trota-Jose (eds.), *The Philippines Under Japan: Occupation Policy and Reaction.,* Ateneo de Manila University Press (寺見元恵「日本軍に夢をかけた人々——フィリピン人義勇軍」池端雪浦編『日本占領下のフィリピン』岩波書店、一九九六年所収).

(岡田泰平 訳)

第Ⅱ部　錯綜するイメージ——国民国家・ナショナリズム・戦争

フィリピン独立革命のレリーフ（コレヒドール島）

第3章　日本との戦争、アメリカとの戦争

友と敵をめぐるフィリピン史の政争

レイナルド・C・イレート

はじめに

フィリピン・アメリカ戦争（一八九九～一九〇二年）とフィリピン・日本戦争（一九四二～四五年）は、フィリピン史における二つの重大な出来事である。この二つの戦争はわずか四二年ばかりの歳月を隔てて生じたのにもかかわらず、国民国家形成を目的とする政治的言説やさまざまな歴史的解釈のなかでまったく異なるものとして扱われてきた。一般に前者は忘却され、後者は記憶されてきた。前者は、アメリカとのあいだに大きな誤解を招いてしまった戦争として消極的に扱われ、後者は、悪の敵に対する典型的な戦争として扱われてきた。だが、この二つの戦争を注視してみると、双方がきわめて似通っていることに気づくだろう。この二つの戦争を異なるものとして取り扱う理由とは何なのだろうか。そしてこの二つの戦争は、戦後もっとも加熱したいくつかの政治論争とどのように結びついているのだろうか。

セオドア・フレンドは、その有名な著書『二つの帝国のはざまで』（一九六五年）のなかで、フィリピン・アメリカ戦争のあるがままの姿をつぎのように破壊的で残虐的な出来事として認めている。「もしアメリカのフィリピン占領が一九〇一年に軍事的支配をもって終結していたら、たとえアーサー・マッカーサーがフィリピン再建にすでに手をかけはじめていたとしても、合衆国は寛大さよりもその残酷さをもって記憶されることになっただろう」。しかし、「その後に誕生した市民政府は、『人びとにとっての幸福・平和・繁栄』を構想し、四〇年以上その体制を維持しながら冷酷な記憶を消し去り、多くのフィリピン人から信頼を勝ち取った」（Friend 1965: 264）と述べている。アメリカ植民地支配、あるいは「市民政府」の時代は、すべてをまったく異なるものに作り変え、「残酷な記憶」を感傷的な「友情関係」に転化させたというのである。

この議論は、二〇年後に、より影響力のある著述家のスタンリー・カーナウによって取り上げられ、ふたたび流布された（Karnow 1989）。フレンドはアメリカ統治の性格を決定づけた時期として、つぎのことにこだわり続ける。すなわち、エリフ・ルートは、「［フィリピン人］の『慣習・気質・偏見』に対して、できる限り実利的な適応をするよう政府に指示し、そしてそれが実行された。ほとんど例外をともなわないこの寛容な方針は、フィリピンのもっとも情熱的な民族主義者たちを懐柔していった」。ルートのこの方針は、「フィリピン人の忠誠」を勝ち取っただけでなく、フィリピン人を「ほかの東南アジア諸国や被植民地における民族主義者たちの羨望の的」に作り上げた（Friend 1965: 264）、と。

一八九九〜一九〇一年の戦争でアメリカ人がもたらした残虐さをフィリピン人の記憶から切り離して、フレンドが多くの言葉で語るのは、アメリカ人は厳格な父の立場に立たざるをえず、ついにはその被後見者に対して同情や「寛容な」態度をもって接したということである。こうして苦痛に満ちた過去は規律訓練の過程——すなわち政治的後見——の不可欠な段階へと変化し、ゆくゆくは忘れ去られていく。しかし忘却が可能となるのは、植民者と被植民者との関係が「家族のような組織形態」、すなわち、フレンドが主張するように、それを通じてフィリピン人がお互いに意味のある人間関係を築くような根本的様態へと包摂されたときである。それゆえ、「フィリピン人の慣習とアメリカ人の要求との調和」は簡単で単純なものにはならず、虚構の親族間で生じる「誤解」・「スキャンダル」・「屈辱」・「非難」など緊張に満ちた関係性の文脈のなかで成立せざるをえない。

とはいえ、フィリピン人が概してフィリピン・アメリカ戦争の残虐さを忘却してきたということは、戦争の記憶が政治の場で重大な争点とならなかったことを意味しない。先の著書のなかでフレンドは、つぎのように鋭く分析する。すなわち、官職の立場にある多くのアメリカ人——とりわけハーバート・フーヴァー大統領の陸軍長官パトリック・ハーレイが一九三一年にフィリピンを訪問したとき——は、「この時代のフィリピンの指導者たちが、祖国の歴史のなかでもっとも戦闘的なナショナリズムの時代を生き抜いた人びとであることを忘れていた。その後、彼らの考え方はより穏やかになっていったが、世紀転換期における栄光と恐怖の時代は彼ら一人ひとりに深淵な影響を与えた」(Friend 1965: 45)。

ここでフレンドが読者に想起させるものは、ラファエル・パルマとセルヒオ・オスメーニャが革命家ジャーナリストであったこと、マヌエル・ケソンが一九〇一年までアメリカ軍に降伏しなかったゲリラの指導者であったこと、そしてその「アメリカ軍が一九〇一年にバタンガス州の強制収容所で、ホセ・ラウレルの父を拷問したこと」である。忠実な親米主義者であったカルロス・ロムロも、三歳のときに

「村の広場で最愛の隣人がアメリカ人によって絞首刑に処された光景を目撃した」。ロムロをはじめとする若手の政治指導者たちはもちろんアメリカ軍兵士から英語の手ほどきを受け、「恐怖は好意へと変わった」が、こうした「アメリカ人の優しい行為があっても、自由になるために戦ったわくわくするような思い出を忘れることはできなかったし、人びとから待望された独立国家へと導くための民族の誇りを捨て去ることはできなかった」(Friend 1965: 45–46)。

なるほどセオドア・フレンドがここで示唆するのは、過去の革命(と合衆国との戦争)の記憶が、抑圧されたとはいえ完全に消去されず、賛同者たちと選挙票の動員をねらう政治家たちによって重大な争点として再燃化されたことである。ミシガン大学のバンドホルツ・コレクションで発見された一九〇八〜一四年の治安警察隊の報告書を一瞥すると、この時期においても戦争の記憶が生々しく残っていたことが明らかになる(1)。

しかしフレンドの著書は、この側面からフィリピン政治を追究してはいない。その代わりにフレンドは、カール・ランデのパトロン・クライアント関係や親族を基盤にしたフィリピン政治モデルに終始依拠している(そして、序文で過剰な謝辞をランデに捧げている)。つまり、フィリピン政治を丸ごと包括してしまうこの枠組みによってフレンドが言わんとしたことは、フィリピン人が慣れ親しんできた家族基盤の(前近代的な)人間関係に順応すべく、征服者たちが最善を尽くしたからこそ、アメリカ支配は「残虐な記憶を消去できた」ということである。しかしこの「忘却」は、歴史叙述、教科書編纂、英雄譚のレベルにおいて今も続くヘゲモニーと論争のひとつの効果として、もっとも適切に理解されうるだろう。

一　アメリカと日本に対するフィリピンの戦争を比較する

一九四五年と一八九八年のマニラ解放

マニラ解放戦から六一周年を記念した二〇〇六年初頭の式典で、駐フィリピン日本大使の山崎隆一郎氏はひとつの「歴史事実」に言及した。それは、マニラ市全域を破壊しフィリピンの一般市民およそ一〇万人が犠牲となった戦闘である。同大使は言う、「多くの者が日本軍の残虐非道行為を被り、そしてそのなかには味方の攻撃に襲われた者もいた。六一年前のマニラでフィリピンの男性、女性、子どものそれぞれが体験せねばならなかったテロルは、正気の人間の想像力でははかり知ることができない」、と。彼は自らの簡潔な声明を、「マニラの悲劇に対する心からの謝罪と深い悔恨」という表現で締めくくった。(2)

山崎大使が言及した「味方の攻撃」は、交戦中の二つの大国間の集中砲火に襲われたフィリピン人の姿を想い起こさせる。しかし、この二つの大国は道徳的に等価されているわけではない。一方の日本は悪の枢軸に帰し、他方の大国アメリカは「味方の攻撃」の発信源である。後者は、フィリピン人の犠牲者のうちのおよそ三〇パーセントに対し責任を負っているものの、「味方の攻撃」という言葉使いは、この三〇パーセントの非業の死がむしろ忘却されてしまうことを示唆する。なぜなら、この戦争の結果が彼らの死の意味を決定し、その結果とは一九四五年二月のマニラ解放なのだから。アメリカ軍の司令官・下士官・空襲機パイロットは「解放者」であり、彼らが被解放者たちに及ぼした破壊は、すべて偉大なる善のためであった。ゆえに「味方の攻撃」であり、現代の語法でいえば「巻き添え被害」なのである。

マニラにとって一九四五年の「解放戦」は、はじめての出来事ではない。一八九八年にスペイン占領からマニラを解放するためにアメリカ軍が上陸したときにも、似たような出来事が起きた。二つの「解放戦」の類似性については、すでにさまざまな識者たちによって指摘されてきたが、なかでももっとも有名なものは、一九四五年二月二七日のオスメーニャ大統領がコモンウェルス政府復興を謳った演説である。(3) オスメーニャはまずローズヴェルト大統領とマッカーサー将軍に対して、日本人という「野蛮な破壊者」の手から国家を救い出してくれた功績に対し謝意を表明した。彼はまた、マッカーサーが「アメリカ流儀の真の解放者として、誠実な役割を果たした」と述べた。

ここでオスメーニャが指摘するアメリカ流儀の解放者とは、ダグラスの父アーサーによって始祖されたものにほかならず、驚くほど両者は似通っている。「この聖戦において、[ダグラス・マッカーサー]は崇高な任務を成し遂げつつあるが、その功績はまさに、輝かしき彼の父アーサー・マッカーサー将軍率いる部隊が、一八九八年八月一三日にマニラをヨーロッパ勢力から成功裡に解放した任務を起点としている」。

一八九八年八月一三日はアメリカ時代には「占領の日」と呼ばれ、重要な式典が催された。今日においても「占領」(大文字の"O"で始まる)は引き続き記憶されているが、その歴史的指示対象は日本占領であり、暗黒で残虐な時代を彷彿させる。「アメリカ占領」は、まったく対照的にその裏返しを意味した。つまり、第二次世界大戦後に「日本占領」が「占領」という言葉を置き換えたため、アメリカ占領は「平和の時代」とみなされるようになった。

オスメーニャは一八九八年の占領の日を肯定的にとらえ、解放の出来事であるとさえみなしていた。彼は演説のなかで、一八九八年におけるアメリカ軍の最初のマニラ入城の四七年目の記念日と一致させるために、「独立記念日」を一九四五年八月一三日に繰り上げるべきだとの提案すら行なった。かくて、オスメーニャは「占領の日がフィリピン独立の日になるだろう」と結んだ。どうやら一八九八年八月一三日がフィリピン・アメリカ戦争の幕開けであったことを、彼は忘れ去ってしまっているようだ。

アーサー・マッカーサーが上陸したとき、戦闘はすでにスペインとのあいだではなく、アギナルド率いるフィリピン人部隊とのあいだで繰り広げられていた。この戦争は、〔一九四一年末に始まった〕日本との戦争とその占領の期間にほぼ相当する三年半にわたって続き、熾烈をきわめた。フィリピン諸島の「平定」は、その後少なくとも一〇年の歳月を経てアメリカ陸軍とフィリピン治安警察隊によって完了された。だが、合衆国はこの出来事を酷いこととして正式には認めてはいない。たしかに当初、この戦争に反対するアメリカの声も上がったが、結局それらは沈静化し、この出来事は大規模な米西戦争の一部辺境でなされた騒乱程度のものとして度外視された。

アメリカの占領とは対照的に、日本占領は暗黒の出来事なのであり、加害国もそのことを認めている。〔前述の〕山崎大使は、「第二次世界大戦における悲劇の教訓を腐食させず、戦争なき世界の平和と繁栄へ貢献するための」日本政府の「決断」について繰り返し述べた。ここで私たちは、おぞましき罪を承認するだけでなく、この出来事を忘れまい、世界変容の手段のために戦争を二度と繰り返してはならないという決断を承認している。これとは対照的に、合衆国は戦争を行なうことによって今日の世界の一部を改変しようとしてきた。二〇〇三年一〇月にジョージ・ブッシュ大統領はフィリピンの国会で、合衆国によるイラクの専制政治からの解放は一九四五年のフィリピン解放の再演であると語った（彼は外交上の配慮から日本が当時の敵であったことを言及しなかったが）。彼の論法がまったくもって欠いているものは、一八九九〜一九〇二年の合衆国による暴力的なフィリピン占領である——これこそまさにイラク戦争の前身なのだ(4)。

フィリピン・アメリカ戦争の忘却

フィリピン人にとって、概してフィリピン・アメリカ戦争はいまだに忘れ去された戦争である。合衆国は一九〇二年七月四日の勝利宣言ののち、一八九六年から一九〇二年まで続いた戦争の集合的記憶を作り変えていった。その目的は、第一に、一八九六〜九八年のスペインとの戦争を鮮明に記憶するようフィリピン人に働きかけること、そして第二には、合衆国との戦争をできる限り忘却するよう取り計らうことであった。記憶と忘却をめぐるこの政治は、検閲された刊行物や民間儀礼、そして何よりも学校制度をとおして遂行された。とりわけフィリピン人が「記憶するよう」教え込まれた内容とは、アメリカ軍が解放者としてスペイン支配の圧制から国を自由にするために手助けしにやってきたということだった。

学校の教科書は、解放者が認めようとしなかったアギナルドによる政府の設立に関して言及を避けることはできない。じつのところアメリカ人の到来は、その見せかけに反して侵略として解釈される傾向

アメリカ軍と戦うフィリピン革命軍（マニラ近郊，1899年）［University of Wisconsin Digital Collections］

にあった。合衆国はこうした否定的な意味を消し去り、スペインと合衆国との二つの戦争に関する公の記憶を作り上げるために、つぎのことを行なった。まず革命の指導者たちの自由に対する大志を容認した。ただしアメリカ人は、依然としてフィリピン人が全体として民主主義と自己規律を導入する段階には達していなかったことを強調した。この準備不足を「証明」するために、溢れんばかりの大量の文書が出回り、それらはアギナルドを民衆の味方ではなく無慈悲な独裁者として、また群衆を地方のボスやカシーケに盲目的に追従していった者たちとして描いた。

ここで議論を割くことはできないが、フィリピン史の書き換え過程に関する興味深い物語がある。合衆国の侵略と支配を、横暴な指導者から大衆を解放した出来事として正当化する目的で、ブレアとロバートソンによる史料編纂の歴史的偉業のなかに見られるように、歴史資料までもが改ざんされたのである。そこではアギナルドやマルバールのような人物を含めた指導者をスペイン支配の「暗黒時代」と同一視するために、彼らに対して「カシーケ」（合衆国の支配以前にはフィリピン人エリートを示してはいなかった言葉）という呼称が与えられた。[5]

結局、公立学校で勉強する新たな世代のフィリピン人は、一八九八年のアメリカ人の到来を解放行為と「恩恵的同化」として「記憶」するよう教え込まれた。一八九八年の共和国誕生は評価に値する試みであったが、欠陥と不備をきたしていた。この政府はアメリカ人を必要とし、彼らこそが民主主義と責任ある自らの政府樹立のために遅れた人びとを訓練できる、と議論が進められた。教育局長官デイヴィット・バロウズは高校の歴史教科書のなかで、「大きな誤解」という用語を使ってフィリピン・アメリカ戦争を描写した。バロウズが嘆きを込めて述べたのは、フィリピン人が合衆国の崇高な動機を本当に理解していたのなら、アメリカによる占領に対して抵抗しなかっただろう。そして破滅的な戦争も発生しなかっただろう（Barrows 1905: 295）。大きな誤解だったのだから、その出来事を忘れまいと思い悩む必要がなぜあるのだろうか、と。

こうした発言は、新たな植民地支配者の指導にフィリピン人を従順に従わせるという確固たる行為と一致していなければならなかった。一九〇二年に政府は、アメリカの存在に反対する者はすべて煽動罪に処されるという法令を発布した。政府軍に対して攻撃を加える武装集団は、盗賊の一団、狂信的宗教団体、あるいは敗走したゲリラの残党として扱われた。彼らはあからさまな犯罪人やテロリストとみなされた。これを機に、合衆国に反対する者たちは、盗賊団、狂信的集団、犯罪人、あるいは精神障害者として処遇されることになった。

学校に通うフィリピン人の新しい世代の多くは、公式の歴史解釈に従って学習していった。このことは学校で良い成績をとるために、あるいは植民地の行政機構へと就職するためにはしごくまっとうな判断であり、アメリカの新秩序を首尾よく促進させることになった。この公共教育機関の沿革がもたらした効果のひとつは、日本の侵略前夜にはすでに大部分のフィリピン人がフィリピン・アメリカ戦争を忘却していたことである。フィリピン人は自分たちの運命と合衆国のそれとを絡み合わせていた。このため日本軍が上陸した際に、彼らはとりわけバタアンとコレヒドールで強靭な粘り強さをもって抵抗した。フィリピン・アメリカ連合軍の降伏後にも引き続きゲリラ戦が行なわれ、その抵抗活動はマッカーサーの帰還という希望によって鼓舞された。自らの植民地支配者たちの身代わりとなって、地方の住民たちがかくも激しく戦い多大な苦難を経験した事例は、東南アジアのほかの国々には見あたらない。

二　アルテミオ・リカルテ――フィリピン・アメリカ戦争の退役軍人、横浜への亡命者

二つの戦争にまつわるある物語――日本そしてアメリカに抗して

フィリピン史の凡庸な語りは、フィリピン革命、一八九八年の共和国、アメリカによる占領と後見、コモンウェルス独立準備政府、日本の侵略、解放、そして最後には一九四六年の独立というお馴染みの長編物語からなる。しかし、フィリピン・アメリカ戦争が集団的記憶からほんの一部分だけ消去されたという事実によって、この物語は複雑になる。ケソン大統領が難局を乗り切り、演説のなかで観衆の想

像力を的確に捉えることができたのは、じつのところ、彼がフィリピン・アメリカ戦争の退役軍人《ベテラーノ》であり、当時も一九三〇年代後半と同様に独立のために戦ったからにほかならない。フェルディナンド・マルコス大統領やラモン・マグサイサイ大統領が、日本との戦いで自身の偉業から政治的資本を作り出したように、ケソンも同じことを行なった。しかし彼が戦った相手は合衆国であった。彼が親米主義者であったのはおおかたの事実であるが、彼はアメリカ人に対する戦いの聖像でもあった。

ケソンにとってもっとも強力な政敵のひとりは、同じくフィリピン・アメリカ戦争の退役軍人のアルテミオ・リカルテ将軍であった。一九〇二年に戦争が終わったとき、リカルテは合衆国への忠誠の誓約を拒否し投獄された。しかし、彼はやっとの思いで脱走し、はじめに香港で孫文と同盟を結び、その後横浜に亡命した。リカルテは、こうしてアジアの滞在地を転々としながら、政党政治家からさまざまな秘密結社や農民運動の指導者にいたるまで反植民地主義を掲げるフィリピン人民族主義者たちを鼓舞した（Motoe-Wada 1999: 61–65; 寺見 一九九六：六一～六三）。

反植民地主義を訴える世界各地の民族主義者たちが、アジアの国のはじめての偉業として、一九〇五年の日本によるロシアの東進阻止の事実に感激を覚えたことは広く知られている。あまり知られていないのは、フィリピン・アメリカ戦争とそれに先立つ対スペイン戦争において、日本が支援者――ためらいをもっていたが――だったため、日本の対ロシア戦勝利がフィリピン・アメリカ戦争の退役軍人たちの自慢の種だったという事実である。一九〇五年の日本の勝利は、アメリカン・スクールで英語を勉強していた新たな世代のフィリピン人も歓呼して迎えた。日本はすぐにフィリピンの民族主義者たちのもうひとつのモデルとなった。武士道の伝統は、一九三〇年代に国民国家を建設するために新たなモデルを追及した人たちを魅了した（Gonzalez 1980: 78）。

「西洋」よりもアジア、あるいはオリエントに属しているというフィリピンの考え方は、リサールの時代まで遡れる古いものである。しかし、アジアの指導者としての可能性をもつ日本の台頭によって、新たなねじれが加えられた。このねじれとは、フィリピンのアメリカ化という支配的な状況に対する「対抗物」である。

リカルテは、日本の台頭をたがねとしながら、遠方横浜からフィリピンの人びとに対して声を発し、「日本の支援を受けて、私は帰国する」との声明を届けた。前述の一九〇八〜一四年のフィリピン治安警察隊の報告書は、リカルテの訴えがいかに力強いものだったのかを明らかにしている。アメリカ植民地政府は一九一四年まで、秘密結社、カティプーナンの復興、退役軍人協会、地方武装組織、フィリピン独立教会の信徒団、愛国的な宗教派閥など、夥しい数の対抗勢力と対峙しなければならなかった。一九二〇年代のタングランやコロルムの運動や一九三〇年代のサクダル運動は、こうした伝統を受け継いだ。多くの場合、このようなデモ・暴動・反乱は、日本の支援を受けてフィリピンに帰国するというリカルテの約束によって鼓舞された(6)。リカルテと彼を連れ戻す「帝《みかど》の海軍」に思いを馳せる人びとの想像力は、マッカーサーが強力な大型艦隊を率いて帰還するという、さらに有名なあの期待感を予示したものである。

ケソンは、リカルテの立場を正確に理解していた。それゆえ彼は駐米代表委員としてジョーンズ法が可決されるように懸命に努力し、一九一六年に合衆国連邦議会から取りつけた独立の約束とともにフィリピン帰国の宣言を行なった。これは、しばらくのあいだリカルテに対して大きな痛手となった。この間にフィリピン治安警察隊情報局は、フィリピン人の救世主的観念のメカニズムを理解しはじめていた。その確たる証拠は、一九四二年に情報局がダグラス・マッカーサーに対して「アイ・シャル・リターン！」と約束するよう進言したことにある。そしてこれは魔力のような力を発揮した。大多数のフィリピン人が日本占領に対してとことん抵抗したのは、マッカーサー将軍が救世主として必ずや祖国の救済のために戻ってくると確信していたからである。

アメリカ植民地支配とコモンウェルスの時代の歴史は、ケソンとリカルテという二人のフィリピン・アメリカ戦争の退役軍人のあいだの競争と相乗効果を考察することなしに十分に理解することはできない。ケソンは、最後までリカルテに対して尊敬の念を抱き、接触を保ち続けた。太平洋戦争勃発前夜、彼は秘密裡に横浜に渡航してリカルテの助言を求めた。帰国後ケソンは、日本が侵略した場合フィリピンは中立を保つべきだとアメリカ人に提言した。もちろんワシントンからは徹底的な反感を買った。これに対しリカルテは、この退役軍人の同志から受けた敬意に返礼した。一九四一年一二月一九日にフィリピンに帰国すると、リカルテはケソンに手紙を書き、これ以上の流血を避けるためマニラに留まるよう強く説得した。ケソンはこの申し出を真剣に熟慮したと思われるが、期を逸していた。リカルテの手紙が届いたとき、すでにケソンはコレヒドールに退いていたからである。

アメリカ人は、ケソンが日本人と密約を交わさないよう常時見張りを立てていた。いかなる取引も敵国日本と行なうのは不可能であった。しかしそうした状況にもかかわらず、ケソンは一九四二年二月八日にローズヴェルト大統領に対して、フィリピン人に即時独立を与え、合衆国と日本とのあいだの戦争でフィリピン人が中立を保つことを認めるよう嘆願した。だが、予想どおりローズヴェルトはこの要求を拒否した。フィリピン人とアメリカ人は一致団結して最後まで戦わねばならなかった。政治的にはまったく無力であり、また結核を患っていたケソンは、彼の名付け親《コンパドレ》のマッカーサーに依存するほかなかった。合衆国の優先事項は、ヒトラー率いるドイツというもうひとつの悪の枢軸からヨーロッパを解放することにあったため、かくてバタアンとコレヒドールでは来るはずもない援軍を待っている間に多くのフィリピン人が殉死したのである。

リカルテ——忘却された戦争からの声

前述のリカルテの影響力が発揮されたのは、おもにアメリカ統治の最初の一五年間である。その後はケソンが権力を手中に収め、よりいっそう多くのフィリピン人がアメリカの教育制度をとおしてフィリピン・アメリカ戦争を大きな誤解として記憶するように訓練され、リカルテの要求は、タングランやサクダルなど農村を基盤とする運動や秘密結社のあいだだけで効果を上げた。それゆえ、一九四一年にリカルテがフィリピンに帰国したあとの彼の民衆への影響力がほぼ皆無だったのは、当然の成り行きである。むろん彼は祖国の人びと、とりわけアメリカとの戦争、あるいは少なくともそれに続く一〇年間の「平定」を経験した年老いた世代に対して尊敬の念を抱いていた。

しかしアゴンシリョによると、リカルテは「彼の過去の英雄的行為をもってしても、日本人と誠心誠意協力するようフィリピン人を説得することができなかった」。アゴンシリョは、リカルテを「フィリピンの救済が日本との親密な協力関係に懸かっていると無邪気に信奉する者」と咎める。そして最後に、「リカルテは政治的には無実体だった」と結論するのである（Agoncillo 1965: I, 388–389）。

一九四二年までにリカルテはなぜ政治的無実体と化してしまったのだろうか。これまで議論してきたように、その理由は、革命の時代の過去がもつ確かな特徴を集合的に忘却したこと、つまり植民地統治の政治手法が発揮した効果と関連する。リカルテ自身、一九四二年の若者世代と一八九〇年代の彼自身の世代の青年期とを隔てる記憶に断絶があることに気がついていた。帰国後ただちに彼は、「わが祖国の愛すべき若者たち」(*Mahal Na Kabataan Ng Aking Bayan*)と題する演説でその憂慮を表明した(Ricarte 1942)。この演説の最初の数段落に耳を傾けてみよう(英訳は著者による)。

わが祖国の愛すべき若者たち——君たちの父親や年長者たちが君たちのように若かったのは、いまから四〇年ほど前のことである。私は彼らとともにアメリカと戦った。私たちはついには戦闘に敗れたが、欠いていたのは勇気、あるいは内なる精神の強さ(lakas ng loob)ではなく、武器であった。仲間たちは自身の意志に反して、アメリカ軍に降伏した。

この国フィリピナスが占領されたとき、アメリカ人は私たちの家を焼き、町を壊した。そして、そのような残虐さをもって彼らが私たちに立ち振る舞ったことは、これまでの人類の歴史において比類なきものであった。

私たちの過去の経験は、あの暴力の時代を耐え忍んだことのむき出しの証拠である。多くの有能で勇ましき指導者たち、そしてあの混乱時代の祖国の英雄たちは監獄に放り込まれた。そのほかの人たちは、世界の端々へと流刑された。私はマビニとその他八〇人の同胞とともに、グアムに投げ捨てられた。そこはこの戦争の当初、日本軍が占領した島である。私はそこで二年間監獄生活を送ったが、その間に多くの仲間たちが飢えで死んでいった。
そのような命運はマビニをも襲った。彼はついに祖国に戻ってきたが、衰弱しきった状態で、わずか数日後に亡くなった。アメリカ人が私たちに対して行なったこの非人間的な（malahayop）扱いを祖国の人びとが知ったとき、彼らの心は深い苦痛に沈み、悲しみをもってそれを乗り越えた。
彼らは西洋人の非人間的な手段に対して抵抗したが、結局、徒労に終わった。

ここですぐさま気がつくことは、フィリピン・アメリカ戦争のときのアメリカ人が残虐で非人間的な征服者として描かれていることである。これはまさに、フィリピンがアメリカとともに戦った日本との戦争の過程のなかで描写される日本人征服者のありようとまったく同じである。フィリピン・アメリカ戦争とフィリピン・日本戦争の二つの戦争が類似していると述べた私の意図はここにある。リカルテはこのアメリカ軍のイメージを捏造したわけではない。史料調査は難ずることなく彼の議論を裏打ちするし、私たちはソンミ（ヴェトナム）やファルージャ（イラク）などその他の地域の似たような出来事に関する記事を読むこともできる。

当時耳を傾けた祖国の人たちはわずかしかいなかったが、ここで重要なことは、アメリカ侵略の残酷物語を復元しようとしたリカルテの行動である。彼の言葉に即すと、「私は、君たちの両親が実践した英雄的行為について、君たちに本当のことを言い伝える（maisalaysay sa inyo ang matapat na pagkilala）ためにこの機会を長らく待ちわびてきた」。つまりリカルテは、若者たちは過去について誤った記憶を吹き込まれているので、彼の語りなおしによって正しく位置づける必要があるというのである。

リカルテは続ける。「祖国にふたたび足を踏み入れたときから、私はフィリピン諸島を隅々まで見て回り、アメリカ人が私たちに何を教え、何を残したのかを観察した。私たちはだまされている（tayo ay kanilang dinaya）。彼らは品位に欠けているため（walang mabuting kaugalian）、私たちは進歩するごとに搾取されてきた。彼らの暴虐的な目的は、私たちの視界から巧妙にも遠ざけられてきた……」。

ここにおいて、合衆国のフィリピン介入に関するリカルテの枠組みは、タガログ文学でよくみられる言葉の比喩的用法、すなわち、きらびやかさ（ningning）に対する光（liwanag）、誘惑的な外見に対する真実、利己的で搾取的な目的を隠す民主主義や自由というレトリックに依拠している。リカルテの示唆によれば、アメリカの介入が与えた真の破壊的な影響を捉えることができないのは、歴史研究に欠陥があるからである。リカルテは語る。「要するに、ここ東の地にある私たちの祖国の偉大な英雄の輝かしき功績を私たちの心から忘れさせるために、アメリカ人は私たちの若者に、リンカーンやワシントンのような人物の生涯をとおして過去を記憶するよう教え込んだ」。彼は若者に対し、年長者や彼らの先生を知識の源として尊敬するよう熱心に説くが、何よりもまず「尊敬すべきは、彼らの［すなわちアメリカのではなく］祖国の英雄や殉死者である。これは誰の目にも明らかなことであり、こうした行為はいつも行なわなければならない」。

リカルテはまた、まぎれもなく、若者に対して日本の新秩序の指針を理解するよう求めていた。彼は日本の歴史や政策について言及し、こう結論する。「私たちは堅固にためらうことなくこの道［新秩序］を選びとろう。私たちは最後の旅をする覚悟をしよう。歴史のなかで奮闘してきたすべて——自由（kalayaan）と独立（pagsasarili）という両親たちの神聖なる夢——を喜びに満ちた結果へと私たちを導くために」。

これを「プロパガンダ」として無視することは容易である。しかしリカルテが日本の政策に奉仕するためにどのように利用されたかということに過剰な焦点をあてると、リカルテの演説がもつもうひとつの、さらに重要なつぎの意図を見失うことになる。それは、「年長者たち」が声を奪われることによって、あるいは英雄たちが忘却されることによって暗闇のなかに閉ざされてきた過去の物語を、若者たちへと語り継ぐことである。理想が実践と整合されていなかったため、フィリピンの一般市民は日本の政策の実施に対して抵抗した。だが歴史意識を転換しようとするその試みは、遠大な影響を及ぼすことになる。この議論を展開するためには、ホセ・P・ラウレルの経歴と彼の政府がフィリピン史をどのように取り扱ったのかについて検討する必要がある。

独立、一九四三年一〇月一四日

一八九六年のカティプーナンの反乱に始まるフィリピン国民の歴史の軌跡とは、独立を獲得するためのものだった。その暁には人びとがついにはカラヤアン（kalayaan）——この言葉の英訳は「自由（liberty）」であるが、訳語からその深淵な意味をつかみとることはできない——の生活を享受する機会を得るはずであった。その道のりが引き続く武装闘争をとおしてのものであれ、秘密結社や宗教団体あるいは普通選挙への参加によるものであれ、あるいは植民地国家との協力によるものであれ、一八九六年以来ほとんどの政治・社会運動の目標は、苦難を背負った母なる祖国（Inang Bayan）のために何らかのかたちで独立を手に入れることにあった。

日本占領期フィリピンで発行された500ペソ軍票（1942年）

本稿ではこれまで、ケソンとリカルテが大衆への贈り物として独立を携えてフィリピンに帰国するという栄光をどのように競い合ったのかをみてきた。このライバル関係が異なるかたちで、しかも滑稽な姿でふたたび浮上したのは、戦争の初期に合衆国と日本の双方が没頭したレトリック上の争い、どちらが先にフィリピンに独立を与えることができるのかにおいてだった。東京とワシントンによる迫力ある「約束」の交代劇を、一方は一九四三年一〇月一四日に、他方は一九四六年七月四日に完結した二組の一連の出来事をとおして、私たちは眺めることができる。

ラウレル政府は、マロロスの第一共和国に続く「第二共和国」として公認されてきたにもかかわらず、「傀儡政権」という汚名を振り落とすことができないでいる。一九四三年一〇月の独立の引き受けはにせ物であり、第二共和国は虚構であるとみなされてきた。その一方で、合衆国は引き続きフィリピン共和国の重要部分を支配してきたので、一九四六年七月の独立は見せかけにすぎないとする論者たちもいる。一九四六年七月に合衆国から「与えられた」独立の実態について絶えず疑念がかけられているとすれば、この独立をいままで私たちが受け入れてきたように正統なものとみなすよりも、むしろ一九四三年一〇月の独立と比較した方が適切なのかもしれない。

その是非はあと回しにすることにして、ここではまず一九四三年一〇月一四日の独立記念日という忘却されがちな出来事に接近したい。一九四三年一〇月一四日の独立は、日本に対する勝利とアメリカの後見の終焉によって組み立てられた一九四六年七月の独立と異なり、フィリピン革命とそれに対する当時の日本人による支援という出来事と直接に繋ぎ合わせられなくてはならない。リサールがこの出来事の中心的象徴であり、それは一九四三年の独立においても同様であった。一九四三年の新聞が繰り返して述べたことは、リサールが祖国の独立を見ずして死んだこと、そして今こそ日本の手助けによってついに独立が達成されつつあるということだった。リカルテは一九四三年のリサール誕生記念日の際に、独立の希望がまもなく満たされることを「リサールの霊に報告する」ためにわざわざカランバへ出向いたと伝えられている（Martin 1952）。

一九四三年の独立はまた、ボニファシオの武装闘争の完結として位置づけられた。ここには、アメリカ人によって描写されてきたボニファシオ、つまりリサールと肩を並べるような「建国の父」ではなく、単なる武装集団の指導者にすぎなかったとする、一九四六年のボニファシオの扱い方からの脱却がある。この秘密結社カティプーナンの創始者は、日本統治のもとで「西洋からの東洋の解放の戦闘的な提唱者」として誇示された（*Sunday Tribune Magazine*, Nov. 29, 1942 in Martin 1952: 184）。ルネタ公園で独立記念の式典を準備した日本とフィリピンの役人は時間を割いて、リサールが死の直前まで幽閉されていたサンチャゴ要塞の独房とバリンタワクのボニファシオ記念碑を訪問した（*ibid*.: 178）。

この独立記念式典には、五〇万人という当時としてはかなりの数にのぼる人びとが参加した。この由々しき出来事についてテオドロ・アゴンシリョはこう記述している。

エミリオ・アギナルド将軍はアルテミオ・リカルテ将軍の補佐を受けながら、フィリピン国歌の旋律に合わせて、開会式のスタンドの前でフィリピン国旗を掲揚した。多くの観衆は喜びの涙を流した。日本占領が始まってから、公の場で国旗が掲げられ、国歌が演奏されたのは、このときがはじめてであった。古い国旗がただひとつそよ風のなかをはためいたとき、鳴り響く大きな喝采が空をつんざいた。(Agoncillo 1965: I, 394)

このアゴンシリョの記述で印象的なのは、喜びの涙を流している観衆を詳述していることにある。『トリビューン』紙の記者ビセンテ・グスマンは、「九時四四分に新たな共和国の誕生を告げる魔法の言葉が発せられたとき」、大勢の人びとが涙を流したと確かに報道した。また『トリビューン』紙のもうひとりのコラムニストは、涙が彼の頬を伝わって流れ、彼の周りにいた人たちもまた彼と同じ経験をしたことを認めた。彼はまた、アギナルドとリカルテが国旗を掲揚したときに、「多くの人びとが涙を流し感動した」と述べている。この匿名コラムニストは説明をさらに加え、「式典に出席していた人びとは、フィリピン独立を茶番劇のようには考えていなかった。彼らは、フィリピン国旗がただひとつそよ風のなかで掲揚される光景――ほとんどの人びとにとって生涯ではじめての経験――に心から感動していた」[7]。

一〇月一四日の儀式に出席した総勢五〇万人の大多数の観衆は、独立記念日とリカルテ世代の夢を包み込んだフィリピン革命という出来事とが、ここに結びつけられたことを感じ取ったようだ。だからこそ涙が流れはじめたのである。ラウレルは、一八九六年の英雄たちの夢の実現として、また新たな共和国をアギナルドの一八九六年共和国の後継として独立を語り、この再結合の工程に過去を添えた。

第二共和国は一九四三年一〇月一四日から一九四五年八月一七日までと短命に終わったが、一九四六年以後に実を結ぶこととなる数々の進取的構想を先取りしていた。ラウレル政府は、日本の政策が提供した脱アメリカ化政策と東洋的起源の探究という好機を利用した。アメリカ人のフィリピン帰還によってそのほとんどが実行されずに終わったものの、この政府は、外交政策・国語・国民の歴史そして人格形成の分野において、国民国家形成上の課題を追求したのである。

三　ホセ・P・ラウレル大統領——日本占領下で未完の革命を呼び起こす

ラウレルの「国を偉大にした力」

ラウレル大統領は公開演説のなかで、脱アメリカ化とそれに代わるアジア化の風潮が許容する範囲で、過去または歴史という用語を用いて観衆に訴えた。この語りは、ラウレルとその聴衆を日本のすさまじい軍事圧力の衝撃から保護した。ここでの歴史についての語りは、外国勢力による占領という制約の枠内のなかで、フィリピン人が国民国家の形成を自ら指針し追求した自律的な思考領域とみなされるべきものだろう。フィリピン人の歴史家や著述家たちは、つまるところ、新たな支配者に触発されて、先スペイン時代と一九世紀後半における自らのアイデンティティの民族的ルーツを模索した。

驚くまでもなく、当時、歴史は、第二共和国とその保護国日本にとって決定的に重要な政策課題だった。ラウレルは自ら一連の評論を執筆したが、一九四三年にそれがまず『トリビューン』紙に連載され、のちに『国を偉大にした力』と題する一冊の著書にまとめられた（Laurel 1944）[8]。おそらくこの作品は、一九四三年の共和国のイデオロギーの最良の声明であろう。

ラウレルは最初の数頁でこう述べている。「新秩序のもとの祖国では、栄光の過去との絶え間なく敬虔な交わりを妨げてきたものすべてが取り払われた」。このことによって、「ソリマンとラプラプの勇敢な行動やカランチャオとベンゲットの棚田を作った無名の人びとの功績、そしてリサールとボニファシオやその他無数の民族の英雄たちの至高の犠牲から湧き出てくるインスピレーションの源泉」への接近が可能となるだろう。この過去の力への接近は、「私たちの活力を回復し、私たちが抱いているいかなる劣等感をも洗い流し、そして私たちをいっそう力強くさせるだろう」。

ラウレルがここで示唆しているのは、フィリピン人が活力の源泉として引き出してきた過去についての多くの知識を、アメリカ植民地秩序がひどく抑圧したことである。事実、アメリカ時代の教育では、フィリピン史がアメリカ史やヨーロッパ史の後部座席につくよう配慮された。そしてとりわけカトリック系の学校や大学の学生たちは、ホセ・リサール、マルセロ・デル・ピラール、グラシアーノ・ロペス・ハエナ、アンドレス・ボニファシオなどフィリピン革命の英雄たちが遺した文書を読むことを抑制されたり、禁止されたりした。ある意味で、過去との交わりを妨げるものはいまや何もないとしてラウレルが言わんとしたのは、フィリピン革命とフィリピン・アメリカ戦争のすべての英雄たちの生涯と著作物をようやくフィリピンの学生たちに教え伝えることができるようになった、ということだった。過去の創造的な力、とりわけ革命の志士たちの力を取り込もうとするラウレルの目標は、過去の戦争における退役軍人たちの経験が一九四〇年代の若者たちによって蘇らさなければならないというリカルテの主張を、実質的に受け入れたものである。

両者の世代間ギャップにもかかわらず、ラウレルとリカルテの二人の考え方の交差を可能としたものは何だったのだろうか。ラウレルの家庭環境を検討すると、彼の親族がフィリピン・アメリカ戦争に巻き込まれたという事実に突き当たらざるをえない。彼の故郷バタンガス州タナワンではアメリカ軍によって一九〇一年一二月から一九〇二年三月にかけて焦土作戦が行なわれ、彼の父ソテロは強制収容所のなかで非業の死を遂げた。いとこのマキシミアーノ・ラウレル大尉は、一九〇二年三月のアメリカ軍との衝突で殺された。叔母のマルセラは、一族の財産を破壊したアメリカ軍に対する損害賠償の申し立てを一九〇一年に行なったが、却下された（Laurel and Carandang, comps. ca. 1991）[9]。こうした出来事が起ったとき、ホセ・ラウレルはわずか一〇歳であったが、彼はそれらを鮮明に覚えていたのである。

ラウレルの親友クラロ・M・レクトは同じく一〇歳のとき、アメリカ軍がゲリラを支援していた母と学校教師の叔父を捕らえた。アメリカ人将校が、もうひとりの兄であり、ミゲル・マルバール将軍を匿っていたゲリラ部隊の大佐ノルベルト・マーヨの潜伏先について母に尋問していたとき、彼女の泣き声を聞いたとレクトは日記に記している。レクトは、この戦争によって彼の故郷のチャオン町（現在のケソン州に位置する）がどのように破壊されたのか、すなわち町の中心地は巨大な「保護地帯」（アメリカ人が名付けた）[10]と化し、その周辺に位置する多くの村落がアメリカ軍の装甲部隊によって壊滅されたことを記憶していた[11]。
ラウレルとレクトはともにアメリカによる占領を受け入れつつ成長し、植民地機構のなかで高級官僚の職に就いた。しかし過去はつねに彼らにつきまとっていた。あるいは過去は、彼らの一九四三年の共和国の指導者としての、また一九五〇年代の上院議員としての、さまざまな論議を呼んだ言動のいくつかに対して、少なくとも理解可能な説明を与えている。

フィリピン・アメリカ戦争を再訪する

フィリピンの若者たちに彼らの英雄を見習うよう教え継ぐというコモンウェルス政府の方針を日本軍政が継続したとき、ラウレル政府はその恩恵を享受した。ただし、状況はコモンウェルス時代と多少異なっていた。アメリカ人が去ったため、フィリピン・アメリカ戦争それ自体の記憶を掘り起こすことがもはやタブー視されなくなった。この二つの戦争の退役軍人とその子孫たちは、アメリカ人が侵略者としてやってきたことをけっして忘れていなかった。彼らは過去について自由に語り、日本の軍政を支持する組織のなかで指導的役割を果たすよう鼓舞された[12]。

すでに確認したように、八月一三日は一八九八年のマニラ入城を歓迎するアメリカ占領記念日としてつねに祝われてきた。日本人とフィリピン人の双方の著述家たち、ラジオ放送局アナウンサー、演説家たちがこの「記念日」をまったく異なるかたちで扱ったことは驚くにあたらない。いまやこの「記念日」は、フィリピンの民族的奴隷化の始まりを意味した。一九四四年八月の『トリビューン』紙はこう述べている。「歴史認識に反して、とりわけ自由のために私たちの血と平和な闘争を印した出来事に反して、八月一三日は涙を流した暗黒の日として浮かび上がる」(Editorial, "Beneath America's Velvet Gloves," *Tribune*, Aug. 15, 1944 in Martin 1952: 194)。

スポットライトはいまやアーサー・マッカーサー将軍ではなく、フィリピン人のピオ・デル・ピラール将軍に向けられた。ユーフロニオ・アリップとアントニオ・アバドは、一九四三年八月一三日の『サンデー・トリビューン・マガジン』の記事で、デューイの艦隊が海上から攻撃するなかで、デル・ピラールが地上からマニラの包囲攻撃を行なった光景を特集した。彼らは続けて、このデル・ピラール将軍はアメリカの偽善や二枚舌、そして傲慢な態度に対して報復するために、一八九九年一月にサン・ペドロ・マカティ墓地でアンダーソン将軍とその部隊に対して戦いを挑んだ将軍と同一人物であると語っている。アリップとアバドは「アメリカ人に対する［ピオ・デル・ピラールの］確固たる態度」を語り、「より駆け引きのうまいアギナルドは、アメリカ人との『友人関係』を守ろうとしたため、デル・ピラール将軍をラ・ユニオンへと追い払った」と述べた(Alip and Abad 1943 in Martin 1952: 177–178)。

カリバピ(新比島奉仕団)の総裁ベニグノ・アキノ・シニアは、八月一三日を「祝賀ではなく……民族屈辱の日」と呼んだ。「フィリピンは四六年前のその日に、アメリカの強奪と、アメリカ帝国主義とその帝国主義的拡大に対するフィリピンの隷属を特徴とする歴史の一段階に入った」と彼は説明した。一九五〇年のマヌエル・ブエナフェの一文によれば、「アキノの立場はより多くの論争を巻き起こした」。「人びとは最後まで彼を讃えるべきか、非難するべきか判断がつかなかった。多くの人たちが彼の勇気を褒め讃える一方、彼を厳しく責め立てた人びとも多かった」(Buenafe 1950: 137–138; Martin 1952: 194)。占領の日に対するアキノの弾劾が相反する反応に遭遇したことに留意しよう。意外なことは、

日本のフィリピン占領に対する抵抗運動を鼓舞する宣伝ポスター（1943年ごろ）
［University of Minnesota Libraries 所蔵］

「彼の勇気を褒め讃えた」人たちがいたことである。アキノの主張が影響力をもったのは、おそらく彼がアメリカ軍と戦ったセルビラーノ・アキノ将軍の息子だったからだろう。

要するに日本占領期とは、フィリピン・アメリカ戦争の戦闘やその他の出来事を蘇らせ、それらのことにこだわった時代であった。ここでアギナルドとリカルテの二人の将軍は指導的役割を果たした。アギナルドは一九四二年二月の見出し記事で、「日本軍に対する無駄な抵抗を中止せよ」という手紙をマッカーサー将軍に宛てた。その年の後半には、彼は誇らしげに未完成の自伝の写しを本間雅晴将軍に贈った（Martin 1952: 190）。アギナルドは無意識のうちに日本軍に「利用」されていたという予想どおりの議論が、戦後なされた。しかしリカルテの場合と同様に、アギナルドの行動をそれ自体の意味合いにおいて完璧に理解することが可能となるようなもうひとつの論理がある。

この時代に名声を挙げたもうひとりの革命の英雄は、ティラッド・パスの名将グレゴリオ・デル・ピラール将軍である。一八九九年に彼は、アギナルドをアメリカ軍の追跡から守って戦死した。デル・ピラールに対してとりわけ大きな栄誉が第二共和国によって与えられ、軍事的勲功を讃える「ティラッド・パス勲章」がラウレル大統領によって創設された。この勲章は、「祖国を愛する若者が授かるに相応しい象徴」とみなされた。殉死した最初の叙勲者たちは、一九四四年五月四日にルネタ公園における厳粛な儀式の場で勲章を授与された[13]。こうした儀式は、フィリピン革命とアメリカとの戦争にまつわる物語に加えて、アメリカ植民地支配のもとで抑圧されてきた集合的記憶を蘇えさせることを可能にし、一般の国民が過去と現在についてじっくりと考えるための媒体となった。

むすびにかえて——解放と一九四六年の独立

もし日本がアメリカのように実際にフィリピンとの戦争に勝利し、私たちを四〇年間支配したとしたら、アメリカが成し遂げたことに類似した集合的記憶の作り変えが行なわれただろう。フィリピン・アメリカ戦争は忘却の彼方から掘り起こされ、アメリカ人は侵略者として記憶される一方、日本人は解放者と考えられたのかもしれない。もっとも、起きたかもしれない出来事について語っても無駄である。なぜなら、マッカーサー将軍は約束を守り、一九四五年にフィリピンに帰還したからである。フィリピン史ではこの瞬間を「解放」と呼んでいる。

マニラのコモンウェルス政府は、解放者によってただちに再建され戦争中に腐食しはじめていた、フィリピンとアメリカのあいだで共有された過去の集合的記憶を回復させる手続きが進められた。前述したオスメーニャ大統領の一九四五年の演説にはこうした背景があり、彼はダグラス・マッカーサーをその父アーサーと好意的になぞらえ、父はスペインの圧政から、そしてその息子は日本の圧政からともにマニラを解放したと述べた。オスメーニャの演説は、ラウレル政府が取り除くことを試みた過去に対する制度化された記憶、あるいは記憶喪失《アムネシア》を立てなおすための執拗なまでの取り組みの開始を印している。

日本との戦争の最後の数カ月が多くのフィリピン人に残虐さとトラウマをもたらしたことにより、マヌエル・ロハス大統領とエルピディオ・キリーノ大統領は、アメリカ植民地期が「黄金の時代」であり、それに続く一九四二～四五年の日本占領が「暗黒の時代」であるとする公式の歴史言説を作り出すことに苦労しなかった。フィリピンを解放するためのフィリピンとアメリカの共同戦線は、日本軍を相手に一致協力して戦ったフィリピン人とアメリカ人の兵士たちにとって、共通の犠牲的行為、つまり共通の受難・死・復活として解釈された。

キリーノはこう問いかける。もし「死の行進」が共通の受難物語（pasyon）、あるいはキリストと同じ受難の死でなかったのなら、いったいそれは何だったのだろうか。彼は続ける。カパスやタルラックがフィリピン・アメリカ連合軍にとって「ゴルゴダの丘」でなかったとしたら、いったいそれは何だったのだろうか（"Capas: Saga of heroism," in *The Quirino Way* 1955: 70–71）、と。こうして戦後の政治指導者たちは、フィリピン革命の夢とアメリカ人による後見の成就が一九四六年の独立を実現させたと主張したのである。

だが、この公式の歴史語りは、アメリカの帰還に対するもうひとつの解釈を消し去ることはなかった。フクバラハップと共産党がすぐに気がついたことは、彼らがこの「フィリピンとアメリカ」の受難物語から排除されていることであり、一九四六年は彼らに成就をもたらさなかったことである。フク団の最高指導者ルイス・タルクは、先述した一九四五年のオスメーニャ大統領の演説とはまったく異なるかたちで、占領の日を理解していた。一八九八年にアメリカ人が来たとき、彼らは「対スペイン闘争のなかで生まれた民衆運動を押しつぶした」、と彼は断言する。そして一九四五年にふたたび戻ってきたとき、彼らは、「日本に対する闘争のなかで生まれたもうひとつの民衆運動を押しつぶそうとした」。タルクによれば、合衆国は「私たちの祖国から多大なる利益を巻き上げた」のであり、ロハスやキリーノの演説で情緒的に表現されている解放者や後見者としての合衆国の歴史的役割は偽物にすぎないと突き崩した。彼は一九四六年七月四日の独立記念式典を、不幸にも多くの人びとを欺いた「演出」と呼んだのである（Taruc 1953: 274–275）[14]。

一九四六年以降のフィリピン史をめぐる政争は、合衆国と日本に対する戦争を語ること／記憶することという、少なくとも二つの手段のあいだの複雑な闘争と駆け引きをともなうものである。記憶にまつわるこの闘争は、冷戦のなかに巻き込まれ、親米的な語りはすぐさま支配的な地位を獲得した。一九六五年のフレンドの著書は、記憶のなかで一方は黄金時代を、いまひとつは暗黒への没落を意味する「二つの帝国に挟まれた」フィリピンの状況をしごく鮮明に捉えている。

しかしフレンドの著書が出版されてからまもなく、フィリピン人の歴史家であり作家であるニック・ホアキンは、強力ではないにせよ、過去に対するいまひとつの解釈が継続して存在していることを述べた。一九六五年から始まる「革命」を要求する反米的な学生の抗議運動の高揚を指摘しながら、彼はこう述べた。「『未完の革命』について私たちが語るとき、私たちが参照しているのは一八九六～九八年ではなく、一九四二～四五年である」と[15]。ホアキンは、「暗黒時代」であるはずの日本占領期に、ラウレルをはじめとする民族主義者たちが一九六〇年代半ばにおける急進化した出来事を予知したことで、彼らを称賛していたのである。そのときからずっと、合衆国と日本に対するそれぞれの戦争は相違よりも類似した特徴をもっていたといえるだろう。

註記

（1） *Confidential Reports...* を参照せよ。この史料はマイクロフィルムで閲覧できる。

（2） 二〇〇六年二月一八日、マニラ・イントラムロスで行なわれたマニラ解放戦六一周年の式典における駐フィリピン日本大使山崎隆一郎氏の発言。全文は以下を参照せよ、"Remarks by Ambassador Ryuichiro Yamazaki"（2006）。地元メディアの報道については、*Manila Bulletin*, Feb. 19, 2006 を見よ。

（3） 一九四五年二月二七日に行なわれたコモンウェルス政府復興の式典におけるセルヒオ・S・オスメーニャの演説。同演説は、Fonacier（1973: 33–39）に収録されている。

（4） 詳しくは、Ileto（2005: 215–235）を見よ。

（5） 初期のアメリカ人の研究者や官僚たちが、「カシーケ」といった言葉使いを容易に押しつけることができたのは、スペイン支配末期のフィリピン史をラテンアメリカの物語のなかに組み入れることに成功したからである。この問題を明らかにした論考として、Cano（2006）を参照。

（6） 詳しくは、Ileto（1998: Chap. 6）を見よ。

（7） この出来事の写真資料として、*Souvenir Pictorial...* を参照せよ。

（8） この著作の重要さは、*Mga Lakas na Nagpapadakila sa Ating Bansa* としてフィリピノ語／タガログ語に翻訳され、一九四九年に国語教科書の準備委員会によって出版されたことに反映されている。

（9） ラウレルの伝記と思想を窺い知ることのできるほかの資料に、Agpalo（1992）がある。

（10） 当時の「保護地帯」とは、それからおよそ六〇年後のヴェトナム戦争期における「要塞村落」の前身であった。アメリカ支配が浸透するなかで「保護地帯」はフィリピン人の記憶から消去されたのだが、皮肉にも占領期間中に日本軍が実施した「地区《ゾーナ》」という類似の慣行によってその記憶が蘇ってしまった。

（11） レクトに関する記述は、つぎの著名な伝記、Arcellana（1990）にもとづいている。

（12） 『トリビューン』紙からの広範囲にわたる引用を含む本節に関する資料は、前掲資料ダルマシオ・マーティン（Martin 1952）にもとづいている。教育者であったマーティンは、それら出来事の参加者であり、鋭い観察者であった。

（13）　この記事は月刊誌『ピラーズ』（一九四四年五月号）の表紙裏に掲載された。同誌は一九四三〜四四年にホセ・リサールやその他の英雄たちに関する数多くの記事を載せた（Martin 1952: 188）。ラウレルの英雄に関する論説は、メディアと民間儀礼をとおして普及されたようである。

（14）　広く知られているように、同書はウィリアム・ポメロイによって代作されたものであり、その全体論旨は共産党の公式の政策を反映している。だが、ポメロイは単に、タルクの思考のなかにこうした理念を押し込もうとしたわけではない。タルクは党を脱退したのちでさえ、その職務を敬遠することはなかった。またフク団の歌のなかには、合衆国の背信行為に対する情趣も込められている。Maceda（1996）を見よ。

（15）　演説の全文は、Joaquin（1967）を参照。

参考文献

Agoncillo, Teodore A.（1965）*The Fateful Years: Japan's Adventure in the Philippines, 1941–45,* 2 vols., Quezon City: R. P. Garcia（第一巻前半部翻訳、テオドロ・A・アゴンシリョ著、二村健訳『運命の歳月――フィリピンにおける日本の冒険、一九四一〜一九四五』勁草書房、一九九一年）.

Agpalo, Remigio E.（1992）*Jose P. Laurel: National Leader and Political Philosopher,* Quezon City: J. P. Laurel Memorial Corp.

Alip, E. M., and A. K. Abad（1943）"Gen. Del Pilar, the First to Resent 'Occupation Day' Deception," *Sunday Tribune Magazine,* August 15, 1943, in Martin（1952）.

Arcellana, Emerenciana（1990）*The Life and Times of Claro M. Recto,* Pasay City: Recto Foundation.

Barrows, David（1905）*A History of the Philippines,* Manila（2nd edn. 1907）（D・P・バロウス著、法貴三郎訳『フィリッピン史』生活社、一九四一年）.

Buenafe, Manuel E.（1950）*Wartime Philippines,* Manila: Philippine Educational Foundation.

Cano, Gloria（2006）“The ‘Spanish Colonial Past’ in the Construction of Modern Philippine History: A Critical Inquiry into the (mis) use of Spanish Sources,” unpublished Ph.D. thesis, National University of Singapore.

Confidential Reports, Philippine Constabulary. Ms., Bandholtz Collection, Bentley Library, University of Michigan.

Fonacier, Consuelo V., comp.（1973）*At the Helm of the Nation: Inaugural Addresses of the Presidents of the Philippine Republic and the Commonwealth,* Manila: National Media Production Center.

Friend, Theodore（1965）*Between Two Empires: The Ordeal of the Philippines, 1929–45,* New Haven: Yale University Press.

Gonzalez, Andrew B.（1980）*Language and Nationalism: The Philippine Experience Thus Far,* Quezon City: Ateneo de Manila University Press.

Ileto, Reynaldo C.（1998）*Filipinos and Their Revolution: Event, Discourse, and Historiography,* Quezon City: Ateneo de Manila University Press.

———（2005）“Philippine Wars and the Politics of Memory,” *Positions: East Asia Cultures Critique,* 13: 215–235.

Joaquin, Nick（Quijano de Manila）（1967）“The Law and the Prophet: A Look into the Current Status of the Image of Jose P. Laurel,” reprinted in *The Laurel Legacy,* memorial series vol. 2, Manila: Lyceum, 1986.

Karnow, Stanley（1989）*In Our Image: America's Empire in the Philippines,* New York: Random House.

Laurel, Jose（1944）*Forces that Make a Nation Great*（1943）, Manila: Bureau of Printing.

Laurel, Celia Diaz and Gloria Angeles Carandang, comps.（ca.1991）*Laurel Family Tree,* Privately published, Tanauan.

Maceda, Teresita（1996）*Mga Tinig Mula sa Ibaba: Kasaysayan ng Partido Komunista ng Pilipinas at Partido Socialista ng Pilipinas sa Awit 1930–1955*（『底辺からの響き——歌を通して見えるフィリピン共産党とフィリピン社会党の歴史，一九三五～一九五五年』）, Quezon City: University of the Philippines Press.

Manila Bulletin（Feb. 19, 2006）<http://www.mb.com.ph/issues/2006/02/19/MTNN2006021956705.html>.

Martin, Dalmacio（1952）“Education and Propaganda in the Philippines during the Japanese Occupation,” Manila（タイプ打ち原稿，上智大学ガルシア・コレクション所蔵）.

The Quirino Way (speeches compiled by Juan Collas) (1955), Manila.

"Remarks by Ambassador Ryuichiro Yamazaki" (2006) <http://www.ph.emb-japan.go.jp/pressandspeech/speeches/2006%20speeches/liberationofmanila.htm>.

Souvenir Pictorial of the Birth of the Philippine Republic, October 14, 1943 (複写版、上智大学ガルシア・コレクション所蔵).

Taruc, Luis (1953) *Born of the People* (1949), New York: International Publishers (ルイス・タルク著、安岡正美訳『フィリピン民族解放闘争史』三一書房、一九五三年、原著第二部と第三部の翻訳).

Terami-Wada, Motoe (1999) "The Filipino Volunteer Armies," in Setsuho Ikehata and Ricardo Trota-Jose (eds.), *The Philippines under Japan: Occupation Policy and Reaction,* Quezon City: Ateneo de Manila University Press (寺見元恵「日本軍に夢をかけた人々——フィリピン人義勇軍」池端雪浦編『日本占領下のフィリピン』岩波書店、一九九六年所収).

(芹澤隆道 訳)

第4章　二つの戦後六〇年

比米戦争と第二次世界大戦の記憶と哀悼

中野　聡

はじめに

フィリピン民衆運動の精神史を描いたレイナルド・C・イレートの名著『キリスト受難詩と革命』は、一九六七年五月二一日の日曜日に起きたラピアン・マラヤの「反乱」——近年は「虐殺」として言及されることが多い——事件の描写から、フィリピン革命をめぐる民衆思想の源流をキリスト受難詩《パション》の精神世界に探る旅へと出発する（Ileto 1979: 1–3; イレート 二〇〇五：五～七）。マニラ首都圏パサイ市内のタフト大通りで、警察・警察軍とラピアン・マラヤ団員が衝突し、警察軍隊員一名と少なくとも三三名の——竹槍《ボロ》と護符《アティン・アティン》で「武装」した——ラピアン・マラヤ団員が死亡した事件である。(1)団員を率いた「至高者《スプレモ》」バレンティン・デ・ロス・サントスは、一九五七年大統領選挙に泡沫候補として立候補したこともある齢八〇を越える老指導者であった（以下、サントス老人）。事件後、パサイ市中央警察署に出向いたフェルディナンド・マルコス大統領と面会したあと、統合失調症と診断されて国立精神病院に送られたサントス老人は、翌六月中旬、肺炎で死亡したと伝えられた。虐待・暴行死だったという見方も強い（Sturtevant 1969: 256–259）。

レイナルド・イレートがコーネル大学東南アジア研究プログラムの大学院に進学するためにアメリカに向けて出発したのは、この事件からわずか数カ月後のことである。『キリスト受難詩と革命』は、そこで一九七三年に提出した学位論文をもとにして、一九七九年に出版された。二〇〇五年、待望の出版を迎えた日本語版に寄せた「序文」でイレートは、同書が、ヴェトナム反戦運動の激動の時代にアメリカとフィリピンで過ごした自分自身にとっての「新しい発見の数々を映し出している著作」である、と述べている。その「発見の数々」のひとつが、当時、ヴェトナム反戦を叫ぶアメリカのアジア研究者たちが「アメリカの最初のヴェトナム」と呼んだフィリピン・アメリカ戦争（以下、「比米戦争」）であった。第二次世界大戦と日本のフィリピン占領がフィリピンにおいてきわめて鮮明に記憶されているのとは対照的に、「この出来事〔比米戦争〕はほとんど忘却されてい〔る〕」とイレートは述べる（イレート二〇〇五：xii–xiii）。

『キリスト受難詩と革命』の出版から二〇年を経た二〇〇〇年一二月、一橋大学大学院社会学研究科が主催した国際シンポジウム「二〇世紀の夢と現実」に招かれたイレートは、「南ルソンにおける植民地戦争――比米戦争の記憶と忘却」と題した講演を行ない、後日それは、日英両語で出版された。“Colonial wars”という英文題名の複数形が示すように、ここでいう「植民地戦争」は、比米戦争と第二次世界大戦（日本のフィリピン占領）の双方を指している。ここでイレートは、比米戦争の忘却と第二次世界大戦の記憶の維持という対照が生まれたのは、「古びた記憶」が「新鮮で強烈な経験」によって一掃されたからだけではなく、米比両国家が、両戦争の差異を強調して一方の忘却と他方の記憶保持を促進したこと、すなわち両国家が過去を政治化した結果でもあったと指摘する。そして、「今後、より徹底的なミクロ的研究の実施と、フィリピン現代史のもつ意味を限定してきた歴史的メタナラティブの解体」が進めば、二つの戦争が「(ペドロ・カローサの言葉を借りれば) 実際にはみな同じバナナ (all the same bananas) だったということが」必ずや明らかになるだろう、と結論している (Ileto 2001: 118; イレート 二〇〇二:二〇四)。

ここでイレートが引用したペドロ・カローサとは、一九三一年に発生したパンガシナン州タユグのコロルム蜂起事件の指導者とされる人物である。一九世紀以来、フィリピン各地でたびたび自然発生的な民衆蜂起を繰り返してきた千年王国運動的な諸運動を総称してコロルムと呼ぶが、タユグ蜂起もコロルム反乱のひとつに数えられている。カローサが「同じバナナ」という言葉を口にしたのは、蜂起から三五年後の一九六六年、アメリカ人研究者デイヴィッド・スタートヴァントが、フィリピン人作家で雑誌『ソリダリティ』の発行人フランク・シオニール・ホセとともに行なったインタビューの場においてであった。翌年、ラピアン・マラヤ運動の弾圧と同じ年に、カローサは殺害された。犯人は不明である (Sturtevant 1976: 269–276)。このインタビューは、後年、イレートだけでなくビセンテ・ラファエルなど後続の研究者に注目され、興味深い検討が行なわれることになる。

一九六七年のラピアン・マラヤ事件。事件を心に刻んだ学徒がアメリカで著わしたフィリピン民衆精神史の作品。二つの植民地戦争の記憶と忘却の問題。一九三一年反乱事件の指導者が一九六六年に残した言葉。直接の因果で結ばれているわけではないが、これらをある平面に並べて眺めなおすとき、戦争の記憶のライフ・サイクルをめぐる問いへの興味深い示唆が浮かび上がってくる。戦争の記憶は――個人の、あるいは集合的な記憶や実践のなかで――いかに営まれ、死滅し、復活し、あるいは幽霊のようにまとわりついていくのであろうか。

ここで考えたいのが、「戦後六〇年」という時間の意味である。ラピアン・マラヤ事件があった一九六七年は、比米戦争終結の年を一九〇七年――マカリオ・サカイ将軍の処刑とフィリピン議会の発足によって、旧革命政府指導部を含む植民地エリートの大勢を対米協力者として包摂したアメリカ統治体制が確立した年――とするならば、ちょうどその六〇年後だったことになる。セオドア・ローズヴェルト大統領が「フィリピン反乱」の「平定」を宣言したのは一九〇二年（七月四日）だったが、宣言後も戦争がいっこうに終熄しなかったことは広く知られている。むしろ一九〇七年でも戦争は終わっておらず、宗教結社サンタ・イグレシアの指導者で、独立を求めて抵抗運動を続けたフェリペ・サルバドールが処刑された一九一二年を戦争終結の年とすべきだ、という考え方さえありうるだろう。いずれにせよ、この戦争に明確な終戦の日付を求めることには無理があるのだが、本稿では、あえて一九六七年を比米戦争後六〇年の節目の年と捉えて議論を進めていく。というのも、ここであえて比米戦争の記憶と対照してみたい、もうひとつの「植民地戦争」の記憶を考える材料が存在するからである。

ラピアン・マラヤ事件と同じ一九六七年の一一月二二日から一二月三〇日にかけて、鹿児島県が組織した大規模な遺骨収集団がフィリピンを訪問、各地で日本軍戦没兵士の遺骨――と彼らが信じるもの――を収集した。当時、日本政府を少なからず困惑させたこの出来事は、その後一九七〇年代半ばにかけてピークを迎える遺骨収集・戦跡巡拝の営みの、感情高ぶる始まりを告げる出来事のひとつであった。

鹿児島県遺骨収集団は四一四七「柱」の遺骨を収集して帰国し、一九六八年四月には、薩摩半島南端、開聞岳の麓の花瀬海岸（現・指宿市開聞町）[2]に慰霊碑が竣工、第一回の比島戦没者慰霊祭が行なわれた。以来、毎年三月二七日に恒例の慰霊祭が行なわれて今日にいたっている。私は、戦後六〇年に一年先立つ二〇〇四年三月二七日、第三八回慰霊祭を参与観察する機会に恵まれた。

これら二つの戦後六〇年は、もちろん「同じバナナ」ではない。むしろその相異を対比し、相互に参照することで、両戦争の記憶の過去と未来について興味深い示唆を得ることができる対照事例である。ここでとくに注目したいのは哀悼――対象喪失に対する悲哀――と戦争の記憶との関係である。戦後六〇年、そして六〇年を超えて、フィリピンと日本の社会は――アメリカの影のもとで――比米戦争と第二次世界大戦をめぐる対象喪失の諸経験に対する哀悼の課題にどのように反応してきたのだろうか。それは、両社会の戦争の記憶をめぐる営みの過去と未来にどのような影響を与えていると言いうるだろうか。こうした問いを、両社会の戦争の記憶を考えるための、いくつもある試掘点のひとつとして示すことが、本稿のねらいである。

一　対象喪失論と戦争の記憶

悲哀とメランコリー

ここでまず、戦争や暴力による心的外傷やそこからの回復をめぐる社会心理の分析に大きな影響を与えてきた、臨床心理学における対象喪失論と「悲哀の仕事」概念について述べておく。「愛する者」あるいは「祖国、自由、理想などのような、愛する者のかわりになった抽象物」（Freud 1953: 243）の喪失に対する人間の心理的な反応を分析したジークムント・フロイトの古典的著作「悲哀とメランコリー」（一九一七年出版）ではじめて提起された概念である。

フロイトは当初、対象喪失に対する正常な心理的反応としての悲哀と、病的症状としてのメランコリーは、「深刻な苦痛にみちた不機嫌、外界に対する興味の放棄、愛する能力の喪失」などの点で外見上同じ特徴を示すが、あくまでも区別すべき異なった心理状態だと考えた。そしてフロイトは、「正常な悲哀」の場合、哀悼者がたどる一連の心理過程は、苦痛と内的葛藤に満ちてはいるが、一定の期間と服喪追悼の営みを経れば終了するものであり、「悲哀の仕事」を完結させることで哀悼者は前向きに生きられるようになると考えた。その心理過程が「正常」なのは、哀悼者が喪失の事実や対象を明確に理解しているために、遅かれ早かれ現実に適応することが期待されているからである。これに対してメランコリーの「症状」を呈する者たちは、喪失の事実や対象を認知せず、あるいは認知を拒み、喪失の意味を理解しようとせず、「悲哀の仕事」に入れない、あるいは悲哀を回避している。喪失の認知を拒むために喪失対象に自分を同一化させたり、自己の内部に喪失対象を創出したりするのもメランコリーの「症状」の一環とされる。

対象喪失論は、発表以来、臨床心理学、発達心理学、社会心理学だけでなく、社会科学や人文科学の諸分野にも影響を与え、ジャック・デリダやジュディス・バトラーなどにより、「喪と悲哀」の問題は幅広く検討されてきた（Derrida 2001; バトラー 二〇〇七）。とりわけ対象喪失をめぐる近年の議論で強調されるのが、悲哀の継続性あるいは悲哀とメランコリーの不可分性である。フロイト自身も悲哀とメランコリーの区別の困難は認識していて、第一次世界大戦に対する心理的反応の問題を扱った論文のなかでは「終わりのない悲哀」の可能性に触れていた（Clewell 2004: 43–67）。現代の臨床心理学では「悲哀の仕事」は一方向に前進する営みとは考えられていない。むしろ「人びとは必ずしもその大きな喪失感を『のりこえる』必要はない。以前に考えられていたよりも心の葛藤がはるかに長く続くことが分かってきたがゆえに、人はそれと共に生きることを学ぶ必要がある」（Kastenbaum 2002: 592–597）とされている。

終わらない悲哀とメランコリーには、どんな違いがあるだろうか。強い不満や苛立ちの感情をともなう、解決されることのない悲哀とは、メランコリーそのものではないのか。この問いについてもフロイトはすでに「悲哀とメランコリー」のなかで、「悲哀が病的とは思えないのは、じつはただわれわれがその態度をよく説明できるからなのである」（Feud 1953: 244）と述べている。だとすればメランコリーもまた、もしそれが上手く説明できれば、もはや病的な症状とはみなされなくなるだろう。

エンとカザニヤンは、その編著『喪失――悲哀の政治学』（二〇〇三年）の序文で、現代社会ではメランコリーのもつ潜在的な力を肯定的に評価することさえ可能だと述べる。葬儀や服喪などそれぞれの社会で制度化・定型化された「悲哀の仕事」では「過去は明確に定義され、すでに完了したこと、死んだものとして宣言されている」。これに対して、自由気ままな形式をとることができるメランコリーの場合は、「現在進行形の開放的な過去との関係が、お化けや亡霊を、その消えやすい炎のゆらめきのようなイメージを現在に持ち込む」ことにより、「過去は現在のなかに頑固に生き続ける」ことができるというのが、エンとカザニヤンの主張である（Eng and Kazanjian 2003: 3–4）。

戦争の記憶と哀悼

多くの犠牲者を出し、過去との断絶を――個人、社会、国民国家、国際秩序など――多様なレベルでもたらす戦争は、人的にも抽象的な意味でも、個人的にも社会的にも、大規模で深刻な対象喪失を（とりわけ敗者に）経験させる。それはまた「長引く悲哀」の概念がよく当てはまる出来事でもある。「悲哀の仕事」を完結させるためには――広義の意味での――他者の「助け」が必要とされることも、対象喪失経験としての戦争の特徴である。追悼・顕彰などを通じた社会的承認、加害・被害の関係にある場合には加害者の謝罪や償い、あるいは直接・間接の報復による応報感情の充足などには、いずれも他者の存在を必要とするからだ。それはまた、「悲哀」が長引く理由ともなる。他者の承認によって一度は充足された感情が、他者の忘却によってふたたび傷ついたり、自他の被害や犠牲の記憶が衝突したりすることで、「悲哀の仕事」はなかなか完結できないからだ。

第二次世界大戦終結五〇周年（一九九五年）が、事前に予測されたようには回顧と追悼の終わりを告げず、むしろホロコースト論争や東北アジアの「歴史問題」など、「記憶の政治」を活性化・グローバル化させる引き金となったことも、右に述べた戦争の記憶と哀悼の関係から理解できる点が少なくない。フィリピンでも、日本軍による殺戮とアメリカ軍の砲撃によって一〇万人の民間人犠牲者を出したとされるマニラ戦（一九四五年二～三月）の忘却に抗議する市民団体「メモラーレ・マニラ　一九四五」が発足したのは一九九五年のことであった（中野　二〇〇五：四二～五六）。「第二次世界大戦の忘れられたホロコースト」という副題を付して出版されたアイリス・チャンの『南京大虐殺』がベストセラーとなり、日米中を巻き込んだ論争の嵐を巻き起こしたのは一九九七年である（Chang 1997）。いずれの場合も、「自分たち」が経験した悲劇と喪失がより適切に承認されなければ彼ら自身の悲哀の仕事を完結できないという感情が発話の動機となっている事例である。

戦争における記憶と哀悼のこのような関係を踏まえて、本稿では、以下、まずラピアン・マラヤやコロルム反乱が、喪われた革命と比米戦争の敗戦に対するフィリピン社会の哀悼の欠如と忘却に対するメランコリックな民衆的抗議――「記憶の反乱」――としての側面をもっていた可能性を示してみたい。そして一九六七年の鹿児島県遺骨収集団やその後の日本人によるフィリピンにおける日本人戦没者慰霊もまた、初発の時点では戦没者を忘却する日本社会に対する抗議というメランコリックな側面を含んでいたこと、やがて日本人戦没者慰霊に協力するフィリピンという他者の助けを得て「悲哀の仕事」の完結にいたったこと、しかし悲哀の完結がもたらした忘却が、新たな抗議を引き起こす可能性を伏在させていることを示してみたい。

二　比米戦争の記憶と哀悼

一九六七年――ラピアン・マラヤ事件

戦後六〇年という時がもつ意味のひとつは、過去の戦争を成人期に経験した生存者――「生きた記

マニラ首都圏の聖母マリア像

憶」の保持者——の多くが、この時を超えて長く生きることは難しいという点に求められる。もちろん六〇年を超えて数年から一〇年のちにも一定数の生存者は残る。この期間は「生きた記憶」の「最後の抵抗」の時となる。

二一世紀初頭の現在が第二次世界大戦をめぐる「生きた記憶」の「最後の抵抗」の時なのだとすれば、一九六七年当時は、比米戦争をめぐる「生きた記憶」の「最後の抵抗」の時であった。当時の新聞には、比米戦争を知る世代の訃報記事が相次いで掲載されている。一九六四年にはフィリピン独立革命政府大統領だったエミリオ・アギナルドと、一九〇三年の最初の赴任以来その軍歴でフィリピンと深くかかわってきたダグラス・マッカーサーが、それぞれ九四歳と八四歳で世を去った（“Aguinaldo, 94, Dies; Led Filipino Revolts” 1964: 26; “Commander of Armies…” 1964: 26）。新聞報道では一八八四年に生まれたというサントス老人もまた、実際に参加したかどうかは別として、革命と比米戦争の「生きた記憶」をもつ最後の世代に属していた（"LM Leader found Sick" 1967: 12–A）。

ラピアン・マラヤ運動について知られていることはわずかである。この戦闘的な愛国主義結社が結成されたのは第二次世界大戦直後の一九四〇年代後半で、一九六七年の事件当時、メンバーは四万人に達したと称していた。サントス老人は、神と死んだフィリピンの英雄たち、とりわけリサールの魂と交信できる霊的能力があると主張し、一九五七年の大統領選挙に出馬したが、得票はわずかに二万一六七四票（得票率〇・四パーセント）にとどまった（Commission on Eletion 1958: 207）。

一九六〇年代になると彼らの愛国主義は排外主義の傾向を強め、団員たちは軍事教練を受け、想像上の防弾服を着用し、弾除けの護符を身につけるようになった。一九六六年一〇月、フェルディナンド・マルコス大統領が威信をかけて開催していたヴェトナム戦争参戦国首脳会議を阻止しようとして竹槍で武装した団員一〇〇〇名が街頭行動を起こした。このときは暴力沙汰にならず警察により解散させられた。しかし、一九六七年五月、サントス老人がマルコス大統領の辞任を求め、ラピアン・マラヤ政府の樹立を宣言すると、警察軍と警察はパサイ市のラピアン・マラヤ運動本部の周囲に非常線を張り巡らして対峙し、緊張が高まった。パサイ市長とマニラ・タイムズ社主のチノ・ロセスが本部を訪れて武装解除に応じるよう説得したが、「われわれはボニファシオの息子たちだ、なにものも恐れない」と語る「将軍」たち（幹部）は説得に応じなかった（Zapanta 1967: 13）。そして、マルコス大統領からの辞表を受け取るためにマラカニアン宮殿に行進する団員たちが非常線の突破を試みたとして、五月二一日未明、警察軍・警察が攻撃を開始したのである（Sturtevant 1976: 256–260）。

スタートヴァントのラピアン・マラヤ事件像

ラピアン・マラヤ事件に注目した同時代の数少ない研究者のひとりが、フィリピン民衆運動史研究のパイオニア的存在ともいえるアメリカ人研究者デイヴィッド・スタートヴァントであった。スタートヴァントは、フィリピンのエリート・富裕層が事件を「さほど重要ではない、要するに説明不可能な出来事」として片づけたとして批判し（Sturtevant 1976: 260）、事件は一九三一年のペドロ・カローサによるタユグのコロルム蜂起事件に比肩する意味をもつ、と主張した。民族独立、国家と国民、愛国主義といった信条でも両運動が共通することに注目したのは、彼の慧眼であった（*ibid.*: 58–60, 265）。このことに注目した識者はほかにもいて、事件直後のコラムでマクシモ・ソリベンは、事件がサクダル運動やコロルム蜂起と同類であり「無視することができない危険な信号」だと述べている。しかし、報道論調やコラムニストの大勢は、警察軍の発砲を不必要だったと批判して殺害された団員たちに同情を寄せる一方で、運動自体については憐れむべき狂信主義のひとことで片づけがちだったことは事実であった（Soliven 1967）。

もっとも、スタートヴァントのラピアン・マラヤ像もまた、農民による「メシア的」な「千年王国運動」が、「最後の審判の日」について語るサントス老人のもとで「全能の感覚」とともに終末論的傾向を強めたことを強調するなど、運動を神秘主義的な狂信者の病理として片づけている点は同じだった。このような見方の背後にあったのは、フィリピンの民衆運動がいつも伝統主義と近代世俗主義のあいだを振り子運動してきたという、近代化論の影響を受けた歴史像だった。この見方からすれば、ラピアン・マラヤ運動は、一九五〇年代のフク反乱の挫折と庶民派大統領ラモン・マグサイサイの事故死（一九五七年）が象徴する近代世俗主義による社会改革の挫折を原因として、振り子がふたたび伝統的な超自然主義に戻ったことを意味する出来事にほかならなかった（Sturtevant 1976: 260–261）。スタートヴァントは、それ以前のフィリピンの多様な民衆運動をも同様のパターンで捉え、諸反乱の原因を一様に階級格差の害悪と都市エリートの民衆生活に対する無関心に帰した。アメリカの責任にもスタートヴァントは言及するが、あくまでもそれは農村への無関心とフィリピンのエリート・富裕層との協力という文脈で捉えられていて、比米戦争の記憶と民衆運動の関係性には関心を寄せていなかった。

アメリカ政府官僚も多かれ少なかれ同じ見解であった。事件後の米大使館の週間報告は、運動を、政治社会運動というよりは「誤った指導を受けた狂信者の無知と迷信に起因する」ものだとして、事件の顛末は「フィリピンの政治・文化の不均等な（偏った）発展ぶりをふたたび思い起こさせる悲しい事件」だったと述べるのみであった（U.S. Embassy（Manila）to Dept. of State, "Joint Weeka #21" 1967）。

「記憶の反乱」としての民衆蜂起

スタートヴァントが見逃し、後年、レイナルド・イレートが説明不能な曖昧さのなかから掬い上げたのは、喪失対象としての過去に対するフィリピン民衆運動の執着――あるいは献身と帰依――であった。ラピアン・マラヤ運動における「三角形の表象、色彩豊かな制服、『至高者《スプレモ》』の称号、さらには急進的な兄弟愛さえも、カティプーナンの経験に由来していた」（Ileto 1979: 3; イレート 二〇〇五：八）のであり、運動を貫いていたのは、一八九六年革命の大義と伝統に対する強い愛着だった。この指摘を敷衍すれば、ラピアン・マラヤ運動は、単純な神秘主義の産物ではなく「生きた記憶」の「最後の抵抗」であり、忘却に対する抗議であり、六〇年あまり前に民族が経験した莫大な喪失を想起させるための「記憶の反乱」と捉えることが可能になる。そして、狂信者の反乱とみなされてきた比米戦争後の民衆運動の多くも「記憶の反乱」として解釈できるとすれば、非歴史的な神秘主義の病理として理解されてきた民衆運動の霊的世界は、原因が解明されたメランコリーと同様に、病理とみなす必要はなくなるだろう。

先に触れた二〇〇一年の論考で、イレートは、比米戦争の忘却の問題を、自らの家族史のエピソードから説き起こしている。コーネル大学の院生時代に博士論文のために米国立公文書館で調査した「フィリピン反乱文書」のなかで、イレートは父方の祖父（イスコお爺さん）が、かつて革命に参加し、アメリカ軍によって「革命軍側のスパイ」として監視されていたという事実を発見した。ところが、一九二〇年生まれの父ラファエルは、その事実をまったく知らず、「典型的なアメリカズ・ボーイ」として育ったのだという。イレートの父ラファエルが、ウェストポイント米陸軍士官学校を優等卒業した高名な職業軍人で、独立後の比米軍事協力の現場で活躍し、コラソン・アキノ政権時代に国防長官を務めた人物であることはよく知られた事実である。このフィリピンの親米主義世代を象徴するような人物だった父が祖父の過去を知らなかったことについて、イレートは、おそらくイスコお爺さんが「一九〇四年にアメリカによって教員として採用されて以降、沈黙を守った」からだろうと推測する。なぜなら比米戦争後のフィリピン人の多くは、「新時代」で成功するために「戦争があったということさえ」忘却しなければならなかったからだ（Ileto 2001: 103; イレート 二〇〇二：一八〇）。こうして当事者世代による生存戦略としての忘却は、次世代の無知に引き継がれ、集合的にも家族というレベルでも「記憶喪失《アムニージャ》」が広がっていく。公教育を通じた英語化も、比米戦争の記憶をアメリカ植民地権力の統治言説で置き換えるうえで大きな役割を果たしたと考えてよいだろう。

アメリカ植民地権力下における、このように徹底した記憶の抑圧・置換や悲哀の回避に対して、メランコリックな不満と怒りの表現として反乱が発生するのも無理はないと、フロイトならば述べるであろう。このような見方がもしできるのなら、アメリカ植民地期を通じて、数のうえでは社会の片隅においやられた異端の少数派・狂信者とされた人びとの散発的な反乱・蜂起事件を「記憶の反乱」として捉えることが可能となる。一九三一年にハワイ移民帰りの指導者ペドロ・カローサが率いたタユグのコロルム蜂起もそのひとつであった。町役場を襲って土地台帳や小作契約書を焼いた叛徒たちは、警察軍により半日で鎮圧され、多数の死傷者を出した。事件とその後の裁判でカローサが繰り広げた反地主・反米の主張は『ニューヨーク・タイムズ』でも詳しく報道されるなど、当時、注目を集めた（Sturtevant 1976: 183–192）。

事件が起きたのは比米戦争終結（一九〇七年）から二四年、フェリペ・サルバドールの処刑からまだ二〇年もたっておらず、比米戦争は多くの人びとにとってまだ「生きた記憶」だった。カローサ自身、少年時代にフェリペ・サルバドール本人と会ったことがあると述べている。もちろんそれは、比米戦争史の細かい事実が民衆運動参加者のあいだで広く共有されていたことを意味しない。むしろ若い世代の参加者には、ほとんど知識がなかったに違いない。それでも事件は依然として「記憶の反乱」でありえた。なぜなら、革命と戦争の記憶は、ラピアン・マラヤ運動におけるように――イレートの言葉を借りれば――運動の「形態（モード）」や「文法（イディオム）」のなかに埋め込まれており、その結果、運動参加者たちは、しばしばそれと知らずに「記憶の守護者」であることができたからである。

このように考えれば、ラピアン・マラヤ運動はたしかに「記憶の反乱」の名に値する、しかもその最後のひとつであったといえる。カティプーナンへの帰依を示すタユグ蜂起やラピアン・マラヤ運動の装いやメランコリックな情熱を受け継ぐ事件は、フィリピン政治史にふたたび現われることはなかった。革命の伝統やイディオムは記憶され続け、時としてよみがえることもあったが、抗議のモードは、革命の老兵たちが退場するにつれて確実に変化していったのである。

三　日本人戦没者をめぐる哀悼と戦争の記憶

哀悼者としての戦後日本人

一九六七年鹿児島県遺骨収集団にここで目を転じるのは、いかにも唐突と思われるかもしれない。しかし、この収集団とその後の展開は、フィリピンにおける「記憶の反乱」の歴史と興味深く対比できる事例である。一九六七年の鹿児島県遺骨収集団は、じつは、日本の敗戦後二二年を経て起きた、小さいとはいえ「記憶の反乱」としての性格をもっていたからだ。

一九六〇年代中葉の日本社会では、少数の右派・民族派知識人のあいだに戦前日本の英雄的な愛国主義や男性的精神主義の伝統の喪失を嘆く者があったとはいえ、総じていえば平和主義と反軍国主義の世論が基調であった。そのような戦後日本社会にとって哀悼の対象は——喪われた天皇制や大日本帝国といった抽象ではなく——圧倒的に（自国の）戦没犠牲者であった。戦後日本社会における国民的英雄は、

「平和の礎」としての（自国の）戦争犠牲者たちであり（Orr 2001: 118）、哀悼者たちは直接には戦没者の遺族や戦友（以下、「日本人哀悼者」）であった。

フロイト流に解釈すれば、日本人哀悼者たちはメランコリックではない。彼らは喪失の対象が戦没者であることを十二分に了解していたからだ。しかし彼らの場合もまた、とりわけ遺骨収集事業や戦跡巡拝旅行が始まった初期（一九六〇年代）の段階では、メランコリックと変わらない心の苦しみを味わっていた。戦後日本社会が経済復興と高度成長に突き進むなかで、戦没者を異国の地にかくも長いあいだ放置することになったという「悲哀の遅延」に対して、とくに遺族のあいだでは、復興と高度成長が進めば進むほど死者たちに対する罪責感情が強まっていったからである。この遺族感情は、しばしば、彼らの目から見れば戦没者に慰霊の誠を捧げることに十分に同情的でも熱心でもない、日本社会と日本政府に対する怒りに転化した。「忘却に対する抗議」という点で、フィリピンの哀悼者たちとの少なくともひとつの共通点が、ここにある。彼らはいずれも主流社会の——戦没者や喪われた革命への——哀悼の欠如心に不満を募らせていたのである。

日本人哀悼者が戦没者の魂とつながりたいという執念を表現するために選んだのは、遺骨収集と戦没地訪問、いわゆる戦跡巡拝という方法であった。この執念の背後にあるのは、愛する戦没者の魂が自由ではなく、死没地に放置された遺骨とともにあるという観念であり、それゆえ哀悼者たちは自分たちの身体を物理的に戦没者の死没地に可能な限り接近させ、また遺体としての遺骨を回収して日本に持ち帰ることが必要だと考えたのである(3)。

それだからこそ、フィリピンは日本の哀悼者たちにとってきわめて重要な意味をもつ土地であった。

フィリピンは、第二次世界大戦で日本が占領した東南アジア諸国のなかでも、日本人戦没者数で群を抜いていた。軍人・軍属・民間人を合わせて五〇万人を超える（政府統計では五一万八〇〇〇人）（厚生省社会援護局 一九九七：一一八）。しかも戦没者の大多数が文字どおり「草むす屍」として山野に倒れた悲惨な「フィリピン戦」の現実を反映して、遺体・遺骨の大半は日本に送還されず現地に放置された。それゆえフィリピンは、日本人による遺骨収集、戦跡巡礼旅行、慰霊碑建立といった「悲哀の仕事」が、一九六〇年代半ば以降、海外戦地としてはもっとも盛んに行なわれる国となったのである[4]。

一九六七年——鹿児島県遺骨収集団

一九六〇年代中葉、日本人哀悼者たちにとって喫緊の課題は、海外戦地各国に対して各一回派遣されたのみで一九五八年に終結した政府派遣遺骨収集派遣団の再開であった。フィリピンは最大の、また派遣団が最後に送られた海外戦地であり、一九五八年、遺骨収集派遣団は二五六一「柱」を日本に持ち帰った（中野 二〇〇四：三七八〜三七九）。しかし日本人哀悼者にとって、それは満足とはほど遠い数字であった。一九六四年には海外旅行が自由化され、「空の旅」が急速に普及して、高度成長時代の到来と個人所得の上昇にともない、国内観光開発が加速するとともに、海外旅行熱はたちまち日本人の国民病となった。こうした状況のもとで日本人哀悼者たちが自分たち自身による遺骨収集と戦跡巡拝を考えはじめたのは、ごく自然なことだった。

このような事情を背景として、一九六五年、自民党に対する最大の圧力団体のひとつでもあった日本遺族会は、日本政府に対する請求事項として、（一）戦没者遺骨収集の再開、（二）慰霊碑の建立、（三）

戦没者墓園の管理、(四) 遺族の海外戦地・墓地への巡拝旅行に対する財政その他の援助を盛り込んだ。同会はまた、遺骨収集団に政府職員だけでなく、民間団体や遺族有志を含めるように要求した(中野二〇〇四：三八四)。これらの要求のすべてが数年以内に実現することになる。しかし、一九六七年鹿児島県遺骨収集団は、この時点における政府の対応の遅れに対する不満をひとつの背景として、政府の了解を得ずに自治体が独自に組織したものだった。

厚生省が一九六八年二月に出した、「戦没者遺骨収集について」と題した行政指導文書がある。今後、同省としては「地方公共団体又は民間団体等が行なう遺骨収集を主目的とする行事は、遺骨収集の本旨及び現地における混乱の派生を防止する趣旨からこれを認めず、現地慰霊及び戦跡巡拝を主とするよう指導する。……遺骨は、すべて国の機関により処理し得るよう措置するものとする」(厚生省社会援護局 一九九七：五一三)としたのである。この決定が鹿児島県遺骨収集団の派遣直後に通達された事実は、鹿児島県の事業が——政府事業の体裁を整えるために厚生省が派遣した七名の収骨団がフィリピンで合流したものの——政府を困惑させるに十分な、小さな「反乱」であったことを示唆している。

鹿児島遺骨収集団の出発点となったのは、一九六六年に結成された「比島戦没者遺骨収集並びに慰霊碑建立期成会」である。同会は旧満州五八八部隊(フィリピンに転戦した)生存者による呼びかけをきっかけに、鹿児島県の遺族一万二〇〇〇人と生還者(旧軍人)二〇〇〇人を集めて結成されたもので、南日本新聞社が組織した募金活動で総額一五五二万三二一七円の寄付を集めた。うち五二〇万円は鹿児島・熊本両県からの補助金であった。また、鹿児島大学は文部省管轄の国立大学であったが、同大学所有の水産学部実習船・敬天丸と同船乗組員を遺骨収集事業に提供した(比島戦没遺骨収集並びに慰霊碑

建立期成会一九六八：開聞町郷土誌編纂委員会 一九九四：三一四〜三一五：『南日本新聞』一九六七年一二月三一日：三）。

なぜ、鹿児島県だったのか。同県出身のフィリピンにおける戦没者が他県と比較して特別に多いとはいえない。一九六〇年代後半、全国的な観光ブームのなかで開聞町に隣接する指宿市を訪れる鹿児島県外の旅行客が、一九六五年の九九万人から一九六八年には一五五万人に急増したことが示すように、薩摩半島南部の観光開発が加速していたことも見逃せない要素である（鈴木 一九七三：二三〜二三二）。開聞町花瀬海岸の慰霊碑建立は、地元から見れば、遺族・生存者による慰霊観光を念頭においた観光拠点の整備のひとつであり、県の遺骨収集事業もまた慰霊碑建立と不可分のものとして行なわれ、だからこそ収集された遺骨も慰霊碑の下に奉納されなければならなかった。一九七〇年に作曲された「かいもん観光音頭」でも「薩摩富士」や「唐船峡のソーメン流し」とならんで、「花瀬の岬梵鐘が／英霊に届けとこだまする／開門名物数あるが／心に届く人情を（買っといで）」と唄われている（開聞町 一九九四：七三九〜七四一）。鹿児島という地域の論理が、事業の全体を貫いていたのである。

『南日本新聞』の当時の紙面は、同紙が期成会の活動を全面的に後援していたことも手伝って、遺骨収集団派遣事業に寄せられた地元の強い支持と熱気を盛んに報道している。まさにそれは一大イベントであった。鹿児島港を一九六七年一一月二二日に出港した敬天丸は、同年一二月三〇日に関係者一〇〇〇人が出迎えるなか帰港し、レイテ島とルソン島をあわせて四一四七「柱」の遺骨と、いくつかの遺棄された大砲・機関銃・三八歩兵銃を持ち帰った。翌一九六八年四月には、開聞町が花瀬海岸に寄付した土地に期成会により建立された慰霊碑の除幕式と第一回の慰霊祭が花瀬海岸に四〇〇〇人もの遺族・生存者を集めて行なわれ、収集遺骨を慰霊碑下に奉納した（「郷土の土に安らかに　比島戦没者の慰霊碑除幕」『南日本新聞』一九六八年四月二一日：一二）。このように国立大学所有船を使用した遺骨収集事業を自治体が行なったこと、さらには遺棄兵器まで持ち帰ったこと、政府に遺骨を引き渡さず花瀬海岸の慰霊碑下に奉納したことなどは、所管官庁であった厚生省を当惑させるに十分だったのである。

収骨・巡拝と望比の論理

鹿児島県遺骨収集団を同行取材した『南日本新聞』の特集記事には、戦跡や慰霊碑の前で線香を炊き、死者の名を呼び、声を上げて泣く遺族や「生存者」の姿が繰り返し描かれている。いくつか例をあげよう。息子を失った八四歳の母親は、戦跡で録音を再生してもらうためにテープレコーダーに録音した声を収集団員に託していた。

団員が思い出したようにテープレコーダーのボタンを押す。……遺族の声が流れる。「ケサ吉、帰ってこれずに残念だったね。私ももう八十四歳になった。もうすぐおまえのそばにいく。今度こそ、遺骨収集団の人たちと帰ってきてください」（薩摩郡宮野蔵町、前野アサさんの声）。（「二二年目の対面（三）『今度こそ帰って』山野おおう母の願い」『南日本新聞』一九六七年一二月二六日：九）

遺骨収集団には、遺族だけでなく、フィリピン戦からの生還者が戦没者の戦友として同行するのが常であった。『南日本新聞』記者はつぎのように記している。

「おーい、迎えに来たぞ。一緒に帰るぞ!」――リンガエンの海岸で、クラークフィールドの草原で、バギオの山で、生存者たちが狂ったように叫ぶ。その目から大粒の涙がぼろぼろこぼれた。(「二二年目の対面(六)『一緒に帰るぞ』〝戦友〟草原に大粒の涙」『南日本新聞』一九六七年一二月二九日:九)

鹿児島県遺骨収集団はフィリピンでも注目を集めた。『マニラ・タイムズ』には、若い女性遺児(オオツカ・アツコ)への同行取材の記事が写真入りで大きく掲載されている。彼女の父が収集団の行かないマニラ東方のリサール州モンタルバンにあるワワ・ダムで戦死したことを知ったフィリピンの旅行会社から、無料で日帰り旅行をプレゼントされたオオツカの様子を、記者はつぎのように描いている。

火曜日の午後、雲に覆われたモンタルバンの山中に来たオオツカ嬢は、腰をかがめて祈りを捧げ、土を掘り、母や兄弟から預かってきた父宛の手紙を燃やしてその灰を埋めた。即席の祭壇を作り、木で作った墓標を立て、出発前にエルミタの雑貨屋で急いで買った花を供えた。そして彼女は泣いた。数分後、立ち上がった彼女は、さらに買ってきた花を祭壇の場所と近くの川に撒いた。マニラに帰る間中、彼女は「私は父と話ができました!」と言い続けた。(“Japanese Girl Visits Father's Grave” 1967)

花瀬望比公園の慰霊塔（鹿児島県）

収集された遺骨が奉納された花瀬海岸は、薩摩半島の南端に位置する標高九二四メートルの円錐火山・開聞岳の麓に位置して、東シナ海を望む美しい海岸である。知っている者なら誰もが開聞岳からビコール地方の秀峰マヨン火山を連想することだろう。慰霊碑周辺は海岸公園として整備され、花瀬望比公園と名付けられている（公園整備が完成したのは一九九一年）。公園内にいくつもある慰霊碑や彫像は、すべて鹿児島大学教授（当時）で二〇〇七年に文化勲章を受章した彫刻家・中村晋也の作になる。

「望比」と名付けられているものの、もちろんこの公園からフィリピン諸島を望むことはできない。本土最南端から望む東シナ海をとおして人びとはフィリピン諸島を心のなかで望み、遠方の諸島を離れられない「英霊」たちと接続できると想像するというのが、この公園のコンセプトだった。中央の慰霊碑「死生の扉」のエピグラフには、つぎのように記されている。

許されるものならば
還らざる旧軍四十七万六千余柱の
精霊なおもとどまる
雲烟万里比島の地に
痛恨の碑を建て
その前に伏し心からなる祈念を捧げたいものを
やむなく日本列島最南端の
ここに碑を置き想いを馳せて
みたま鎮まれとひとしく願う
（比島戦没遺骨収集並びに慰霊碑建立期成会　一九六八：二）

収骨・巡拝で見せた日本哀悼者たちの感情の高ぶった様子や、「望比」のコンセプトは、フィリピン戦没者遺族・生存者たちの悲哀のメランコリックな側面を表現している。ここでは喪失対象の戦没者たちは哀悼者の心のなかでまだ死んでおらず、自らを救出・解放して欲しい、故郷に帰して欲しいと哀悼者に助けを求めているからだ。死者に向かって語りかけ、狂人のように叫ぶ巡拝者や日本最南端の地からフィリピンを眺望しようとするメランコリックな遺族や生還者たちの姿は、生者が死者の不幸や不満を癒すために声を出して彼らに語りかけることが日本では社会的に広く認められている哀悼の慣行であるという事実をもし知らなければ、臨床心理学者によって病理として診断されたであろう。サントス老人やカローサと日本人哀悼者のあいだの距離は、意外に近かったとはいえないだろうか。

四　比較と対照

「同じバナナ」の意味

異なる文化コードを知らなければ互いに病理と見間違いそうな喪／哀悼の表現という点では意外な共通点がある一方、過去との接続の具体的な方法をみると、生者と死者の関係性という点でサントス老人やカローサと日本人哀悼者たちのあいだには興味深い対照を見いだすことができる。

サントス老人やペドロ・カローサがともに主張したのは、死んだフィリピン人英雄たちの「生きた人格」と会話する能力であった。なかでも興味深いのは、冒頭でも触れた一九六六年のペドロ・カローサのインタビューである。スタートヴァントにとってそれはあまりに奇異な内容であったために、引用史料としては一切使用されず、著書の付録として巻末に付された。イレートは『キリスト受難詩と革命』のエピローグで、カローサが移民労働者として渡ったハワイで労働運動家として逮捕され、ホノルルで投獄されたときにフェリペ・サルバドールと会話したと述べた部分を、フィリピン人の精神世界におけるパションの再現の好例として引用している。

……彼は死ななかったのです。彼の人格は生きていて、別の形をとっているのです。私はホノルルで彼を知りました。ハワイでは、彼はフェリペ・サンチャゴと呼ばれていました。私が牢屋にいたとき、彼は隣の房にいた狂人でした。私は彼と多くを語り、彼は私に多くのことを教えてくれました。彼はフェリペ・サルバドールでした。わかるでしょう。（Ileto 1979: 315–316; イレート 二〇〇五：四一四）

ビセンテ・ラファエルもまた、スタートヴァントとカローサの奇妙な会話に注目して、一九八八年に出版されるや注目の的となった著書『契約としての植民地主義』の冒頭で鋭い分析を行なっている。ラファエルが興味をそそられたのは、カローサがサルバドール、ボニファシオ、リサールなどの死者に遭遇した＝取り憑かれただけでなく、彼自身が獄中から当時生きていたマヌエル・ケソン（コモンウェルス政府大統領）やアウロラ・ケソン夫人、アメリカ陸軍長官に取り憑いて一九三九年の釈放を勝ち取ったと述べていることである。このように死霊・生き霊が混沌として往来するカローサの精神世界を、ラファエルは、外部への適応あるいは「外部の存在をローカライズする」方法としての「憑依としての想起」という概念で説明した（Rafael 1988: 8–12）。

日本の「英霊」たちと対照的なのは、これら取り憑き・取り憑かれる「人格」たちが、いかなる肉体的遺物にも、場所（戦没地）にも時間にも、つまり何ものにも拘束されていないことだ。カローサが生き霊となってケソン大統領に取り憑いたエピソードが示すように、取り憑き・取り憑かれる当事者は、生者と死者、過去と現在だけでなく、生者と生者、現在と現在などあらゆる組み合わせがありうる。戦没者を哀悼する日本人と、喪われた革命と戦争の哀悼者としてのフィリピン民衆運動家たちとの喪失対象との接続方法の対照性が明らかになるのは、この点である。肉体と土地と時間に縛られた日本の「英霊」はフィリピンで救出を待つ一方、遺骨収集や戦跡巡拝に訪れる日本人哀悼者たちは魂の救出隊としての役割を懸命に演じる。かたやフィリピン人革命家たちの魂は奔放で、ホノルルに飛ぶことにも生死の境を跨ぐのにもまったく頓着がない。それはフィリピン人の魂の自由と、死してなおしがらみに束縛された日本人の魂の不自由を意味するのだろうか。別の説明も可能ではないかと私は考える。

ラファエルは、ペドロ・カローサにとって「過去は、歴史的諸人物の霊を訪問し、またそれらの霊に訪問されるモメントの数々によって、〔カローサの精神世界のなかに、前後関係や遠近法もなく〕散りばめられた一連の名前、日付、出来事として換喩的に姿を見せている」(Rafael 1988: 11)と述べる。この指摘を敷衍すると、圧倒的な外部の力への服従という、フィリピンの過去および現在において無数にまた一様に繰り返されてきた喪失と敗北の諸経験の積み重ねが、いくつもの過去と現在との区別を漠然としたものにしてしまい、それゆえ異なる過去さらには現在の出来事までもが、精神世界のなかで前後・遠近の区別もなく同一の平面上にちりばめられてしまうと考えることはできないだろうか。だからこそ、取り憑かれ／取り憑く者たち、すなわち過去と現在のフィリピン人英雄や犠牲者たち、さらには遭遇を想像する者たち自身までもが「みな同じバナナ」となり、互いに自由に接続しあえることになるのではないか。

じつはカローサがこの言葉を発したのは、スタートヴァントにコロルム運動とフィリピンの他のさまざまな民衆運動の関係を問われたときであった(Sturtevant 1976: 276)。スタートヴァントによって記録され、イレートとラファエルが独自の解釈を与えた、これら生者と死者、想像する者とされる者のあいだで生じる相互関係こそは、エンとカザニヤンが提起した「現在進行形で開放的な過去との関係」の概念をもっともよく表現している。そしてその自由さは、敗北の反復と植民地状況の継続の結果でもあるのである。

日本人哀悼者の満足と忘却

フィリピンの哀悼者たちとは対照的に、日本の生きた哀悼者たちと戦没者たちとの関係は明確で、置換されることはない。このことは日本人による戦没者の哀悼が、その痛ましさにもかかわらず、実際にはフロイトによるもっとも古典的な定義における「悲哀の仕事」に該当し、やがてそれを完了して「前進」することが可能な営みであったことを意味している。一九六〇年代から始まり今日にいたる遺骨収集と戦跡巡礼の驚くべき営みは、日本人哀悼者たちの「悲哀の仕事」への熱望がいかに強く、「終わらない悲哀」としての側面をもっていたかを示すのと同時に、この営みが彼らにいかに強い満足感を与えてきたかを示している。ここでとくに注意を促しておきたいのは、日本人哀悼者たちの満足が、彼らを迎えたフィリピンの人びとの協力なしには実現できなかった（できない）という事実である。そのフィリピンの人びととは、彼ら自身が戦争の犠牲者であり、日本の侵略と圧制と残虐行為に起因する一〇〇万人を超える戦没者に対する哀悼者だった。

日本人哀悼者たちをしばしば感動させたフィリピン側の驚くべき寛容は、総じていえば、フィリピン側の厚意に対して日本側がその謝意を地域社会への寄付行為から日本政府の多額のODAにいたる多様なレベルで示すという互恵関係の文脈で理解できる。ただし、この種の互恵関係が機能するためには、双方が過去についての——少なくとも比日間では、過去の戦争において日本が加害国、フィリピンが被害国であることについての——一定の了解を共有している必要がある。そして日本人哀悼者には、フィリピンが日本の侵略の犠牲者となったことに対する「お詫び」と「比側の寛容」に対する感謝、そしてフィリピンの戦没犠牲者に対する追悼の感情をもつことが期待されていた。実際にフィリピンを訪れる日本人哀悼者による日本人戦没者追悼の営みには、お詫びと感謝、合同慰霊の論理が長年にわたって随伴してきた。(5)

まったく同様のことが、一九六七年の鹿児島県遺骨収集団事業をめぐる『南日本新聞』の報道や事業団の報告書からもうかがうことができる。また、花瀬海岸の第一回慰霊祭には「遺骨収集の協力者アマンテ・ルミヤスさん」が招かれている(「郷土の土に安らかに」『南日本新聞』)。遺骨収集や戦跡巡拝が、当時は「他者」を強く意識して行なわれていたことのひとつの表われをここに見ることができるだろう。

それから三八年がたった二〇〇四年三月二七日、私は花瀬望比公園で行なわれた「比島戦没者慰霊祭」に参集する人びとのあいだでハンディカムを握って立っていた。全国的にはほとんど知られていないが、この花瀬公園の慰霊祭は今日でも続く数少ない比島戦没者慰霊祭である。主催団体は比島戦没者慰霊顕彰会だが、式の全体を統括運営していたのは開聞町役場(当時)であった。

慰霊祭では、まず「安らぎの鐘謹打」に続いて、国旗掲揚・国歌斉唱・黙禱が行なわれ、開聞町にある枚聞《ひらさき》神社の三人の神職が入場して神事が執り行なわれた。低く響く唸り声とともに天の何処かに彷徨う英霊を花瀬公園に呼び出すための神秘的な「降神の儀」により「英霊」たちが慰霊祭の場に降下したと想像されたのち、神職は退場した。続いて陸上自衛隊第一二普通科連隊音楽隊が「国の鎮め」と「海ゆかば」を献奏し、尺八の音に合わせた錦城流の詩吟朗詠「英霊自南還」があり、歌手・迫田睦子と白いドレスを着た女性合唱団による「比島慰霊碑に贈る歌」が歌われた。式典のクライマックスは、「献華」が行なわれている最中に三回にわたって飛来した海上自衛隊第一航空群のP‐3C哨戒機による「空中参拝」であった。会場の人びとは哨戒機を見上げて歓声をあげ、ハンカチや手を振って見送っていた（比島戦没者慰霊顕彰会 二〇〇四）(6)。

これは私の印象批評にすぎないことを断ったうえで、また、今も続く慰霊祭に敬意を払ったうえであえて指摘しなければならないのは、慰霊祭の何かが「空洞化」していることを隠せないその場の雰囲気であった。それは、参列者の多くが地元開聞町周辺の住民であり、遺族の参列が実際には少数で、全国からの参列者が数えるほどであったからだけではない。むしろ空洞化したと私が感じたのは、慰霊祭を支える基本的な動機づけとしての「望比」の論理、すなわち遠方の諸島に囚われた英霊に対する哀悼者たちの焦燥と切望というコンセプトである。年を重ね、回数を重ねてきた遺骨収集事業、戦跡巡拝事業、そして毎年の慰霊祭そのものが与えてきた満足が、総じていえば、哀悼者たちからその焦燥と切望をかなりの程度取り去ってくれたのではないかと、私は感じたのである。

海外慰霊碑の荒廃がいわれている（「朽ちる海外慰霊碑」『朝日新聞』二〇〇四年七月三日夕刊、一五頁）。遺族の高齢化による戦跡巡拝の縮小がその大きな原因だが、哀悼者たちの心理を考えれば、それは「悲哀の仕事」が完結に近づき、かつて遠方からの救いを求める声で哀悼者たちを悩ませてきた喪失対象としての戦没者の魂が哀悼者たちの内面の一部へと取り戻されて、記憶のなかに行儀良く納まりつつあることの結果でもあった。すでに多くの日本人哀悼者たちにとって、フィリピンは「留魂」の地ではなくなり、人びとはフィリピンを眺める——望比の——必要がなくなっている。代わりに人びとは、上空を旋回するP－3C哨戒機に、顔を見上げて手を振るのである。そして、もはや他者としてのフィリピンを意識する必要もなくなり、慰霊祭を通じて、戦没地として以上にフィリピンとその人びとが言及されることはまったくなかったのである。

近年の比日関係では、フィリピン政府・国民の沈黙を背景として、日本側のフィリピン戦に関する全面的な「記憶喪失」が放置されているのが現状である。花瀬慰霊祭において他者としてのフィリピンの姿がまったく語られなかったのは、そのひとつの表われにすぎない。この日本側の「記憶喪失」に抵抗しようとしない——「歴史問題」摩擦が過去の出来事についてのリマインダーになっている日本と北東アジア諸国間の関係とは対照的な——フィリピン政府・国民の沈黙は、はたして最大の贈与国である日本とのこれまでの互恵関係と友好の維持に対する期待からきているのであろうか。比日間の「植民地戦争」の記憶もまた、かつて「新時代」における生存と成功のために人びとが記憶の抑圧を余儀なくさせられた比米間の「植民地戦争」の記憶と同じ道を辿っていることになるのだろうか。だとすれば、一九六七年にマニラ市民を驚かせたラピアン・マラヤ事件のように、私たち＝日本人がいずれ「記憶の反乱」に直面するとしても不思議はないであろう(7)。

おわりに

本稿は、悲哀とメランコリアをめぐる心理学的考察を援用しながら、(一)比米戦争後、一九六七年のラピアン・マラヤ事件にいたるまでのフィリピン民衆運動の精神世界を革命・比米戦争に対する喪/哀悼の表現として捉えなおし、(二)一九六七年の鹿児島県遺骨収集団および二〇〇四年花瀬望比公園における追悼式典に見られる日本人哀悼者の悲哀の表現を(一)と対照しつつ検討してみた。

ここで皮肉ともいえるのは、記憶の抑圧と忘却が植民地主義の強制力のもとで進んだ比米戦争においては、サントス老人やペドロ・カローサのメランコリックな想像力のなかで死者たちの魂が戦後六〇年を経て文字どおり生き続けたのに対して、日本人哀悼者の「悲哀の仕事」の完結によって、魂の平安を得た(と想像される)日本人戦没者は本当の死者となっていくであろうということだ。

戦後六〇年という節目を考えるうえでいまひとつ重要なのは、ラピアン・マラヤ事件の悲劇やペドロ・カローサ最晩年のインタビューが、レイナルド・イレートと後続の世代の研究者たちの想像力を刺激して、それ以前とはまったく異なる光を過去にあてた歴史の再構築がフィリピン側で始まるきっかけとなったことだ。この意味で、一九六七年は、戦争の記憶のライフ・サイクルの第一段階の終焉と第二段階の始まりを告げる年だった。それから四十数年がたったいまや、戦後一〇〇年を超えた比米戦争の記憶、あるいは比米戦争の「記憶の戦争」の行方は、比米両国の歴史家たちの手に委ねられようとしている(8)。

この比米戦争の記憶のライフ・サイクルのありさまは、戦後六〇年を通過したばかりのもうひとつの戦争の記憶の行方について何を示唆しているだろうか。自国戦没者の追悼を望む日本人哀悼者と、それをもてなすフィリピンの人びとの共同作業を通じて実現した日本人の「悲哀の仕事」の完結は、かつては日本人のあいだでも鮮明に記憶されていたフィリピン戦の過去をいまや完全に忘却の淵に追いやった。スタートヴァントがカローサとラピアン・マラヤ事件に同情を寄せながらもその理解に失敗したことが、もしも比米戦争でフィリピン人が被った喪失の深さに想像が及ばなかったからだとすれば、スタートヴァントもまたアメリカの「記憶喪失」の犠牲者だったことになる。このエピソードは、同様の失敗を起こすかもしれない日本人に対する警鐘である。

それでは、どうすれば忘却を防ぐことができるだろうか？　おそらく私たちには、生死や空間を超越したカローサのメランコリックな憑依体験から学ぶことがある。インターネット時代の私たちは、幸いなことに取り憑き・取り憑かれるために超能力を必要としていない。この空間に響く日中韓の過去をめぐる騒々しい罵りあいは、ある意味で健全な憑依合戦ともいえるだろう。

もちろんより望ましいのは、互いに面と向かい合って取り憑き・取り憑かれることである。日本人女性の神直子さんは、フィリピン戦の生還者である旧日本軍人とフィリピンの戦争被害者のあいだでビデオ・メッセージを交換するというユニークな日比和解プロジェクトを進めている。この良心的なプロジェクトをまったくひとりで起ち上げた神直子さんは、そのきっかけが、青山学院大学在学中の二〇〇〇年二月に参加したスタディー・ツアーで、日本軍の手により夫を殺害された女性にその被害感情を面と向かってぶつけられた（カローサなら、「取り憑かれた」と言うに違いない）経験だったと説明している（神直子「Bridge for Peace プロジェクトの目的」）。このエピソードが語るのは、生者であろうが死者であろうが、日本、アメリカ、フィリピンであろうが、「良い人」たちには取り憑き甲斐があるということだ。それこそが、「歴史」を終わることのない哀悼の生き生きとした場として保つための良い方法となるだろうから。

註記

（1）マルコス大統領が設置した調査委員会の報告によれば六〇人以上、おそらくは八〇人が死傷した（"Casualty Toll Hits 60 in R. P. Battle" 1967: 7）。

（2）開聞町は二〇〇六年一月、指宿市と合併した。

（3）戦没者の遺骨に対する遺族感情と死生観に関しては、山折（二〇〇二）を参照。

（4）詳しくは、中野（二〇〇四）を参照。

（5）詳しくは、中野（二〇〇四）を参照。

（6）筆者による慰霊祭のビデオ記録は、下記において公開している。"Hanase Annual Memorial 03/27/2004_01 Ringing the Bell," at <http://jp.youtube.com/watch?v=nG8w7V2ou5M>; "Hanase Annual Memorial 03/27/2004_03 Shinto Ritual (1)" at <http://jp.youtube.com/watch?v=JBnw4T0uT4o>; "Hanase Annual Memorial 03/27/2004_09 P3C Prayer & End," at <http://jp.youtube.com/watch?v=iKRLvVDNtwg>.

（7）詳しくは、中野（二〇〇五）を参照。

（8）米比歴史家論争について、詳しくは、永野（二〇〇四：三五七～三八五）を参照。

参考文献

イレート、レイナルド・C、ビセンテ・L・ラファエル、フロロ・C・キブイェン著、永野善子編・監訳（二〇〇四）『フィリピン歴史研究と植民地言説』めこん。

開聞町郷土誌編纂委員会（一九九四）『開聞町郷土誌』改訂版、開聞町。

厚生省社会援護局（一九九七）『援護五〇年』ぎょうせい。

神　直子「Bridge for Peace プロジェクトの目的」<http://bridgeforpeace.jp/objective.html>。

鈴木　公（一九七三）「観光開発と地域の変容——指宿市」『地理』第一八巻三号、三月。

中野　聡（二〇〇四）「追悼の政治」池端雪浦、リディア・N・ユ＝ホセ編『近現代フィリピン・日本関係史』岩波書店。

——（二〇〇五）「フィリピンが見た戦後日本　和解と忘却」『思想（特集　戦後六〇年）』第九八〇号、一二月。

——（二〇〇七）『歴史経験としてのアメリカ帝国——米比関係史の群像』岩波書店。

バトラー、ジュディス（二〇〇七）『生のあやうさ』本橋哲也訳、以文社。

比島戦没遺骨収集並びに慰霊碑建立期成会（一九六八）『比島戦没者を弔う報告書』。

比島戦没者慰霊顕彰会（二〇〇四）「第三八回比島戦没者慰霊祭」、三月二七日（慰霊祭において配布された式次第）。

山折哲雄（二〇〇二）『死の民俗学——日本人の死生観と葬送儀礼』岩波現代文庫（初版一九九〇年）。

"Aguinaldo, 94, Dies; Led Filipino Revolts"（1964）*New York Times*, February 6.
"Casualty Toll Hits 60 in R. P. Battle: Report Blames Fanatics' Leaders"（1967）*Pacific Stars and Stripes*, May 24.
Chang, Iris（1997）*The Rape of Nanking: The Forgotten Holocaust of World War II*, New York: Basic Books（アイリス・チャン著、巫召鴻訳『ザ・レイプ・オブ・南京』同時代社、二〇〇七）.
Clewell, Tammy（2004）"Mourning Beyond Melancholia: Freud's Psychoanalysis of Loss," *Journal of American Psychoanalytical Association*, 52(1), Spring.

"Commander of Armies That Turned Back Japan Led a Brigade in World War I"（1964）*New York Times,* April 6.

Commission on Elections（1958）*Report of the Commission on Elections to the President of the Philippines and the Congress,* Manila: Bureau of Print.

Derrida, Jacques（2001）*The Work of Mourning,* edited by Pascale-Anne Brault and Michael Naas, translated by Pascale-Anne Brault., Chicago: The University of Chicago Press（ジャック・デリダ著、土田知則・岩野卓司・國分功一郎訳『そのたびごとにただ一つ、世界の終焉』全二巻、岩波書店、二〇〇六年）.

Eng, David L., and David Kazanjian, eds.（2003）*Loss: The Politics of Mourning,* Berkeley, Cal.: University of California Press.

Freud, Sigmund（1953）"Mourning and Melancholia（1917［1915］）." In *The Standard Edition of the Complete Psychological Works of Sigmund Freud. Volume XIV (1914–16): On the History of the Psycho-Analytic Movement, Papers on Metapsychology and Other Works,* London: Hogarth Press（ジークムント・フロイト著、伊藤正博訳「喪とメランコリー」新宮一成ほか訳『症例「狼男」；メタサイコロジー諸篇：1914–15年』［『フロイト全集』第一四巻］、岩波書店、二〇一〇年所収）.

Ileto, Reynaldo C.（1979）*Pasyon and Revolution: Popular Movements in the Philippines, 1840–1910,* Quezon City: Ateneo de Manila University Press（レイナルド・C・イレート著、清水展・永野善子監修、川田牧人・宮脇聡史・高野邦夫訳『キリスト受難詩と革命―― 一八四〇～一九一〇年のフィリピン民衆運動』法政大学出版局、二〇〇五年）.

――――（2001）"Colonial Wars in Southern Luzon: Remembering and Forgetting," *Hitotsubashi Journal of Social Studies,* 33（1）, July（レイナルド・C・イレート著、内山史子訳「南ルソンにおける植民地戦争――比米戦争の記憶と忘却」加藤哲郎・渡辺雅男編『20世紀の夢と現実――戦争・文明・福祉』彩流社、二〇〇二年所収）.

"Japanese Girl Visits Father's Grave"（1967）*Manila Times,* December 8.

Kastenbaum, Robert（2002）*Macmillan Encyclopedia of Death and Dying, Vol. 2,* New York: Macmillan Reference USA.

"LM Leader found Sick"（1967）*Manila Times,* May 22.

Nakano, Satoshi（2006）“Lost in Memorialization? Unmaking Of ‘History Issues’ In Postwar Philippines-Japan Relations,” in *Proceedings of the Symposium: The Philippines-Japan Relationship in an Evolving Paradigm,* Manila: Yuchengco Center.

Orr, James J.（2001）*Victim as Hero: Ideologies of Peace and National Identity in Postwar Japan*, Honolulu: University of Hawaii Press.

Rafael, Vicente L.（1988）*Contracting Colonialism: Translation and Christian Conversion in Tagalog Society under Early Spanish Rule,* Ithaca, N.Y.: Cornell University Press.

Soliven, Maximo V.（1967）“By the Way: Lapiang Malaya ‘Revolt’ Today’s Danger Signal,” *Manila Times,* May 22.

Sturtevant, David R.（1969）“Rizalistas: Contemporary Revitalization Movements in the Philippines,” in *Agrarian Unrest in the Philippines: Guardia De Honor - Revitalization within the Revolution, and Rizalistas - Contemporary Revitalization Movements in the Philippines,* Athens: Ohio University.

———（1976）*Popular Uprisings in the Philippines, 1840–1940,* Ithaca, N.Y.: Cornell University Press.

U.S. Embassy（Manila）to Dept. of State（1969）“Joint Weeka #21,” May 26, POL 2–1 PHIL: Central Policy Files, RG 59: Records of the U.S. State Department, National Archives II, Washington, D.C.

Zapanta, P. A.（1967）“The Lapiang Malaya Story: Tragedy of the Deluded,” *Sunday Times Magazine,* June 4.

第5章　象徴天皇制とホセ・リサールの神格化との比較考察

永野　善子

はじめに

本稿の目的は、二〇世紀前半にアメリカのフィリピン植民地支配の主柱をなした「恩恵的同化」政策をアジア・太平洋戦争後のアメリカの日本占領政策のひとつの起源と位置づけ、一九世紀末フィリピン革命の英雄ホセ・リサールのアメリカ植民地期における神格化と戦後日本の象徴天皇制を比較考察することにある。

一見すると、日本とフィリピンは一九世紀後半から今日にいたる近現代の歴史過程において、まったく逆の道を歩んできたように思える。フィリピンは一六世紀半ばにスペインによって植民地化され、一八九六～九八年の対スペイン独立戦争に続いて一八九九～一九〇二年にフィリピン・アメリカ戦争を経験したあと、アメリカの最初で唯一の植民地となった。さらに、アジア・太平洋戦争時代には日本軍政下（一九四二～四五年）におかれるという経験すら味わった。戦後フィリピンはアメリカから政治的に独立したものの、その脆弱な経済的立場から「発展途上国」と呼ばれ続けてきた。これに対して日本は、一八六八年の明治維新をその出発点として近代国家の陣容を整え、一八九五年には台湾を、一九一〇年には朝鮮を植民地化し、帝国主義の道を歩みはじめた。さらに、一九三一年の満州事変を契機として中国大陸侵略への足がかりをつかみ、一九四一～四五年のアジア・太平洋戦争に突入した。敗戦後、アメリカによる占領のもとでいったん独立国の地位を喪失したものの、一九五二年に独立国として国際社会に復帰し、朝鮮戦争やヴェトナム戦争のアメリカ特需などを背景として経済復興を成し遂げ、一九八〇年代末までアジアの「経済大国」として君臨した。

しかし、日本は一九九〇年代初めの「バブル崩壊」に端を発した長期的経済不況のもとで、一九八〇年代のラテンアメリカ諸国やフィリピンと同様に、「失われた一〇年」を経験した。とりわけ、「バブル崩壊」後に日本の政財界はアメリカが先導する「グローバル化」戦略を受け入れてきた。このため一九九〇年代後半以降、以前にもまして日本社会のなかにアメリカ的要素が深く浸透した。この意味で、一九八九年の冷戦終結の日本社会に対する影響は、「バブル崩壊」、あるいは「グローバル化」のなかでのアメリカ化というかたちで現出してきたといっても過言ではない。過去一〇年以上にわたってますます顕著となった日本に対するアメリカの影響の深化という今日的状況は、同じアジアの国々でありながらも、これまで歴史的に異なる道を歩んできたと考えられてきたフィリピンと日本を、同じ参照枠組みのなかに投入することを可能にしているように思える。その参照枠組みとは、歴史的・空間的な座標軸を異にしつつも、フィリピンと日本という二つの社会におけるアメリカ化である。

フィリピンは二〇世紀前半の半世紀にわたってアメリカの植民地支配を受けており、日本とは比較にならないほど早くアメリカの直接的影響下におかれた。しかし、それに遅れること約半世紀、日本では戦後のアメリカによる強力な占領政策のもとで政治・経済構造が大きく変革され、一九八〇年代初頭になると日本の社会・文化・教育に対するアメリカの影響が顕著となった。さらに、前述のように一九九〇年代に始まった「グローバル化」旋風のなかで、日本社会におけるアメリカ化の流れは今日加速している。

本稿では、フィリピンと日本が二〇世紀にアメリカとの二つの戦争に――すなわち、フィリピンはフィリピン・アメリカ戦争[1]に、そして日本はアジア・太平洋戦争に――敗れた結果として、アメリカの植民地政策もしくは、その占領政策が、フィリピンと日本の二つの社会に大きな影響を与えてきたという事実に着目したい。そうすることによって、私たちは、歴史的・空間的な座標軸を異にしながらも、フィリピンと日本、そしてこの二つの国々の人びとがともにアメリカの支配の影響を受けつつ、アジアにおいて相互に屈折し錯綜した関係性を維持してきた歴史的状況を、よりダイナミックな文脈で理解することができるであろう。

こうした視角から、筆者は、アジア諸国の歴史的変化とその特徴に接近する有効な概念として、「植民地近代性」に注目している。「近代化」がともすれば西欧をモデルとしながら、一定の方向に向かった社会の進歩に対して肯定的な見解を提示する概念であるのに対して、「植民地近代性」とは、一九世紀後半以降今日にいたるまで、アジア地域でさまざまなかたちで展開してきた植民地化や近代化の諸相に対して、より深淵な分析を与えうる概念である。この概念は、アジア地域を単に「西欧／アジア」、「帝国主義／民族独立運動」、「宗主国／植民地」、「先進国／発展途上国」、「支配者／被支配者」といった二分法で分断するのではなく、歴史的・空間的な座標軸の差異を超えて、それぞれの国々や人びとが一九世紀後半以降の近代化過程において抱えてきた共通の問題や異なる課題を吟味し、アジア近現代史への理解を深めることに役立つであろう。(2) この意味で、ここではフィリピンと日本を「植民地近代性」の枠組みのなかで比較検討することをめざしている。

以上の問題意識のもとで、本稿では、第一節でジョン・ダワーの『敗北を抱きしめて』を取り上げ、戦後日本におけるアメリカの占領政策の特徴を概観し、第二節でアメリカの日本占領政策と植民地期フィリピンにおけるアメリカの「恩恵的同化」政策との類似性について議論する。ついで第三節では、アメリカ植民地期のフィリピンにおけるホセ・リサールの神格化について、さらに第四節ではアメリカの占領下における象徴天皇制の成立過程について、それぞれ既存の研究に依拠しながらその意義を検討することにしたい。

一　ジョン・ダワー『敗北を抱きしめて』を読む

フィリピンと日本が同じアジアの国々でありながら、植民地近代性という視点から、これまでこの二つの国は比較の対象と考えられてこなかった。その理由のひとつに、フィリピンでは半世紀にわたるアメリカの植民地支配がいまなおフィリピン人の集合的記憶のなかにしっかり根をおろしているのに対して、戦後日本におけるアメリカの統治は一九四五〜五二年の七年間であり（ただし沖縄の日本復帰は一九七二年）、フィリピンのアメリカ植民地期の半世紀にわたる期間と比較すると、本土が独立を喪失した期間がきわめて短かったという歴史的事実がある。実際、今日、日本人の記憶のなかではアメリカによる占領時代は遠い過去にすぎなくなっているようである。このようにアメリカ占領期が日本人の集合的記憶のなかで風化していったもうひとつの理由は、日本が一九六〇年代の高度成長を経て奇跡の経済復興を成し遂げたことにある。

しかし、戦後日本の経済復興は、とりもなおさずダグラス・マッカーサー将軍指揮下のアメリカの占領政策によって変革された政治・経済構造を基礎としていた。そして、アメリカの日本占領政策とは、ジョン・ダワーがその著書『敗北を抱きしめて――第二次大戦後の日本人』でいみじくも指摘しているように、「日本とアメリカの交配型モデル」、あるいは「スキャパーニーズ・モデル〔総司令部と日本人の合作によるモデル〕」によるものであった。「スキャパーニーズ・モデル」とは、以下のダワーの言のように、「連合国最高司令官」（ＳＣＡＰ）、つまり、連合国最高司令官総司令部（ＧＨＱ）と日本の政治エリートとのあいだの協力関係を意味するものである。

……二一世紀への戸口にある日本を理解するためには、日本という国家があいも変わらず連続している面を探すよりも、一九二〇年代後半に始まり、一九八九年に実質的に終わったひとつの周期に注目するほうが有用である。……これを精密に観察すれば、戦後「日本モデル」の特徴とされたものの大部分が、実は、日本とアメリカの交配型モデル a hybrid Japanese-American model というべきものであったことがわかる。……この官僚制的資本主義は、勝者と敗者がいかに日本の敗北を抱擁したかを理解したときはじめて、不可解なものではなくなる。……いわゆる日本モデルとは、より適切には「スキャパーニーズ・モデル a SCAPanese model〔総司令部と日本人の合作によるモデル〕」というべきものであった。

日本人の体験のこの周期は、裕仁の在任期間とほぼ完全に重なる。この間というもの、天皇をどう評価するかが、常に政治思想上の試金石であった。天皇は、暴走する軍国主義にはじまり、次に皇室を頂く民主主義へと日本が断絶なく移行したことのシンボルであったし、血統や文化における「国民統合」を重視する勢力にとっては、もっともわかりやすい結束のシンボルであった。天皇の臣下たちにとって、一九八九年の天皇の死は文字通りひとつの時代の終わりを告げるものであった。（ダワー 二〇〇一：下、四一八～四一九）

日本語版書名『敗北を抱きしめて』は、原書の書名“Embracing Defeat”の適訳である。ただし、筆者は戦争体験をもたない世代であるが、日本人としてこのタイトルに違和感を感じざるをえなかったのもまた、事実である。敗戦直後の数年間、日本人、とりわけ都市の住民は焼け野原のなかで、衣食住の不自由に悩みながら日々の生活を送った。しかし、人間として最低限の生活すらままならなかった時代にあって、果たして大多数の日本人が「敗北を抱きしめて」日々の生活を送っていたのだろうか。

戦争体験あるいは敗戦体験をもつ日本人が残した書物や談話などから受けた印象では、日本人の多くは、敗北を抱きしめながらアメリカによる占領期を過ごしていたのではなく、むしろ「戦争が終わり、命だけは助かった」ことに安堵し、それを支えに日々の生活を送っていたようにすら思える。(3) アジア・

太平洋戦争末期の一九四四年一一月から一九四五年八月に、日本国内はアメリカ軍のたび重なる大空襲で破壊され、多くの住民の人命が失われた。一九四五年八月の広島・長崎の原爆投下に先立つ、アメリカ軍の大空襲によってもっとも大きな被害を被ったのは同年三月一〇日の東京大空襲であり、子どもや高齢者、そして病人を含む、およそ一〇万人の人びとが一夜にして命を落とした。日本国内へのアメリカ軍のB－29爆撃機による空襲は、一年近くにわたって非戦闘員である無数の市民を戦争に巻き込んでいた（「都市空襲」）。

よく知られるように、日本にとってアジア・太平洋戦争とは、一方においてアメリカとの帝国主義戦争であり、他方では、アジア諸国に対する侵略戦争との二重の歴史的意味をもつ戦争であった。このため、アジア地域における日本軍の侵略が現地の住民に多大の被害をもたらしつつ、アメリカとの戦いで日本軍が敗退を重ねることが、日本国内における非戦闘員に多大の被害を及ぼす結果を生んだ。公式推計によれば、この戦争で二〇〇〇万のアジア人、三一〇万人の日本人、そして六万人以上の連合国の国民が命を落とした（ビックス 二〇〇二：上、一九）。しかし、このアジア・太平洋戦争がもつ二重性は、日本国内の一般住民からは不可視の世界だったのであろう。彼らの目から見ると、戦争とは、夫や息子、そして兄弟など親類の男性たちが「お国のために」戦場へ送り出され命を落とすものであり、戦争末期には国内に残された家族たちが空襲の被害を受け、都市に住む住民は空襲警報とともに防空壕に潜るのが日課となっていたからである。

こうした恐怖の日常を体験した日本国内の一般住民にとって、「あのB－29爆撃機がもはや飛んでこなくなる日がようやくやってきた」ことは、国内に残された家族の命が守られ、戦場から夫や息子たちが戻る可能性を示唆するものであろう。つまり、日本が国家として連合国との戦争に敗れたことは、日本国内の一般住民一人ひとりにとっては、「敗北」ではなく、むしろ「戦争が終わった」ことを意味したのではないだろうか。日本国民のこのような一般感情は、昭和天皇が「玉音放送」でポツダム宣言の受諾を国民に伝えた「八月一五日」が「敗戦記念日」ではなく、「終戦記念日」と呼ばれてきたことにも反映されているように思われる。[4] したがって、GHQ占領下の日本における国民の集合的記憶をここで再構成するとすれば、それはダワーが言うように「敗北」、すなわち「敗戦」を抱きしめたのではなく、むしろ「戦争が終わった」という事実をかみしめながら、自分自身や家族の生活、そして職場や地域、さらには日本という国の復興を願いつつ、ゼロから再スタートを図った時代として描くことができよう。[5]

このように筆者はダワーの著書のタイトルに違和感を覚えつつも、その著書『敗北を抱きしめて』の意義を全面否定するものではない。ダワーはじつに多くの歴史的事実をもって、戦後日本はGHQが単に生み出したものではなく、GHQと日本の政治エリートとの「合作」であったことを論証する。とくに第四部「さまざまな民主主義」では、戦後日本の民主主義を三つのタイプ、すなわち、「天皇制民主主義」、「憲法的民主主義」、「検閲民主主義」に分類し、そのなかで「天皇制民主主義」をもっとも重要視している（ダワー 二〇〇一：下、第一〇〜一一章）。

周知のように、戦前、国家元首であった天皇は、戦後の日本国憲法において国民の象徴となり、GHQは日本に民主主義を根づかせるために、憲法上の天皇の地位を変革しながら、天皇制を民主主義の要として位置づけた。しかし、戦後天皇制はつぎの二つの点において、戦後日本社会のなかで逆説的状況を生んできた。第一には、国民の象徴として天皇制を維持したことによって、戦後の日本国憲法では国家元首が不在となった点である。これは、独立国家としてはほぼ異例のことある。第二には、天皇を国民の象徴とすることとは理論的には別個のことであるが、天皇制の事実上の存続をはかったことで昭和天皇が戦後も引き続き在位することになり、同天皇の、とりわけアジア諸国に対する戦争責任問題に曖昧さを残したことである。ここに、戦前の軍国主義を排除しながら、しかし民主主義を日本国民のあいだに定着させるために天皇をその支柱とせざるをなかった、「スキャパーニーズ・モデル」の矛盾をみることができよう。と同時に、私たちが考え続けるべき問いとは、戦後の象徴天皇制についてこれまできわめて多くの批判がありながら、なぜかくも多くの国民がそれを受け入れてきたのかということである。これは、アメリカの影響を超えた天皇制の歴史的存立基盤それ自体にかかわる問題であり、議論は後段に譲ることにする。

二　アメリカ植民地期フィリピンにおける「恩恵的同化」政策
——戦後日本のひとつの起源として

本節では、ダワーの『敗北を抱きしめて』でまったく言及されなかったこととして、「スキャパーニーズ・モデル」と呼ばれたアメリカの日本占領政策が、二〇世紀初頭にアメリカがフィリピンを植民地化するにあたって導入した「恩恵的同化」政策に酷似しているという点を取り上げたい。「スキャパーニーズ・モデル」とは、GHQと日本人政治エリートの協力関係のもとで戦後日本の政治・経済・社会的基盤が構築されたことを意味するが、長年フィリピン研究に従事してきた筆者には、その約半世紀前に施行されたアメリカの対フィリピン植民地政策は、まさにそれを目的とし、それを追求するものであったことが読み取れる。

フィリピンは米西戦争とのからみで、一八九八年一二月のパリ講和条約によって、国際法上スペインからアメリカへその領有権が移譲された。しかし、国内的には依然として、対スペイン独立戦争として一八九六年に勃発したフィリピン革命のただなかにあり、一八九九年一月にはマロロス共和国が成立した。こうして、同年二月には早くもアメリカ軍とフィリピン革命軍が衝突し、フィリピン・アメリカ戦争に突入した。アメリカはフィリピン全土を軍政下におき、各地で平定作戦を繰り返し、革命軍の鎮圧と懐柔にあたった。一九〇二年七月にはフィリピン全土における平定作戦完了が宣言されたが、その後もアメリカ軍に対する抵抗は続いた(永野 二〇〇三:二三二)。

アメリカにとって植民地を支配するのは歴史上はじめての経験であった。このためアメリカはフィリピン領有後に陸軍省内に島嶼地域担当局(BIA)を設置し、植民地フィリピンと属領プエルトリコの統括にあたった。こうしてアメリカ本国政府とフィリピン植民地政府とは、なかば植民地省の役割を担う島嶼地域担当局をとおして結びつけられ、前者が後者を統括する体制が整えられていく。そしてアメリカがフィリピンで植民地経営を遂行するにあたり、その基本方針としたのが「恩恵的同化」という理念であった。この基本方針は、一八九八年一二月にアメリカ大統領ウィリアム・マッキンリーが行なった「恩恵的同化」宣言に的確に示されている。この宣言によれば、アメリカのフィリピン統治の目標とはつぎのとおりである。

……軍事政権がもっとも重要とし、かつ強く望む目的は、フィリピンの住民の信頼・尊敬・敬愛を勝ち取ることでなければならない。それは、彼らに対して可能な限りの方法を駆使して、解放された人びとの遺産である個人の権利や自由を最大限に保障すること、そして恣意的な支配に代わって正義と権利の柔和な統治を行なうことによって、合衆国の使命がひとつの恩恵的同化であることを彼らに対して証明することによってなしうるであろう……。(Agoncillo and Guerrero 1973: 263 より引用)

アメリカは、このような植民地統治の基本方針を貫徹するために解決しなければならない課題があった。それは自立的な政治・行政制度の確立である。アメリカは自国自体がかつてイギリスの植民地であった経験から、フィリピンを一般的な支配・従属の関係でつなぎ止めるかたちの植民地支配を極力回避する姿勢をもっていた。このためアメリカは、自国が求める統治理念のもとでフィリピン人による自治を促進することを目標として掲げた。これは、フィリピンにアメリカ型政治・行政制度を導入し、フィリピン人自身がそれを維持できるようにすることにほかならない。そのためにアメリカは、後見指導のもとでフィリピン自治を促進する親米的フィリピン人エリートの育成を試みることになる。

アメリカは、国際法上フィリピン領有後その統治の基本方針を確立するために、一八九九年一月に第一次フィリピン委員会(通称、シャーマン委員会)を組織した。続いて一九〇〇年三月には第二次フィリピン委員会(通称、タフト委員会)が組織され、フィリピンにおける文民政府の樹立がその任務とされた。同委員会は一九〇〇年六月にフィリピンに到着し、同年九月から立法権の行使を開始した。さらに、一九〇一年七月の民政移管にともないウィリアム・H・タフトが第一代民生長官に就任し、フィリピン委員会に強大な行政権が付与された。一九〇二年になるとフィリピン組織法が制定され、アメリカのフィリピン統治の骨格が固められた。同組織法では、フィリピン委員会がこれまで享受してきた立法・行政権を追認した。ただし、フィリピン人による議会、すなわち、フィリピン議会が発足したときには、フィリピン委員会は上院として、他方、フィリピン議会は下院として、立法議会を構成することになった。かくしてフィリピン人の自治を促進する政治制度として、州・町議会からなる地方政治のしくみが一九〇一年から各地で導入される一方、一九〇七年にはフィリピン議会議員選出のための総選挙が実施される運びとなった（永野 二〇〇三：三六～三七）。

一九〇七年のフィリピン議会選挙では「即時独立」を掲げたナショナリスタ党が大勝し、これ以降、同党がアメリカ植民地期フィリピン政界を支配する構図がつくられていった。ナショナリスタ党のもとでフィリピン政界をリードしたのは、マヌエル・L・ケソンとセルヒオ・オスメーニャであった。興味深いことに、この二人の政治家は、フィリピン革命期に活躍した政治エリート層やその末裔ではなく、むしろアメリカ植民地期にアメリカ人行政官や軍人たちの後ろ盾を得て地方から台頭した新興エリート層であった。この意味で、「即時独立」を掲げたナショナリスタ党の勝利とは、「アメリカの願望に対する挑戦によって成し遂げられたものではなく、むしろ逆にアメリカの保護の結果」（Paredes 1989: 66）であった。こうして、親米派のフィリピン政治エリートを核とする「植民地型民主主義」の時代が開幕した。

ところで、一九一六年にアメリカ植民地支配下のフィリピン政治は、フィリピン政府の政治・行政制度の整備を規定したジョーンズ法（フィリピン自治法）が制定されたことにより、ひとつの転換点を迎えた。同法の規定によって、上下両院からなる二院制フィリピン立法議会が発足し、フィリピン委員会がその役割を終えることになった。こうしてフィリピンでは、「恩恵的同化」政策のもとでフィリピン人政治エリートが構成する二院制議会の時代が一九三五年まで続くことになる（永野 二〇〇三：四一〜五四）。これは、前述のダワーの概念に依拠すれば、「フィリピンとアメリカの交配型モデル」とも呼ぶべきものであろう。

さらにここで付言すべきことは、アメリカ植民地フィリピンにおいてケソンとオスメーニャが親米派の新興政治エリートとして台頭したように、日本の戦後政治において顕著にみられた傾向は、カレル・ヴァン・ウォルフレンがその名著『日本／権力構造の謎』で展開した鋭利な分析によれば、官僚制度の強化である。ウォルフレンがみる冷戦期日本社会の権力構造の特徴は、各省庁の官僚組織が政策決定において、内閣や国会議員にも優る権力を実質的に保持してきたことにある（ウォルフレン 一九九四）。こうした日本特異の政治・行政制度は、いうまでもなく冷戦期に日本がアメリカの核の傘のもとで「経済大国」の道を歩んだことによって維持されたものであり、一九九〇年代のポスト冷戦時代に機能不全にすら陥ったことは私たちの記憶に新しい。この意味で、フィリピンでは二〇世紀前半に、そして日本ではアジア・太平洋戦争直後に経験した「アメリカによる占領」は、この二つの国の政治・経済・社会構造の変容に対して多大の影響を及ぼしたのである。

三　フィリピンにおけるホセ・リサールの神格化

一九世紀末フィリピン革命の英雄、ホセ・リサールのアメリカ植民地期における神格化についての詳しい議論は、フィリピン政治史の研究者フロロ・キブイェンの論争的な著書『挫折した民族――リサール、アメリカのヘゲモニー、フィリピン・ナショナリズム』(Quibuyen 1999)によって得られる(6)。ホセ・リサールは一八八〇年代にスペイン留学し、スペインのフィリピン植民地統治の不正とその改革を訴える「プロパガンダ(啓蒙宣伝)運動」で活躍し、二冊の小説『ノリ・メ・タンヘレ(われに触れるな)』『エル・フィリブステリスモ(反逆)』を発表し、最終的にはスペインからの分離独立を訴えた。このため一八九二年にフィリピンに帰国するやいなや、ただちにスペイン植民地政府によって逮捕され、ミンダナオ島北部に流刑された。さらに一八九六年八月にフィリピン革命が勃発すると、革命を煽動した罪を問われて同年一二月三〇日にマニラで処刑された。キブイェンは『挫折した民族』の第一〇章において、フィリピン革命におけるリサールの役割とそのイメージを改変するにあたり、フィリピン領有直後にアメリカ植民地政府がどのような試みを行なったかについて批判的に考察している。

植民地統治の覇権的側面は、おもに民族主義運動……の吸収をめざし、二つの関連する側面、すなわち、文化的な側面と政治的な側面をもっていた。政治的な側面は、地元エリートを、文民政府の創出によって植民地経営における効果的な協力者として取り込んでいくということを含むものであった。こうした取り込みの驚くべき産物、すなわち、アメリカ植民地政府にとっての成功物語とは、ナショナリスタ党、マヌエル・ケソン、セルヒオ・オスメーニャ、マヌエル・ロハスといった、いわゆる民族主義的指導者で堅く「親独立派」と言われた立場に立った人びとであった。

　文化的な側面には、独立志向の民族主義運動を取り込み、一八九六年の革命的伝統から切り離された「公定ナショナリズム」に変容されることが含まれていた。この目的のために、リサールというシンボルが流用されたのである。（Quibuyen, 1999: 276–277; キブイェン 二〇〇四：三〇六）

　キブイェンは、フィリピン革命史の研究者として著名なレイナルド・C・イレートによるリサールに関する優れた先行研究（Ileto 1984）に依拠しながら、アメリカ植民地時代に主として三つのリサールの読み方があったとする。そのひとつは、アメリカ的な読み方であり、イレートの言を借りれば、「フィリピン人の称賛を革命的英雄から遠ざけ、平和主義と立憲的国民主義に向けるために……、リサールに対する全国規模の英雄崇拝」を促進するものであった。第二の読み方は、保守的なフィリピン人有産知識階層《イルストラード》の見方で、リサールをスペイン植民地支配に対する抵抗のシンボルとしながら、同時に反革命的なフィリピン国民のシンボルとする見方である。第三の読み方は、アメリカ的な見方と真っ向から対立するものであり、リサールを革命的英雄とするものである。これはフィリピン革命の指導者エミリオ・アギナルドが率いたマロロス共和国やコロルムと呼ばれる千年王国的な農民組織によって共有され、アメリカ植民地時代をとおして存続したイメージである（Quibuyen 1999: 282–283; キブイェン 二〇〇四：三一六〜三一七）。

キブイェンは、右の第三の読み方に従って、アメリカ植民地期において神格化されたリサール像を脱構築していく。キブイェンはまず、一八九六年一二月にスペイン植民地政府によって処刑されたのち、リサールはその神話的な人物像がフィリピン革命における抵抗のシンボルとなり、リサールを追悼するための最初の記念行事が、一八九八年一二月に革命政府の名においてアギナルド将軍によって執り行なわれた事実を取り上げる。その後、リサールを革命における神話的英雄とする動きがフィリピン各地に広がることになる。リサールの革命的英雄という偶像がフィリピン革命期やフィリピン・アメリカ戦争の時代にフィリピン国民の心を捉えていたとしたら、アメリカはフィリピンを植民地化するにあたり、リサールという偶像をどのように利用したのだろうか、あるいは植民地統治に利用するにあたって、革命時代に構築されたリサールの偶像をどのように改変し神格化していったのだろうか、とキブイェンは問う。つまり、フィリピン革命当時にイレートが言うところの第三の読み方がフィリピン国内に広範に広がったリサール像であったとしたら、アメリカ植民地時代には、第一の読み方、つまり、リサールは革命的英雄ではなく平和的穏健主義者であるというイメージがどのようにつくられていったのか、という問いを発するのである。

キブイェンによれば、アメリカ植民地統治の開始当初に展開されたリサールの新たな神格化は、第二節で触れた二つのフィリピン委員会、すなわち、シャーマン委員会（第一次フィリピン委員会）とタフト委員会（第二次フィリピン委員会）が準備したものであった。しかもその目的は、文明化されていないフィリピン人のための「福祉」であって独立のためではなかった。こうした考えをフィリピン人のあいだに広めるためには、東洋に対する偏見をもってフィリピン史を書き換え、リサールのイメージを作りなおす必要があったのである（Quibuyen 1999: 287–289; キブイェン 二〇〇四：三二三〜三二六）。

シャーマン委員会は一八九九年三月のフィリピン到着から一九〇〇年一月に任務を終え、フィリピン植民地統治に関する政策提言をマッキンリー大統領に提出した。キブイェンによると、その政策提言では述べられていないが、この委員会が注目した課題として、「リサール」があった。委員会は、トリニダード・H・パルド・デ・タベラなどの著名なフィリピン人やイギリス人やスペイン人の著述家たちをとおして、リサールについての知識を得た。なかでもパルド・デ・タベラはリサールに関する情報提供者として重要な役割を果たし、その証言は、『フィリピン委員会報告書』のなかに記録として残されている。この結果、のちにフィリピン総督の地位についたW・キャメロン・フォーブスはその著書のなかで、「リサールは決して独立を提唱しなかったし、政府への武装抵抗を提唱することもなかった。彼は宣伝、公教育、そして公共の良心に訴えることによって、内側からの改革を促した」と主張することになる。キブイェンによれば、アメリカ人はリサールを、フィリピン革命やその武装革命の指導者であるアンドレス・ボニファシオから完全に切り離そうとしたのである（Quibuyen 1999: 284–285, 290; キブイェン 二〇〇四：三一九〜三二〇、三二七）。

本稿第二節で概観したように、アメリカ植民地政府は一九〇一年七月に軍政から民政へ移管され、タフト委員会には、それまでの立法権に加えて行政権が付与された。キブイェンによれば、アメリカ植民地期のリサールの神格化が完成するのはこの時期であった。アメリカ植民地期の最初の一〇年でアメリカ化されたリサールが普及したが、それは「アメリカによる果敢なまでのリサールの後援とフィリピン

リサール公園（マニラ）

人エリートの熱狂的な協力をとおしてなされた」。リサールにちなんで、従来のモロン州がリサール州へと改名され、リサールの胸像や立像が町々の広場や公園に建てられた。さらに、リサールに関連して一九〇一〜〇二年に二つの法律が制定された。ひとつは、リサールの処刑地（ルネタ）にリサール記念碑を建てることを定めたもの、もうひとつは、リサールが処刑された一二月三〇日を「リサールの日」として国民の祝日と定めたものである（Quibuyen 1999: 292–293; キブイェン 二〇〇四：三三一）。

アメリカ植民地政府が、このようにしてまで平和的穏健主義者リサールの偶像をフィリピン国民のあいだに定着させることに腐心したのは、前述のように一九〇二年七月の平定完了宣言後も各地でアメリカ軍に対する抵抗運動が続き、フィリピン国民の心をアメリカ植民地政府が捉える必要があったからである。アメリカがフィリピン領有当初から、その植民地支配に合致するようなかたちでリサールの神格化に勢力を注いだことは、スペイン植民地政府によって処刑されたリサールが、フィリピン革命期においていかにフィリピン国民の心の深層のなかに位置づいていたかを物語っている。

ところで、リサールがその代表的な小説によって、あるいは一八九六年の死によって、フィリピン国民にどのような影響を与えたのかについてもっとも繊細なかたちで再構築することに成功した論文に、レイナルド・C・イレート「リサールとフィリピン史の底面」(一九八二年)がある(Ileto 1998: Chap. 2に再録)。この論文では、第一に、リサールが有産知識階層の出身でありながら、一八四〇年代からフィリピン革命期にいたる民衆の抵抗運動の思想的基盤を共有していたこと、第二に、リサールが処刑されたことにより、とりわけマニラ周辺のタガログ語圏の地域ではリサールを殉教者としてタガログ人のキリストとみなし、国民的英雄として崇拝することになったこと、そして第三に、リサールの処刑がスペインに対する武装独立革命に対する有産知識階層や民衆の支持を広げることになったことなどについての、錯綜した構図が浮き彫りにされている。イレートはその名著『キリスト受難詩と革命』において、一九世紀半ば以来の千年王国運動の流れのなかにカティプーナンと呼ばれるフィリピン革命武装組織の思想と運動を位置づけたように(Ileto 1979)、右の論文では千年王国的な民衆の抵抗運動とリサールとの接点を見いだしていた。

イレートのこの議論に立脚すると、リサールを穏健的な改革主義者と断定することは、単にフィリピン革命の展開からリサールを切り離すだけではなく、一九世紀半ばから植民地支配に対する抵抗運動を軸に形づくられてきたフィリピン近代史の流れからリサールを取り残す結果を生むことになる。換言すれば、フィリピン革命を軸に旋回したフィリピン近代史の中心に位置する国民的殉教者ホセ・リサールをアメリカ植民地主義のなかで神格化することは、民衆の抵抗運動を抑圧する意味を内包するものであった。したがって、アメリカによって神格化されたリサールをその呪縛から解き放ち、ふたたびフィリピン国民の心に取り戻すことは、フィリピン近代史をアメリカ植民地言説から取り戻すことと同義となる。この意味で、あるがままのリサール像を追求するフィリピン人研究者たちの今日における知的営為は、歴史的文脈を異にするとはいえ、私たち日本人研究者が国民表象としての天皇制にたえずこだわり続けてきたことと、まったく別個のことではないように、筆者には思えてならない。

四　戦後日本の象徴天皇制

日本史において天皇制の問題に触れることは、何らかの「タブー」がつねにつきまとってきた。象徴天皇制に関する代表的な研究書には、中村政則『象徴天皇制への道』（中村 一九八九）、同『戦後史と象徴天皇』（中村 一九九二）、吉田裕『昭和天皇の終戦史』（吉田 一九九二）、ハーバート・ビックス『昭和天皇』（ビックス 二〇〇二）などがある。また、新たに発見した資料にもとづいて、日米開戦からわずか六カ月後にアメリカが象徴天皇制を構想していたという近年の刺激的な議論もある（フジタニ 二〇〇三；加藤 二〇〇五）。

本節ではまず、吉田裕の『昭和天皇の終戦史』を読み解こう。同書は、一九九〇年にはじめて公刊された「昭和天皇独白録」を軸に、戦争における一個の政治的主体としての昭和天皇の姿を再構築した労作である。同書では、戦後日本の象徴天皇制がＧＨＱの主導によって導入されたことを認めつつ、天皇をとりまく側近たちの政治工作が戦後の政治構造の形成に大きな意味を与えたことを浮き彫りにし、戦後日本の象徴天皇制がＧＨＱと日本の政治エリートによる「合作」の結果生まれた構図を描いている。

吉田によれば、ＧＨＱと日本の政治エリートの「合作」の結節点は、昭和天皇の戦争責任問題であった。ＧＨＱは、一九四五年八月にはすでに天皇制存続の方針を固めていたが、依然として昭和天皇個人の処遇問題はきわめて流動的であったという（吉田 一九九二：四二）。こうしたなかで、昭和天皇の戦争責任をめぐって日本の保守勢力が動き出し、最初にいわゆる「宮中グループ」がＧＨＱに接近した。このグループは、天皇の側近者たち、そしてこの側近者たちと公式・非公式に結びついて行動した一群の人びとであり、戦後の「国体護持」のために水面下で必至の工作を行なった。彼らの最初の成果は一九四五年九月二七日の天皇・マッカーサー会談であった。この会談でマッカーサーは天皇の戦争責任問題には触れず、天皇を日本の元首として扱った。その後、ＧＨＱが国民の象徴としての天皇の権威を戦後日本の統治のために利用する政策を固め、一九四六年一月一日の昭和天皇の「人間宣言」にいたった（同：六七～六九、八一～八三）。

しかし、日本の保守政治のなかに象徴天皇制が受け入れられるまでには曲折があった。一九四六年二～三月に、「宮中グループ」を構成する皇族の東久邇宮稔彦や三笠宮崇仁が、昭和天皇は戦争責任をとって退位すべきであると示唆したからである。ＧＨＱはすでに天皇制を温存して占領統治に利用するという方針を固めており、すばやくこの動きを牽制した。同年三月、マッカーサーの軍事秘書のボナ・フェラーズ准将が枢密院の重臣である米内光政と会見し、戦争責任のすべてを東条英機が引き受け、天皇の免責をはかるよう促した。ここで「宮中グループ」はひとつのジレンマ――日本国民にとって天皇とは、「非政治的もしくは超国家的存在」であるから、天皇が公の場で特定の人物を非難するようなことが起きてはならない――に直面する。そこで、「宮中グループ」はGHQや国際検察局（IPS）への水面化の政治工作を行なって、このジレンマを回避した（吉田 一九九二：九二〜九四、九七〜九八）。吉田によれば、「昭和天皇独白録」とは、昭和天皇の戦争責任を回避するために天皇の側近グループが行なった戦犯裁判対策の結果生まれたものであった。つまり、「独白録」とは、天皇の戦争責任についての「弁明の書」であり、しかもその戦争責任とはアメリカに対する責任だけを意味していたのである（同：一四五）。

他方、タカシ・フジタニは、二〇〇〇年にアメリカ陸軍省文書のなかで発見した新資料に着目している。それは、真珠湾攻撃から六カ月もたたない一九四二年九月にエドウィン・O・ライシャワーが残した対日政策についての覚書であり、ライシャワーはそこで天皇制を「最良の傀儡」、つまり、戦後支配の「道具」として利用することを提言していた。ライシャワーの「傀儡天皇制」とは、とりもなおさず戦後に実現した「象徴天皇制」であるが、フジタニによれば、それはアメリカのアジア人に対する人種主義に裏打ちされたかたちで構想されたものであった。フジタニは、ライシャワーが覚書で、天皇制の問題をアメリカの日系人部隊の扱いと結びつけて論じていることに注目する。なぜなら、ライシャワーは、日系人をアメリカの部隊に組み入れることによって、この戦争が、日本人が宣伝するような「アジアにおける白色の特権を守るための人種戦争」ではなく、「人種にかかわらず、すべての人々にとってより良い世界秩序を打建てるための戦争」であるとの証拠になる、と主張しているからである。このことは、日系アメリカ人と日本の天皇をともにアメリカの戦後戦略の道具として利用したものであり、フジタニによれば、ライシャワーの見解は、アメリカにおいて白人エリートが一般に共有する国民意識に由来する、との興味深い指摘を行なっている（フジタニ 二〇〇〇：一三七〜一四六）。

　ところで、戦後六五年を経過し、いまや象徴天皇制は日本の社会にしっかりと根をおろしている。しかし、戦後日本の国民表象としての象徴天皇制が定着した理由を、私たちはアメリカの占領政策だけに求めることはできないだろう。前掲の吉田裕の言葉を借りれば、「天皇は日本国民にとって非政治的もしくは超国家的存在」であり、その存在形態が戦前の君主から戦後には国民の象徴へと変形したにすぎないと見ることもできる。また、この点に関しては、タカシ・フジタニの論考「象徴天皇制の未来について」（二〇〇三）が参考になる。

　フジタニは、象徴天皇制を「狭義の天皇制」と位置づけ、天皇と皇室の制度そのものを指すものとしながらも、天皇制についてはもっと広い考え方があり、これは、天皇を「社会的、経済的、政治的、イデオロギー的な全体から安易に切り離すことができない」とする（フジタニ 二〇〇三：二三四〜二三五）。そのうえでフジタニは、「狭義の天皇制」を「広義の天皇制」のなかに投入しながら、グローバル化時代のなかの象徴天皇制の意味を追求する。なかでも「天皇制の未来」を議論する際に、フジタニが「日本の近代君主制における最大の逆説の一つは、君主が平和と繁栄の象徴として描かれながら、暴力と死がつねにそばにあったということである」（同：二七六）、と述べていることに注目したい。ここでフジタニが「最大の逆説」と呼ぶ天皇制の歴史的根源とは、広く知られるように、論争的な日本史研究者として著名な網野善彦がいみじくも生涯追い続けた研究課題であった。

昭和天皇の即位の礼，京都御所・紫宸殿の儀（『大阪朝日新聞』昭和３年10月１日付挿画）

中沢新一によれば、網野善彦の一連の仕事のなかで『蒙古襲来』（網野 二〇〇一）、『無縁・公界・楽』（網野 一九九六）、『異形の王権』（網野 一九九三）の三冊がその核となる著作である（中沢 二〇〇四）。網野自身の言によると、網野の天皇制へのこだわりは、学生から受けたつぎの二つの質問が大きな影響を与えたという。その二つの質問とは、「あなたは、天皇の力が弱くなり、滅びそうになったと説明するが、なぜ、それでも天皇は滅びなかったのか」、「なぜ、平安末・鎌倉という時代のみ、すぐれた宗教家が輩出したのか」というものだった（網野 一九九六：五〜六）。網野の著作からこの二つの問いへの手短な解答を引き出すと、つぎのようになろう。

歴史的に長く続いてきた日本の天皇制の起源は、一四世紀半ばの後醍醐天皇の時代にまで遡ることができる。鎌倉時代の末期に、古代以来の日本の天皇制は危機に直面していた。とくに一三世紀末の蒙古襲来以後は九州も鎌倉幕府の統治下に入り、一四世紀初頭に天皇家の支配は九州を除く西国にしか及ばなくなっていた。後醍醐天皇はこうした状況を打開すべく、「密教の呪法、『異類』の律僧、『異形』の悪党・非人までを動員し」、天皇専制体制の樹立へと向かった。東の権力である鎌倉幕府がかくして打倒され、後醍醐天皇は専制的な王権を実現した（網野 一九九三：二二六〜二二七、二三一、二三七）。

後醍醐天皇の治世はその後わずか三年で終わりを遂げるが、ここで注目すべきは、後醍醐天皇が悪党・非人まで動員し、さらに真言密教の呪術の力を借りて権力の集中をはかったという網野の指摘である。ここに網野は、呪術的な世界を根底に残す今日の天皇制の原点を見いだしており、それは現在にいたるまで尾をひく被差別民の問題とも無縁ではないとする（網野 一九九三：二四六）。

こうした網野の議論は、山口昌男の『天皇制の文化人類学』の議論とも共鳴する。山口の「天皇制の深層構造」や「天皇制の象徴空間」は、網野と同様に、天皇制がいかに日本人の精神構造のなかに深く組み込まれているかをみごとに描き出している。山口は、篠田浩一郎の「内的天皇制があるから部落差別があり、部落差別があるからこの天皇制が保たれている」という分析に着目し、天皇制とは、「転倒」の論理を巧妙に利用して同化の装置に組み込んだ支配体系であるとする。そして、天皇制は日本人の精神構造のなかの光と闇を抱えており、そのことによって「反日常的心意を自らの軌跡の上に絶えず搦め取る構造を持っている」と結論づけるのである（山口 二〇〇〇：六二、一二七）。こうしてみると、いま私たちにもっとも求められているのは、網野善彦や山口昌男の議論を踏まえながら、戦後象徴天皇制としてその姿を変えつつも、広義の意味での天皇制が日本人の深層心理に潜んでいる現実と再度しっかり向き合うことではなかろうか。

おわりに

本稿では、植民地近代性という概念に着目しつつ、これまでまったく別個の歴史的過程を歩んできたとみなされてきたフィリピンと日本という二つの社会の比較考察を試みてきた。フィリピンと日本を比較するにあたり、ここでは、この二つの社会を同時代におけるそのあり方を並列して検討するのではなく、「社会におけるアメリカ化現象」を軸として、二〇世紀前半のフィリピンとアジア・太平洋戦争後の日本とのあいだの類似点と相異点を浮き彫りにすることをめざした。二〇世紀への世紀転換期にアメリカに領有されたフィリピンでは、「恩恵的同化」政策のもとでアメリカ人行政官とフィリピン人政治エリートの「合作」によってその政治・行政制度が変容していったように、戦後日本では、GHQの占領政策の遂行にあたっては日本の政治エリートとの協力関係があった。アメリカ植民地期におけるホセ・リサールの神格化がフィリピン人政治エリートの協力がなければ実現しなかったように、戦後日本の象徴天皇制の導入には日本の政治エリートの関与が必須の条件であった。

この意味では、神格化されたリサールと象徴天皇制は、同じ「植民地近代性」という土俵のうえで国民表象として成立したことになる。そして、象徴天皇制についてタカシ・フジタニが論じたように、アメリカによるリサールの神格化においても、キブイェンが主張するように、その人種主義が体現されていたのであろう。このことは、「恩恵的同化」政策そのものがアメリカの人種主義を内包していることを意味しており、こうした観点から、植民地近代性と表裏一体の関係をもつ、帝国によってもたらされた国民表象や言説のなかに潜む人種主義について、今後より深く検討する必要があるように思われる。

さらに、ここでの考察をとおして、フィリピンと日本における二つの国民表象のそれぞれの社会における位置づけには、相違点があることも確認された。穏健的な改革主義者としてのリサールの神格化は、アメリカのフィリピン領有直後に持続していたフィリピン革命のエネルギーを遮断することが、その主たるねらいとされたのに対し、象徴天皇制の導入は、昭和天皇の戦争責任を不問に付しながらも、天皇制の維持は、戦後日本社会の再興にとって必須の課題であると、GHQが判断したことによるものであった。アメリカの占領政策と日本の保守政治の「合作」として誕生した戦後日本の象徴天皇制は、今日、近隣アジア諸国と日本とのあいだに非対称的な関係をもたらす大きな要因となっている。この点は、いまもって日本人の多くがアジア・太平洋戦争において被害者の意識を強くもちながら、加害者としての意識が希薄であることにも表われている。

アメリカによって神格化されたリサールをその呪縛から解き放ち、フィリピン国民の心に取り戻す試みが、一九八〇年代からフィリピン人研究者によって着手されている。これに対して、私たち日本の研究者が行なう作業とは、日本人の深層心理に根づいている天皇制の存在を顕在しつつ、国民表象としての象徴天皇制の今日的意味を再考することであろう。そうすることによって、戦後長らく続いた近隣アジア諸国の人びとと日本人の意識構造における矛盾と齟齬と解きほぐすことができるのではなかろうか。戦後の冷戦構造が崩壊し「グローバル化」が進行している今日、そのような作業がますます必要とされているように思えてならない。

註記

（1）フィリピン・アメリカ戦争を二〇世紀におけるフィリピン・アメリカ関係の分析の出発点として位置づけた論文集として、Shaw and Francia（2002）を参照。

（2）一九世紀後半以降の「西欧の衝撃《ウエスタン・インパクト》」以降、現代にいたる日本と東アジア諸国における「帝国／植民地」の枠組みを超えた知識人たちの矛盾をはらんだ知的相克と交錯については、米谷（二〇〇六）を参照。

（3）たとえば、山田（二〇〇二ab）、三島（二〇〇二、二〇〇三）を参照。なお、三島の『仮面の告白』には、つぎのような言葉がある。

「戦争が勝とうと負けようと、そんなことは私にはどうでもよかったのだ。私はただ生れ変わりたかったのだ」（三島 二〇〇二：二〇一）。なお、佐伯彰一「三島由紀夫　人と文学」によれば、三島の『若人蘇れ』（一九五四年）には、以下の学生同士のやりとりがある。「山川　戦争がすんだ、戦争がすんだ、と。……全く妙だなあ。／

本多　今日のおひるの玉音放送さ、陛下のお声って案外黄いろい声でおどろいた。（中略）無条件降伏も云い様で立派だな」（同：一一六一一）。

（4）　この点に関連しては、佐藤（二〇〇五）、大澤（二〇〇八：三三一～三四）を参照。

（5）　酒井直樹は、ダワーの『敗北を抱きしめて』は、「日本の一国史の枠組みを探ることによって、アメリカ合州国の帝国主義的な戦略の隠蔽に寄与し、合州国の側から見れば密かな国民史のナルシズムの再演になってしまっている」と批判する（酒井 二〇〇七：二一五）。他方、吉見俊哉は、ダワーは戦時から戦後への連続性を看過したとし、敗戦国日本の民衆の反応の多様性のなかにあった入り組んだ文脈が十分に解き明かされていない点を指摘している（吉見 二〇〇七：一六～二〇）。

（6）　キブイェンの業績については、永野（二〇〇二ａｂ）、永野善子「解説」（イレートほか 二〇〇四：三七五～三七九）を参照。

参考文献

網野善彦（一九九三）『異形の王権』平凡社ライブラリー（初版一九八六年）。

――（一九九六）『［増補］無縁・公界・楽――日本中世の自由と平和』平凡社ライブラリー（初版一九七八年）。

――（二〇〇一）『蒙古襲来――転換する社会』小学館文庫（初版一九七四年）。

イレート、レイナルド・C、ビセンテ・L・ラファエル、フロロ・C・キブイェン著、永野善子編・監訳（二〇〇四）『フィリピン歴史研究と植民地言説』めこん。

ウォルフレン、カレル・ヴァン（一九九四）『日本／権力構造の謎』上・下、篠原勝訳、早川書房。

大澤真幸（二〇〇八）『不可能性の時代』岩波新書。

加藤哲郎（二〇〇五）『象徴天皇制の起源――アメリカの心理戦「日本計画」』平凡社新書。

キブイェン、フロロ・C（二〇〇四）「フィリピンをつくり直す」イレートほか著『フィリピン歴史研究と植民地言説』所収。

酒井直樹（二〇〇七）『日本／映像／米国――共感の共同体と帝国的国民主義』青土社。

佐藤卓己（二〇〇五）『八月十五日の神話――終戦記念日のメディア学』ちくま新書。

ダワー、ジョン（二〇〇一）『敗北を抱きしめて――第二次大戦後の日本人』上・下、三浦陽一・高杉忠明・田代康子訳、岩波書店。

永野善子（二〇〇二a）「反グローバリズム思潮としてのポストコロニアル批評――フィリピンの事例」『歴史学研究』第七六八号（増刊号）。

中沢新一（二〇〇四）『僕の叔父さん　網野善彦』集英社新書。

「都市空襲」<http://www.asahi-net.or.jp/~un3k-mn/kusyu.htm>。

――（二〇〇二b）「フィリピンの知識人とポストコロニアル研究」神奈川大学評論編集専門委員会編『ポストコロニアルと非西欧世界』（神奈川大学評論叢書第一〇巻）御茶の水書房。

――（二〇〇三）『フィリピン銀行史研究――植民地体制と金融』御茶の水書房。

中村政則（一九八九）『象徴天皇制への道――米国大使グルーとその周辺』岩波新書。

――（一九九二）『戦後史と象徴天皇』岩波書店。

ビックス、ハーバート（二〇〇二）『昭和天皇』上・下、吉田裕監修、阿倍牧夫・川島高峰・永井均訳、講談社。

フジタニ、タカシ（二〇〇〇）「ライシャワー元米国大使の傀儡天皇制構想」『世界』三月号。

――（二〇〇三）「象徴天皇制の未来について」『日本の歴史25　日本はどこへ行くのか』講談社。

三島由紀夫（二〇〇二）『三島由紀夫十代書簡集』新潮文庫（初版一九九九年）。

――（二〇〇三）『仮面の告白』新潮文庫（初版一九五〇年）。

山口昌男（二〇〇〇）『天皇制の文化人類学』岩波現代文庫（初版、立風書房、一九八九年）。

山田風太郎（二〇〇二a）『新装版　戦中派不戦日記』講談社文庫（初版、番町書房、一九七一年）。

――（二〇〇二b）『戦中派焼け跡日記　昭和二一年』小学館。

吉田　裕（一九九二）『昭和天皇の終戦史』岩波新書。

吉見俊哉（二〇〇七）『親米と反米——戦後日本の政治意識』岩波新書。
米谷匡史（二〇〇六）『アジア／日本』岩波書店。

Agoncillo, Teodoro A., and Milagros C. Guerrero（1973）*History of the Filipino People,* Quezon City: R. P. Garcia Publishing Co.

Ileto, Reynaldo C.（1979）*Pasyon and Revolution: Popular Movements in the Philippines, 1840–1910,* Quezon City: Ateneo de Manila University（レイナルド・C・イレート著、清水展・永野善子監修、川田牧人・宮脇聡史・高野邦夫訳『キリスト受難詩と革命——一八四〇〜一九一〇年のフィリピン民衆運動』法政大学出版局、二〇〇五年）.

———（1984）“Orators and the Crowd: Philippine Independence Politics, 1910–1914,” in Peter W. Stanley（ed.）, *Reappraising an Empire: New Perspectives on Philippine American History,* Cambridge, Mass.: Harvard University Press（Ileto 1998: Chap. 6 に再収録）.

———（1998）*Filipinos and Their Revolution: Event, Discourse, and Historiography,* Quezon City: Ateneo de Manila University Press.

Paredes, Ruby R.（1989）“The Origins of National Politics: Taft and the Partido Federal,” in Ruby R. Paredes（ed.）, *Philippine Colonial Democracy,* Manila: Ateneo de Manila University Press.

Quibuyen, Floro C.（1999）*A Nation Aborted: Rizal, American Hegemony, and Philippine Nationalism,* Quezon City: Ateneo de Manila University Press（本書の第二章と第一〇章の邦訳は、イレートほか著 二〇〇四に所収）.

Shaw, Angel Velasco, and Luis H. Francia, eds.（2002）*Vestiges of War: The Philippine-American War and the Aftermath of an Imperial Dream, 1899–1999,* New York: New York University Press.

第Ⅲ部　三つの主体の出会い——アメリカ・日本・フィリピン

日本占領期の「死の行進」［University of Minnesota Libraries 所蔵］

第6章　対抗する陰影〈日本〉と〈アメリカ〉

フィリピン系アメリカ人の想像のなかで

アウグスト・エスピリトゥ

はじめに

フィリピン研究者たちは、過去数十年間、フィリピン人男女のディアスポラ〔越境者〕を対象とした研究において急速に多くのすぐれた成果を生み出してきた。ポストコロニアル研究、グローバリゼーション研究、トランスナショナル研究、より最近では帝国研究の結果、とくに歴史研究者は、フィリピン人ディアスポラがナショナリズムの覚醒からグローバリゼーションの時代にいたるフィリピン史の重要な出来事に対して、つねに影響を及ぼす付随的要素を提供してきたことを明らかにしている（Ileto 1998; Rafael 1997: 267–291; Choy 2003; Manalansan 2003; Espiritu 2005）。本稿はこうした研究の流れに沿うかたちで、フィリピン人のナショナルな言説に表われた日本に対する認識を、フィリピン人男女の出稼ぎ移民や移住者の見方を反映するいくつかの対になったテクストに焦点をあてることで、ディアスポラの視点から浮き彫りにすることを試みるものである。

ここで取り上げるのは、アメリカ植民地期に書かれた二つの政治批評、ヒラリオ・カミーノ・モンカド（一八九五〜一九五六年）の『アメリカ、フィリピン、オリエント』とカルロス・P・ロムロ（一八九九〜一九八五年）の『母なるアメリカ——民主主義についての生きた話』、戦後の二つのポストコロニアル小説、N・V・M・ゴンザレス（一九一五〜九九年）の『バンブー・ダンサーズ』とビエンベニード・サントス（一九一一〜九六年）の『ヴィラ・マグダレーナ』、そして二〇世紀後半の二つの移民小説、セシリア・マンゲーラ・ブレイナード（一九四七年〜）の『虹の女神が涙したとき』とテス・ウリザ・ホルス（一九六六年〜）の『象がおどるとき』である（Moncado 1932; Romulo 1943; Gonzalez 1993a; Santos 1986a; Brainard 1999; Holthe 2003）。なお、あらかじめ断っておくが、本稿は在米フィリピン人の日本と日本人に対する通底した認識についての予備的な考察であって、最終的な研究成果ではない。[1]

筆者は、これらの作品には二つの思考の流れがあると考えており、解釈学上、ここではそれらを「親日」的および「反日」的思考と呼ぶことにしたい。まず、前者の親日的思考には、日本の戦争や外交上の態度を問題にしつつも、つねに日本と日本人を肯定的な視野のもとで提示するという通底したパターンがあることに気がつく。興味深いことに、こうした考え方は、「反米」的、あるいはアメリカのアジアに対する帝国主義的態度やアメリカの人種差別主義に対して批判的な傾向をもち、文化的・精神的価値において「東洋」が「西洋」よりも優れているとする。他方、後者の反日的思考は、日本のフィリピン占領をめぐる「否定的な」記憶・不安・歴史的な経験を日本とフィリピンの戦後の不安定な関係と結びつける。このような見方は、アメリカに対して批判的であったとしても、最終的には「親米」もしくは親西欧的な志向に落ち着く。このようにして、修辞的に描かれた「日本」と「アメリカ」は、海を越えたフィリピン人の人生を決定づける二つの対抗する陰影として、ディアスポラの地に住むフィリピン人たちの過去についての有力な解釈と同時に、未来に対する強力なビジョンを提示している。

一　植民地期――モンカドとロムロ

フィリピン系アメリカ人の日本に対する肯定的な見方は、一九世紀から二〇世紀への転換期のフィリピン人ディアスポラによる日本への賞賛にまで遡ることができる。ホセ・リサールやT・H・パルド・デ・タベラなどの有産知識人《イルストラードス》たちは、アジアではほかに類を見ない日本の急速な近代化・立憲主義・軍備の増強と、中国・インド・東南アジアの反植民地主義者を日本に招き寄せた汎アジア民族主義的イデオロギーによって鼓舞された（Constantino 1985）。スペインに対するフィリピン独立革命の当初からその後のフィリピン・アメリカ戦争にいたるまで、革命政府は現地のフィリピン人に代わって、日本に滞在する主席代表の有産知識人マリアノ・ポンセをとおして日本の介入を模索した（Karl 2002: 168–174; Rafael 2000: 103–121; Ponce 1932）。西欧との不平等条約改正交渉への配慮から、日本はフィリピンの反植民地闘争に対して中立的な立場を保った。しかし、これはフィリピン人の大義に日本人が共感しなかったということを意味するものではない。実際、有力な個人による道義的な支援や、限られたかたちではあっても物質的な支援が行なわれたのである（Anderson 2005: 150–152, 213–218; Saniel 1973: 241ff.）。

アルテミオ・リカルテ（後列左から３人目）と同夫人（後列右から３人目），横浜山下町で彼らが経営するレストランの前で友人たちと撮影［http://www.facebook.com/pages/Ambeth-R-Ocampo/47261762634?sk=photos, *"Heroes"* より］

さらに、日本の介入がフィリピン人の心のなかにいつまでも生き続けた理由は、「まむし」の異名をもつ革命指導者のアルテミオ・リカルテ将軍が、アメリカの植民地支配の受け入れを拒否して日本に亡命したことにほかならない。日本の帝国主義的欲望が朝鮮と満州に対する支配によって顕わになり、その戦略が「大東亜共栄圏」として結実してもなお（Limqueco 1991: 89–106）、親日感情は、一九〇〇年代初頭の謀略から一九三〇年代半ばのサクダル蜂起にいたるまで、アメリカの支配者とフィリピン人エリートの対米協力者に対抗する民衆の抵抗イデオロギーの核心であり続けた（Ileto 1998: 135–164; Goodman 1967b: 133–194）。

著名なタガログ語作家でサクダル運動指導者のベニグノ・ラモスは、ここで重要な媒介者としての役割を果たすことになる。彼は一九三〇年代にリカルテに会うために日本を訪問し、さらにタイディングス＝マクダフィ法による見せかけの独立に反対するために太平洋を横断して在米フィリピン人移民の指導者たちに会った（Goodman 1967b: 138–139）。ホセ・P・ラウレルやベニグノ・アキノ・シニアなどエリート指導者たちのあいだでは、第二次世界大戦中における親日感情と日本との協力は、アメリカ政府とフィリピンの植民地エリートたちが永らくもたらそうとしなかった念願のフィリピン独立を獲得するための基盤を提供したのである（Joaquin 1983: 153–169）。

他方、フィリピン人の日本に対する否定的な見解は、アメリカにおける反「オリエント」的煽動と、日本のフィリピンに対する帝国主義的な野心への増大する不安感からきており（Saniel 1973; Yu-Jose 1999; Terami-Wada 1991; Ikehata and Jose 1999）、その両方がフィリピンの土着主義的な反発を焚きつけることになった。アメリカ政府は日本と外交的に良好な関係を保っていたが（LaFeber 1994）、アメリカの世論は日本人を排斥した。労働組合によって組織された広範な反オリエント運動は、中国人「苦力《クーリー》」に対する排斥法を成立させたばかりだったが、いまやそれが日系移民に向けられ、日本人の入国、財産権、アメリカの市民権取得を制限する排日移民法の成立に結実した（Daniels 1969; Ichioka 1988）。

ハワイやカリフォルニアにおける人種差別によって助長された日系移民とフィリピン系移民とのあいだの階級対立もまた、日本に対するフィリピン系アメリカ人の否定的な認識を強化した。実際、在米日系移民の指導者たちの何人かは、自分たちを帝国日本に忠実な植民地の開拓者とみなした（Azuma 2005: 89–110）。日本人やフィリピン人コミュニティの個々の指導者たちが民族を超えて異文化間の結束を強めようとしても、日本人コミュニティによるほかのアジア人に対する優越的態度は、日本や日本人に対する否定的な認識を強化する傾向にあった。

たとえば、ハワイでは、フィリピン人のカリスマ的労働運動指導者パブロ・マンラピットは、『ハワイ報知』紙のフレッド・マキノ〔フレッド牧野金三郎〕と人種を横断した労働組合主義――砂糖農園制度によって地域全体が民族別に分断されていた当時のアメリカの一準州〔ハワイ〕においては新しい概念――にもとづいた親しい友情を育んだ。しかし、一九二〇年の砂糖労働者によるストライキでは、民族集団としてのフィリピン人に対する軽蔑以外の明白な表向きの理由はなかったが、大半の日本人労働運動指導者たちはフィリピン人との協力を拒んだため、ハワイ砂糖農園主協会（ＨＳＰＡ）に対して別々に請願活動を行なうことになり、ストライキが弱体化した（Kerkvliet 2002: 22–25, 34; Jung 2006）。(1)

同様に、北カリフォルニアで起きたフィリピン人男性とアメリカ生まれの日系女性との駆け落ちという異人種間の関係も、とくに肌の色が黒く、多くが労働者階級であるフィリピン人男性に対する人種的、性的な不浄感による恐れから日系家族が反対したために実現しなかった。フィリピン人はこうした公然たる侮辱に憤慨して日系商店に対する不買運動を開始し、この運動は数週間続いた（De Vera 2002: 68–70）。同じくカリフォルニアのセントラル・バレーでは、サンウォーキン・デルタで日本人請負業者とフィリピン人労働者とのあいだで労働争議が起こり、日本語の出版物に日本人の人種的優越性とフィリピン人に対するステレオタイプが表現される基盤を提供した（Azuma 2005: 187–207）。さらにロサンゼルスでは、フィリピン人労働者と日本人コミュニティ指導者はとくに賭博問題に関連して、道義的に正しく品のよい娯楽とは何かについて見解を異にした（Maram 2006: 63）。

日系アメリカ人の企業家や政治的指導者たちは、とりわけ一九一〇年の韓国併合、一九三一年の満州侵略、一九三七年の日中戦争勃発直後に、ほかのアジア人の集団、とくに中国人や朝鮮人の集団による同様の排斥運動の対象となったことに留意すべきである（Yang 1984: 1–28; Ichioka 1990: 260–275）。このような戦前の展開は、第二次世界大戦中のフィリピン人の反日的風潮の醸成に貢献したといえる。事実、長年日本人がもってきた「他者」としてのフィリピン人というステレオタイプ、あるいは暴力的・性的犯罪者というそのイメージは、今日にいたるまで日系アメリカ人とフィリピン系アメリカ人との関係に影響を及ぼしてきた（Fujikane 2000: 158–194）。

ところで、植民地フィリピンでも、アメリカでの前記の展開を受けて、日本に対する否定的な感情がしだいに広がりはじめた。たとえばキャシー・チョイは、二〇世紀初頭の民族主義フェミニズムがフィリピン人女性と日本人女性とを隔てたという興味深い事例を示している。一九二〇年代初頭に二人のフィリピン人女性教育者は、フィリピン人男女エリートに対して増大するアメリカ化の影響を示す言葉のなかで、近代的なフィリピン人フェミニストと日本女性を含む「オリエント」の姉妹たちとを差異化しようと試みていた。フィリピン人女性たちは「解放」されているが、アジアの女性たちは、着物を着たり、纏足をしたり、ベールを被るなどして抑圧的な伝統のなかに閉じ込められたままだというのである(Choy 2003: 35–37)。

一九二〇年代後半に日本の指導者たちはアジア版「モンロー主義」の重要性について熟考していたが、国会議員のクラロ・M・レクトは、これはアジアに対する一方的な宣言であるとして、公開討論会の場で反対を唱えた。またレクトは、日本による朝鮮の植民地化と中国に対するますます好戦的な動きをあげながら、日本の帝国主義的野望を警戒するようフィリピン人に呼びかけた(Recto 1930)。さらには、従来のマニラへの少数の日本人移民と、一万四〇〇〇人の日本人が麻産業を独占するようになったダバオの小規模な日本人入植地が、日本によるフィリピンの植民地化への野望についての疑念を生みはじめていた(Goodman 1967a)。

グラント・グッドマンは、慎重で抑制の効いた方法で、マヌエル・ケソン大統領などフィリピンの政治的指導者たちと在比日本総領事館が、ダバオの土地所有権をめぐる対立にどのように対処したかを苦慮しながら描いている。しかし、一九三〇年代の日米間をめぐる国際的緊張の増大にともない、この問題に対する反日的世論の波が高まりはじめた。それはアメリカ政府とフィリピン植民地政府によるダバオ調査を駆り立て、「[日本人]移民による不法入国、武器や弾薬の密輸、戦略的拠点の防備」についての広範なうわさを巻き起こした。これらは日本による植民地計画、すなわち「ダバオ国《クオ》」の形成に見えた（Goodman 1967a: 11, 19ff., 51, 77）。

こうした当時の状況の影響を念頭におくと、モンカドの『アメリカ』（一九三二年）とロムロの『母なるアメリカ』（一九四三年）が、どのように在米フィリピン人出稼ぎ移民による日本に対する典型的な見方を提示しているかがわかる。モンカドは、物議を醸した神秘主義的集団で、相互扶助的組織と宗教団体の双方の性格をもつアメリカ・フィリピン人連盟（ＦＦＡ）の野心的な代表者だった。この組織はロサンゼルスで設立され、その後ハワイ準州や植民地フィリピンに広まった（Cullinane 2000; San Buenaventura 1990）。モンカドはその著作のなかで、アメリカ・フィリピン・東アジア間の複雑な相互関係について考察する。モンカドにとってフィリピンの将来は、第一次世界大戦で「疲弊した」ヨーロッパに代わって、「太平洋の時代」の新しい権力であるアメリカと日本にかかっていた（Moncado 1932: 16）。この文脈で彼は、フィリピンの対米独立とその中立化、そして、好戦的な国々のあいだで戦争が起きた場合にフィリピンを攻撃から守るため、日本との良好な関係の確立を主張する。さらに彼は、独立したフィリピンが将来のアジアの指導者である中国と日本を取り巻く問題に対して重要な仲介者になる、とみる（*ibid*.: 7–10）。

モンカドは、西欧に対抗する勢力として日本の国際舞台への登場を主軸とする「東洋の覚醒」を予告する。リサールとリカルテ、そして彼の同時代人のベニグノ・ラモスに同調して、モンカドは日本に対する熱い思いをつぎの二つの理由から説く。戦略的なレベルからみると、一九〇五年の日露戦争で全アジア諸国のために多大な犠牲を払ったのは日本であった。もしロシアが勝っていたら、イギリスやアメリカやその他列強が中国を解体して同大陸で西欧植民地支配を強化すること妨げるものは何もなかっただろう、と推論する。この疑う余地のない指導力ゆえに、日本を満足させるために壮大な譲歩をしてもよいと、モンカドは考えた。たとえば、中国は日本に対して大きな恩義を感じているので、日本の産業経済の必要のために満州を割譲することに同意したのだ、と彼は信じた。また、日本が自ら主張するアジア版モンロー主義について近隣アジア諸国と協議するならば、日本による朝鮮の植民地化に対しては目をつぶってもよいと考えた。

ところで、モンカドは宗教的な理由からも日本に対して親近感をもっていた。彼はアジアを統合する包括的な精神性の存在を信じていた。日本の思想家岡倉覚三〔岡倉天心〕を引用して、西欧の「特殊」に対する愛に対して、アジアの宗教思想の共通点として「至高」と「普遍」を強調した（Moncado 1932: 211–213）。今日では「オリエンタリズム」と呼ばれるようなモンカドのアジアに対する哲学的見方は、フィリピンのアニミズムと神秘主義に対する彼の傾倒や、アメリカ・フィリピン人連盟（ＦＦＡ）の儀式に彼がキリスト受難詩《パション》を取り入れたこととも合致している。モンカドにとって、このような精神主義は、アジアの隣人間の平和と外国からの侵入に対する相互防衛を重視する包括的な汎アジア主義のための強力な基盤を提供する。彼はこう書いている、「そうだ、アジアはひとつである。人種的にも、精神的にも、政治的にも」（*ibid.*: 213; San Buenaventura 1991: 169–193 も参照）。

アメリカに関してみると、モンカドは、「[植民地] フィリピンにおけるアメリカの利他主義への主張は支持できない」として、はっきりと反米の姿勢を示しているが、それは、アメリカの「経済的利益追求」とアジア大陸への帝国主義的膨張のための策略だからであると主張する（Moncado 1932: 7–10）。「日本は弱小国に対して西欧列強とあまりにも似通った態度をとってきた」（*ibid.*: 29, 135 も参照）ため、日本と近隣アジア諸国との関係が際立って悪化していることに言及しながらも、モンカドは、アメリカのアジアに対する対応とアメリカの白人中心の人種主義に対して怒りを向ける。たとえば、彼は「門戸開放」に対するアメリカの議論を批判し、中国ではすでにヨーロッパ植民地勢力の影響力が存在するなかで、この政策の表明がどれほどその自己利益と結びついているかを暴露する。モンカドは、アメリカがさまざまな法的枠組みにもとづいて植民地主義を容認していることを正確に観察する（*ibid.*: 164）。さらに、アメリカは「門戸開放」をアジアで宣言し、アメリカ国民のアジアにおける平等の待遇を主張しながら、在米アジア系移民労働者に対しては現に門戸を閉ざし、人種差別を行ない、市民権を剥奪している、という（*ibid.*: 166–174）。

モンカドは、一方的なアジア版モンロー主義の宣言を拒否しつつも、日本版モンロー主義の道を残しておく。彼はラテンアメリカ数カ国の代表者たちの言葉を引用しながら、モンロー主義は当初は有益で、反帝国主義、反ヨーロッパ主義としての効力があったものの、時がたつにつれ、ラテンアメリカ全域でヘゲモニーを確立するためのアメリカの自己中心的な手段となったために「ヤンキー嫌い」を生んだにすぎないことを示す（Moncado 1932: 134）。これに対して、モンカドは日本に対しては驚くような譲歩をする。一方的なアジア版モンロー主義の主張は拒否しながらも、アジアにおいてはその右に出るものがいない日本の力を認め、近隣アジア諸国との協議のうえで行なわれるのであれば、日本版モンロー主義の可能性を歓迎する（*ibid.*: 134–136）。モンカドが日本に対して好意的であることは、きわめて稠密な国内人口のはけ口と工業を維持するための資源獲得のために必要な膨張であるとして、日本による朝鮮と満州の征服を正当化したことからも明らかである。モンカドはまた、フィリピンには日本が満州を侵略したときに求めた天然資源がないので、日本がフィリピンを攻撃する理由はない、と信じていた（*ibid.*: 8）。

より深いレベルにおいて、モンカドがアメリカと比べて日本に傾倒したのは、フィリピン人に対するアメリカの激しい人種主義に関する彼自身の個人的経験による。フィリピン人は、初期の中国人移民と同様に、一九二〇年代後半と一九三〇年代初頭に人種差別的な白人の暴徒による暴行・殴打・殺人の犠牲者となった。この間、人種主義や公的な無関心やフィリピン人が自らの政治的代表をもたなかったことにより、アメリカ政府はフィリピン人移民に対して何の救済措置も施さなかった（Moncado 1932: 172–174; Quinsaat 1976）。

ところで、ロムロの『母なるアメリカ』は、少なくとも表面的にはモンカドの『アメリカ』と驚くほど似ている。両作品ともアメリカの帝国主義、日本の台頭、そしてフィリピンの植民地時代の歴史について類似した見解を示している。二人の著者はともに、宣教師で歴史家でもあったシドニー・L・ギューリックの『極東の白い危険』（Gulick 1905）から多くの知見を得ている。しかし、二人のあいだの相違は、日本に対する見方とアメリカに対する態度において表われる。ロムロの作品が書かれた歴史的状況はモンカドのそれとは異なる。『母なるアメリカ』は、真珠湾攻撃とフィリピンでの戦闘、バタアン戦とコレヒドール攻略戦、そして悪名高き死の行進のあとに書かれた。これらの戦闘は、それまで無敵だと思われていたアメリカの敗北だけでなく、多数のフィリピン人兵士の死と国土の大半に荒廃をもたらした。戦争中アメリカに亡命していたロムロは、モンカドと同じように、フィリピン独立への道を描くことを試みる。ロムロはじつに、大西洋憲章を拡大してアジアに適用し、将来の侵略に対する防衛や小国を攻撃から守るための安全保障政策立案のための太平洋憲章の起草を構想していた。アメリカの贖罪と再生の能力に対する半宗教的信念がその言説のなかに入り込んでいたものの、ロムロもまたモンカドと同じように、アメリカはフィリピンで過ちを犯していると信じた。また、ロムロはモンカドと同様、フィリピンは、東洋と西洋のあいだ、あるいは中国と日本とのあいだの公平な仲介者として、アジアのなかで将来大きな役割を担うと考えていた(2)。

しかし、モンカドとロムロは、日本と日本人の問題になると見解を大きく異にした。ロムロの耳障りな反日プロパガンダによれば、日本は「問題」であり「脅威」でもあった。ロムロは日本人に対する一般的な人種的ステレオタイプを受け継いでいたが、それは彼が長く滞在していたアメリカで広く受け入れられていたものであった。そのステレオタイプとは、日本人は、卑劣・不正直・残忍・不誠実で、とくにマニラのアイスクリーム売り、バギオの道路建設労働者、さらにはダバオの麻農園企業家としてフィリピン社会のなかに浸入し、その社会の転覆を謀っている、というものであった。日本文化は、名誉や面子という不安定な基盤の上に立っていると、ロムロはいう。彼の表現によれば、それは「オリエントのなかでももっとも卑しく劣っているもの」で、優越感に満ち溢れた態度と情け容赦のない武人、つまり武士道の規範によって覆い隠されている（Romulo 1943: 65–71, esp. 69）。

ロムロに賛同して、在米フィリピン人移民労働者たちは戦争中に彼と同様の見方を表明したが、それは、ロムロの全米講演旅行をとおして彼らがロムロの考え方に触発されたことによるものにほかならなかった。実際、在米フィリピン人は、フィリピンの「敵」を指す用語として、日本人に対する蔑視語の「ジャップ」をためらうことなく使用したばかりか、その多くが、日系アメリカ人が所有していた土地を、第二次世界大戦中に彼らがアメリカ政府によって強制収容所に拘束されたあとに容赦なく奪ったのである（Buaken 1948: 291, 324; Nomura 1986–87: 99–117）。

ロムロは、「フィリピン化」、ジョーンズ法、そしてタイディングス＝マクダフィ法の制定による独立の具体的日程の決定という恩恵をもたらした、フィリピンにおける「慈悲深い」アメリカ帝国の仕事に関心を向けようとした。これらすべては、蘭領東インド・仏領インドシナ・英領東南アジアが屈服した日本の「大東亜共栄圏」というウィルスからフィリピン人を守ったのだ、という（Romulo 1943: 7–11）。対照的に、モンカドはロムロが言及しなかった問題、すなわち、ひも付きの独立、フィリピンの主権を侵害するアメリカ軍基地の継続、そして在比アメリカ人と在米フィリピン人との不平等待遇の問題について指摘する（Moncado 1932: 172–174, 213–214）。

実際、ロムロのフィリピン人に対する戦後の展望は、西洋化された東洋人であり、単に戦略的レベルにとどまるだけでなく共通の価値観をもったアジアにおけるアメリカの盟友であった。ロムロは、「精神パターン」を説くことによって、モンカドの喚起する「アジアの精神的一体性」に対抗することになったかもしれない。モンカドが東洋を祝福するとすれば、ロムロは西洋を祝福する。ロムロは、集団的生活や超越的な価値への沈思ではなく、自己利益を追求する自由な企業的精神を解き放ち、自由主義政治に無制限の活動を与え、「個人の道徳的尊厳」を保護するような世俗的宗教に価値を見いだすのである（Romulo 1943: 140–141, 146）。

二　戦後――ゴンザレスとサントス

第二次世界大戦後の最初の二〇年間、日本のフィリピン占領は、とりわけフィリピン人の対日協力の意味をめぐって、フィリピン国内で激しい対立を引き起こし続けた。この争点に関連して、とくにフィリピンの復興資金の緊急の必要性、占領下日本の弱体化した経済状態、アメリカの対アジア冷戦戦略の文脈のなかで、日本の戦後補償問題もまた戦後の日比関係の困難な課題として残った（Abaya 1946; Steinberg 1967; McCoy 1980; Rafael 2000; Meyer 1965）。

これらの歴史的諸問題は、ステヴァン・ハヴェリャーナのイロイロを舞台にした先駆的戦争小説『暁を見ずに』（一九四七年）からエストレーリャ・アルフォンのセブの物語、そしてエディルベルト・K・ティエンポの小説『夜を見つめて』（一九五三年）にいたるフィリピン文学の作品群に形象化されている。同様に、戦前のバギオの日本人たちの経験については、シナイ・C・ハマダの『七夕の妻』（一九七三年）に描かれている（Javellana 1947; Moore 1994; Tiempo 1953）。このような歴史的・文学的影響を取り入れて、太平洋を隔てたフィリピン系アメリカ人作家のN・V・M・ゴンザレスとビエンベニード・サントスは、力強い手法で彼らの日本に対する見方を表現した。彼らは、日本人に対するステレオタイプ的な見方を拒否しつつも、独立以前の時代の親日と反日という区分を依然として反映し続けた。

ゴンザレスはそのフィクションにおいて、日本占領下における暴力を直接描くことを避けているが、いくつかの物語のなかで戦争による長引く緊張を表現している。(3) ゴンザレスの戦争経験は、妻ナリタ・マヌエル・ゴンザレスの語るところによれば、彼とその家族が一時的にミンドロ島で疎開を余儀なくされたものの、概して肯定的なものであった。ナリタ・ゴンザレスは、戦争中に日本が主催した文学作品コンテストに応募するために夫に最初のタガログ語短編作品を書くよう促し、占領を是認している。戦後になると、ゴンザレスはロックフェラー財団から二つのフェローシップを得てアメリカだけでなくアジア諸国を歴訪し、日本を二度訪問した。この訪問の際に彼が得た凡庸でありながらも強烈な体験が、二作目の小説『バンブー・ダンサーズ』(一九五九年)の基礎になった(Gonzalez, N. 2000)。

この小説の主題は、戦争の空虚さとアメリカの教育に幻滅したフィリピン人男女知識人の再生にある。この小説の主人公である現代版の〔アメリカに留学したフィリピン人〕奨学生たちは、アメリカのなかに啓蒙を見いだすことができない。いかにも、アメリカはフィリピン人に対して、彼らの真のアイデンティティがわからなくなるような条件を作り出しているようにみえる。こうした状況に対して、この小説では、とくにアジアやいわゆるアジア的価値を経由しながら、自己の再生をフィリピンへの回帰として効果的に描いている。またゴンザレスの小説には何人かの主要な登場人物がいるが、とくにアーニー・ラマは、賠償や日本の赤線地帯の話を際限なくする、かなり粗野なフィリピン人の男たちを避けながらも、日本、とりわけ東京と広島に長く滞在する(Gonzalez 1993: 169)。そこでアーニーは、広島で被爆者のための慈善療養施設とつながりをもつ白人のアメリカ人宣教師の使い走りの仕事を果たすことに夢中になる。被爆者や釣り仲間の日本人ホテル・スタッフ、反核運動家やアメリカの日系二世ミセス・イシカワなど、日常生活における日本人との出会いによって、彼は人間同士の真の心のふれあいの意味を見いだしていく。彼らの戦争の話や新しく作られた連帯感についての話に耳を傾けるにつれ、何かがアーニーに思いやりの感情を呼び覚ます（*ibid.*: 165, 175ff., 233–240）。ここで浮かび上がる日本と日本人に対するイメージは、ロムロの「日本精神」のように「面子」にこだわるステレオタイプとはおよそ異なり、フィリピン人男女の自己実現における心優しいパートナーと媒介者である（"Serenade," in Gonzalez 1979）。

ビエンベニード・サントスはゴンザレスと同様、日本人に対するステレオタイプに与しないものの、ゴンザレスに比べると日本人に対してより否定的な描き方をしている。サントスは、第二次世界大戦中に給費留学生としてアメリカにとどまることを余儀なくされ、フィリピンにいる妻や娘たちと離れ離れになった。このため彼は、アメリカに亡命していたフィリピン人出稼ぎ労働者たちの目をとおしてのみ戦争を体験し、戦後フィリピンに帰国した(4)。サントスの戦後小説の多くは、アメリカの生活に同化し、フィリピンに帰国してからもアメリカに帰りたいと秘密裏に願う海外移住者たちの罪の意識を反映している。その短編小説「早い収穫」にみられるように、サントスが日本占領期のフィリピン人の経験に触れるとき、日本人の登場人物たちはおしなべて円満な人物というよりは、フィリピンの村人たちが超自然の力を借り、強い意志をもって巧妙に克服しなければならないような、個々別々の障害物として描かれる（Croghan 1975: 173–182）。

サントスは長編作品では日本や日本人に対するへつらいのない見方を顕わにし、アメリカについては、依然として肯定的ではあるが、鋭い洞察を含む評価を下している。小説『火山』（一九六五年）には、フィリピンで暮らすアメリカ人宣教師一家の三〇年が描かれており、ここでの唯一の日本人の登場人物はソダと呼ばれるパイロットである。彼の飛行機は森林のなかに墜落し、その後、彼はビコールのジャングルに身を隠していたアメリカ人とフィリピン人の集団に囚われ、諷刺的ではないにしても、無力な犠牲者として描かれる。彼は、宣教師で医者でもあるアメリカ人の主人公ポール・ハンターの治療を大いに必要とする負傷したパイロットとして、最初にこの小説に登場する。ソダは野菜を栽培して村人たちに慕われようとするが、とりわけ戦争末期にアメリカ軍の進撃で日本軍が敗退するなかで、つねに身をかがめて自分の命を心配し、人間としての尊厳を喪失する（Santos 1986b: 179–191）。

『火山』とは違った意味で、サントスのもうひとつの小説『ヴィラ・マグダレーナ』（前者と同じ一九六五年に出版）もまた、フィリピン人の自己を再生させる日本を描いたゴンザレスの『バンブー・ダンサーズ』とは対照的に、日本に対する否定的な見方を提示している。『ヴィラ・マグダレーナ』は、『バンブー・ダンサーズ』と同様にフィリピン人の疎外について扱っているが、そのテーマは汚職である。この小説では、家長ドン・マグノ・メダリャーダが、彼の腐敗した帝国であり一家の住まいであるヴィラ・マグダレーナに、貧しい孤児フレッド・メダリャーダを引き取る。ドン・マグノ・メダリャーダは彼の妻マグダレーナの財産を使い果たしただけでなく、裕福な妻の実家コンデ一族の精神的なエネルギーまで食い尽くしてしまう。日本のフィリピン占領はこの小説で重要な意味をもつが、それはゴンザレスのように土着文化への肯定的回帰のためではない。むしろ日本人は、フレッドの教師で一家にとっての親しい友人を殺害した重要人物として登場する。さらに日本人兵士たちは、検問所でドン・マグノとフレッドの顔を平手打ちしてこの二人に屈辱を与え、無統制な暴力・超インフレ・食糧不足という悪条件を生み出す。ドン・マグノはこうした条件のもとで、ほかのフィリピン人を騙して権力の座に着く（Santos 1986a: 140–149）。

イサベル・コンデはマグダレーナ夫人の姪である。彼女は、ソル・ゴメスと駆け落ちをして日本に行くことで、ヴィラ・マグダレーナから逃げようとする。愛し合うソルとイサベルの二人にとって、日本は孤独で荒涼とした、地理的にも文化的にも故郷から遠く離れた亡命の地である。日本は、彼らが逃げ出そうとする腐敗と暴政から彼らを守るほどには離れてはいないが、彼らにとって束の間の避難所である。事実、彼らの逃亡生活は、まもなくフレッドがドン・マグノの使者として日本にやってきて、あっけなく終わる。フレッドはイサベルを巧みに操り、家長ドン・マグノに彼女の財産を譲渡させ、彼の義理の父に対する忠誠を示す（Santos 1986a: 213–227）。

最後に起こるひとつの出来事は、フレッドが語るように、ヴィラ・マグダレーナのフィリピン人たちにとって日本を魅力のないものとする。彼は、イサベルとソルとともに東京のレストランで食事をしている。そこに、二人の日本人――ひとりは戦争中の検閲係で、もうひとりは戦争中にフィリピンで父親を失くした人物――が現われ、父親の遺骨の収集方法らしきことについて彼らにアドバイスを求める。この問いはフィリピン人たちを不快にする。フレッドは、この会話がまだ癒されていない戦争の傷口を広げたと感じ、この日本人たちが親しげに話しかけてきたことに対して違和感を覚える。フレッドはこの気まずい瞬間を、フィリピンがまだ荒廃しているのに、アメリカによる占領が終わった数年後に完全に復興した東京の下町を見たときの苦い記憶と関連づける（Santos 1986a: 213–227）。このような見方は、日本が充分な賠償をすることで戦争中の行為を反省するべきであるとフィリピンの多くの指導者たちが感じたように、戦後のフィリピン人の日本に対する義憤と呼応している。しかし、アメリカの冷戦戦略はこのような申し立てを却下した。アメリカは日本を冷戦期の重要なパートナーとみなし、フィリピンの巨額の賠償要求から日本を保護したからである（Meyer 1965: 132–140）。ここで興味深い点は、フレッドの怒りが、戦後の賠償外交の条件を生み出したアメリカにではなく、日本に向けられていることである。

三　二〇世紀後半――ブレイナードとホルス

一九六〇年代から一九八〇年代までの間、とくに一九六五年に差別的な移民法が廃止されたのち、フィリピン人、とりわけ女性たちがアメリカに大量に移住しはじめた（Chan 1990; Takaki 1989）。彼らの大半は第二次世界大戦後に生まれた。しかし、そのなかには日本占領期を生き抜いた人びともおり、また日本のフィリピン占領を経験した親戚とともに暮らしたことのある人びともかなりの数にのぼった。一九七〇年代後半になると、こうした人びとの数が目に見えて増加したが、それは、フィリピン人にとって就労別在留資格に代わって家族との再統合を目的とする在留資格がアメリカへの入国を認める優先的方法となり、その後、戦争の記憶を鮮明に残すいっそう年配のフィリピン人がアメリカに移住したことによるものであった（Posadas 1999: 36–43）。

二〇世紀の終わりころには、マリア・ローサ・ヘンソンの『ある日本軍「慰安婦」の回想』やフィリピン系アメリカ人の戦争への関心に焦点をあてたアルフレッド・ローセスの『リリンを探して』などの、戦争体験の伝記が出版された。この時期にはまた、日本や中東、その他世界の諸地域へのフィリピン人男女のグローバルな移住がますます広まっていった（Henson 1999; Roces 2000; Tolentino 2001: 7–10）。

第二次世界大戦を描いたセシリア・マンゲーラ・ブレイナードの『虹の女神が涙したとき』が一九九九年に出版されたことで、フィリピン系アメリカ人によるフィクションがこうした戦争の時代に関する言説の展開のなかに加わった。数年後、アメリカ生まれのフィリピン人女性でブレイナードよりもかなり年下のテス・ウリザ・ホルスが、戦争を描いた長編小説『象がおどるとき』（二〇〇三年）を出版した。驚くべきことに、第二次世界大戦の終了から何十年も経過し、太平洋を越えた時間と文化の広大な隔たりのなかにあっても、植民地時代と戦後の最初の二〇年間に絶えずつきまとった親日／反米と反日／親米というこの二つの認識は、フィリピン人移民とフィリピン系アメリカ人のテクストに連綿と受け継がれている。同時に、対象との距離・時間・ジェンダーという優位性は、おそらくこの二人の女性作家が戦争と直接向き合うことを可能にし、これまで見落とされてきた女性と子どもの声を表現することを可能にした。

歴史と神話と記憶をいとも簡単に編み上げたブレイナードの聡明で抑制が効いた作品からは、やや複雑な日本人に対する見方が浮かび上がる。幼い少女イボンヌ・マカライグの追憶を通じて、ブレイナードは歴史と神話と記憶の三つを結合する。イボンヌは戦前から戦後のウベック（セブの架空の地名）の移り変わりをゲリラとともに生きた彼女の家族の体験、とくに父親のナンドと母親のアンジェリン、そして先住民族出身のメイドのライダンを通じて体験していく。ライダンはイボンヌに「叙事詩になるように」と謎めいたことを求め、邪悪な巨人の支配から虹の女神を救い出すために英雄トゥワアンの勇敢な物語を得意そうに詠唱する。

日本人兵士を殺人者・拷問者・破壊者として描くことをためらわずに展開するこの小説を「親日的」とするのは、明らかに単純な見方である。その一方で、この作品は日本人すべてを非人間化された存在としては描いていない。ナンドはイボンヌに言う、「人間はみな同じだ」と。彼らの敵である日本人でさえ、良いところも悪いところもある。こうした識見に従って、この小説では、戦前・戦中・戦後の時代をとおして軍と民間の双方において、思いやりのある日本人の登場人物を描いている。マカライグ一家（イボンヌの祖父であるロロ・ペピン、叔母のティヤ・ルーデス、いとこのエスペランサを含む）と戦前もっとも親しかったのは、地元でサリサリ・ストア（雑貨屋）を経営する日本人の家族、とりわけ母のサニーと娘のミカであり、二人ともイボンヌに親切であった。じつにサニーは、イボンヌといとこのエスペランサが娘のミカを映画に誘うのを認めるほど信頼していた。戦争が近づくにつれ、イボンヌは、どのような日本人に対しても向けられるようになった痛烈な敵対感情からこの一家を守ろうとする。しかし、日本の侵略が始まると、イボンヌと彼女の家族は、火事でサリサリ・ストアが全壊し日本人の母と娘がともに死亡したという、予期せぬ知らせを受ける。火事はサニーの夫が日本のスパイだという噂による放火だ、と伝えられた（Brainard 1999: 15–24）。

二番目の友好的な登場人物は日本軍であろう。戦争中、ゲリラはまさに比島派遣軍参謀長吉田将軍その人を捕らえる。その報復として、日本軍はいくつもの村を破壊し、ウベックの住民たちに大惨事をもたらす。イボンヌの父親と叔父のアルバレス（人気のあるウベックの知事。戦前は日本の大東亜共栄圏に関心を寄せていたが、対日協力を拒んだため妻と子どもが日本人に殺された）は、ゲリラの一員であった。ゲリラたちは、残された村人たちを日本軍の暴力から救うために、将軍の釈放と引き換えに日本軍に休戦交渉を申し入れることを決める。この提案は、ゲリラの一員でありながら、その指導者に従おうとせず、復讐心に燃えた人種主義者のアメリカ人マーティン・ルイスによって断固として拒否される。この小説で、ルイスは汚れた過去をもつ人物として描かれる。彼は自分の娘をレイプしようとしたとき、それを止めようとしたフィリピン人の自分の妻と貧農の義父を殺害した。だが、フィリピン人のゲリラ指導者たちは、ルイスの反対を退け、日本人将軍を彼の軍に返還する。この行為に対してルイスがフィリピン人ゲリラ指導者たちを誘拐し拷問すると、吉田将軍の部下たちは名誉や恩義を理由に作戦部隊を派遣し、拘束中のフィリピン人ゲリラたちを解放する危険を冒す（Brainard 1999: 194）。

三番目の肯定的な日本人の登場人物は無名の医者である。小説の終盤に、厳しい管制下におかれた市街地とゲリラが支配する地方とのあいだで別れ別れになっていたマカライグ家の人びとが、感激の再会を果たす場面がある。そこでティヤ・ルーデスは日本人の医者がいなくなったことを嘆く。この医者は、大きな身の危険を冒して、ティヤ・ルーデスを恋人とし、彼女とエスペランサを養い、マカライグ家の自宅を破壊から守った（Brainard 1999: 212）(5)。

このような多面的な日本人の描き方に比べると、小説は、アメリカ人に対して一様に批判的な態度で描いている。イボンヌの祖父ロロ・ペピンもメイドのライダンもアメリカ人を敵だと考えている。二人とも、フィリピン・アメリカ戦争とスミス将軍によるサマール島での虐殺などアメリカ人の残虐行為を記憶する年老いた世代である（老齢の祖父が戦争の話を聞くたびに反米的なスローガンを口にするので、当初は親米的であったイボンヌの父親は驚きを禁じえない）（Brainard 1999: 9, 18–19）。

しばしば英雄として語られるマッカーサー将軍にナンドは忠誠を尽くすが、ここではいささか遠い存在として描かれる。マッカーサーは彼のもとにアメリカ人とフィリピン人からなるゲリラを召集し、ついにはアメリカ軍を引き連れてフィリピンに戻ってくるが、フィリピン人の苦しみに対応するのに時間がかかったため、ゲリラ側は痛ましい結論を出すにいたる。じつにナンドは魂の遍歴を重ねたのちに、この点を自覚する。戦前アメリカ人のなかで暮らしてきた国費留学生のナンドは、アメリカ製のものなら何でも消費し、盲目的な親米主義に表わされる自分のアメリカ化がいかに不適切であったかということを自覚するようになる。マーティン・ルイスから受けた拷問の苦しみや、フィリピンを犠牲にしてまずヨーロッパを救うというアメリカの自己中心的な態度をとおして、ナンドは自分のなかに新しいナショナリズムの覚醒を見るのである（Brainard 1999: 198）。

他方、ホルスの『象がおどるとき』には、アメリカに対する批判も日本に対する複雑な見方もみられない。ホルスは移民の両親から数多くの戦争の物語を聞き、それが彼女の小説に反映されているため、日本人一般に対して明らかに残酷な見方が作品に表われている。ホルスの小説は、戦争の経験を市井の人びとの日常生活を通じて描いているという点で、ブレイナードの作品とともよく似ている。二人とも、戦争中に人びとが危険を忘れるために、あるいは単に退屈しのぎのために語り合った話を叙情的に書いている。ブレイナードと同様、ホルスもまた、絶えず心に浮かぶ伝説やアニミズムの民話、さらには不快なまでの言語学上の誤りによって損なわれているにもかかわらず、タガログ語の表現さえも用いる。そして、二人とも日本人個人を比較的肯定的に描く。ホルスの作品では、このことは偶然ではない。

日本人の母と娘（ミセス・ヨシとミカ。ミスター・ヨシは真珠湾攻撃以後、捕虜収容所に送られた）は、戦争が終わりに近づくにつれ、日本人から隠れるためにカランガラン家の地下室に身を寄せ合うフィリピン人の登場人物たちとともに、戦争の時代をとおした経験を分かちあう。母も娘も日本人を祖先にもち、日本人の容姿をしていたにもかかわらず、日本人兵士たちの残虐行為から逃れることができない（Holthe 2003: 28, 359; ホルス 二〇〇五：上、五六～五七、下、二七九～二八〇）。

それでも、ホルスの小説は、彼女の日本人に対する肯定的な描き方に対して微妙な齟齬を見せる。ミセス・ヨシとミカは、フィリピン人の隣人たちとともに戦争を体験するにもかかわらず、フィリピン人の家族からは引き離された位置におかれる。ホルスの小説では、章ごとに登場する個々の異なる家族が現在の苦境にいたるまでに起こった悲劇や伝説的な出来事を語るという構成になっているが、日本人家族はこの家族の歴史の語りからは排除される。日本人家族は、いわば、フィリピン人男女についてたどることができるようなルーツをもたないのである。

こうした個人の登場人物を別にすると、日本軍の残虐行為がこの小説全体を規定しており、日本人に対するイメージはよりいっそう一面的になり、ハヴェリャーナの『暁を見ずに』やフィリピンの映画やテレビに描かれている多くの日本人像を想起させる。最初の章は、ホルスの父親の実体験にもとづいており、若い主人公アルハンドロ・カランガランによって語られる生々しい拷問シーンから始まる。それに続く長い第二章では、アルハンドロの姉イサベルが負傷したゲリラの指導者ドミンゴ・マタパンを助けるが、その後、ドミンゴはイサベルをレイプした日本軍兵士たちに囚われる（これは従軍慰安婦の物語を想起させる）。

第三章はゲリラの指導者ドミンゴの物語で、そこでは、二つの相対立するゲリラ集団のアジトを発見した日本人兵士たちとの戦いの場面も描かれる。また、アルハンドロ・カランガランの父親の物語もある。彼は日本軍に捕まり、斬首されたフィリピン人の屍で埋まった刑場で危うく処刑されそうになる（Hartendorp 1961: 417）。彼は、男色目的で彼の命を救った日本軍兵士を打ち負かして、ようやく死の危険から逃れる。最終章では、カランガラン一家全員がついに囚われの身となる。彼らはマニラ市内を強制的に行進させられるが、そこには、切断され、黒こげとなり、銃痕に倒れた男女や子どもの遺体が横たわっていた。そして彼らは二人の日本人の歩哨との残忍な戦いののち、命からがら倉庫から脱出する。

ブレイナードとは異なり、ホルスは、アメリカの植民地支配やアメリカの指導者たちの失策や、戦後にフィリピン人から厳しい非難を招いたマニラの無差別爆撃に対して無関心である（Nakpil 1967; Brands 1992: 209–210, 370）。実際、この小説は、フィリピン人と日本人とのあいだ、善と悪とのあいだ、囚われた人びとと抑圧的で非人間的な逮捕者たちとのあいだの、生と死をめぐる闘争のなかに現われたものから力を得ている。そして、これらの出来事とまったく関わりがないかのように、アメリカはこうした争いの外部あるいは上部に位置しており、マニラの倉庫に囚われている一家を救出するために（あたかもデウス・エクス・マキナのように）[2]最後になってようやく戻ってくる（Holthe 2003: 357–363; ホルス 二〇〇五：下、二七六～二八七）。

このような情け容赦のない日本人の描き方を和らげている唯一の要因は、おそらく分断されたフィリピン人たちの一群であろう——頑固で反抗的な娘、臆病な隣人、人びとの命を弄ぶゲリラの指導者、そして、心を入れ替えたにもかかわらず彼の町の住民全員によって気にかけられることもなく、処刑されてしまう（悪名高い対日協力者の）元マカピリ〔比島愛国同志会〕など。物語が最後に近づくにつれ、読者は未来に対して希望はあるものの、精神的にも道徳的にも疲弊した人びととともに残されるのである。

おわりに

本稿はこれまで、アメリカにおける三世代のフィリピン人男女の出稼ぎ移民や移住者による政治批評とフィクションのなかから代表的なものを選択し、それをとおして日本と日本人に対する在米フィリピン人の多様でありながらも通底した認識を明らかにしてきた。本稿はまた、日本とアメリカが「対抗する陰影」としてフィリピン人の人生を形づくり、彼らの忠誠心をどのように支配してきたのかについても議論した。これらの作品は、フィリピンの独立や彼らのアイデンティティ、その物質的な幸せや世界のなかにおけるフィリピン人の位置といった、今日つねに存在する課題と取り組みながら、日本についての彼らの語りにおいて通底する二つの世界観の輪郭を明らかにしている。

要約すると、親日／反米的見方は、アジアにおける日本の政治的指導力や日本がもつ東洋の精神的資質に価値を見いだし、戦争と核の悪夢の影響を受けたのちにも連帯感を保っていることを賞賛し、さらに正直な隣人や名誉ある敵、そして自己犠牲の精神に富んだ愛すべき人びととして、個人としての日本人の気高さを認める。こうした見方はまた、植民地権力としてのアメリカの仮面を剥ぎ、アメリカがほかの植民地宗主国と同様に自己利益に満ちていることを明らかにし、アメリカ文明の精神的空虚さを憂い、アメリカの人種差別主義・性差別・自己利益追求の姿勢の残忍さに対して嫌悪感をもって反応する。

他方、第二の反日／親米的見方は、対フィリピンおよびアジアに向けた日本の帝国主義的欲望を非難し、日本の攻撃性を〔面子ばかりを重んじ道徳が欠如する〕不安定な人種的性格として理解する。日本の発展と比べてフィリピンが長く荒廃していることが公平ではないとして日本人との友情を拒否するか、おそらく先延ばしにする。そして、いまでは遠くなった戦争が忘れることのできないトラウマをもたらしたとして、日本軍のほとんど容赦のない残虐さを非難する。さらに、こうした見方では、アメリカと西欧のリベラリズム一般を将来への政治的・精神的な希望とみなし、アメリカ化に惹かれてそれを希求し（この欲望の外見的には不実な性格にもかかわらず）、そして同時にアメリカが、フィリピンと日本との関係を形づくってきた暴力的対立の上部もしくは外部に位置していると考える。

こうした見方は、在米フィリピン人がフィリピン人・日本人・アメリカ人の三者間の関係を振り返り、そしてその未来に期待するとき、彼らを触発すると同時に悩ますような複雑な感情を表象しているのである。

註　記

（1）しかし、いちど争議が開始されると、辛苦・病気・労働者に対する弾圧から生まれた結束は、フィリピン人と日本人の労働者を結びつけた。
（2）その背景については、Espiritu（2005: 19–26）を参照。
（3）“The Blue Skull and the Dark Palms,” in Gonzalez（1963）; “The Flight of the Gentle Folk,” in Gonzales（1993）を参照。

（4） その背景については、Espiritu（2005: 139–144）を参照。

（5） また、イボンヌの祖父の治療を行なった日本人の医者については、Brainard（1999: 76）を参照。

訳　註

〔1〕 本稿では、「在米フィリピン人（Filipinos in America）」と「フィリピン系アメリカ人（Filipino American）」とを区別する。前者は、アメリカに滞在するフィリピン人一般を指す広義の概念で、旅行者・外交官・移民を含む。これに対して、後者は、自分がそのように認識しているかどうかは別にして、アメリカで生まれ育ち、人生の大半をアメリカで過ごしたフィリピン人を指す。

〔2〕 本来は、ギリシャ劇で解決困難な事態に絶対的な力をもつ神が現われて物語を収束させる手法。

参考文献

Abaya, Hernando J.（1946）*Betrayal in the Philippines,* New York: A. A. Wyn, Inc.

Anderson, Benedict（2005）*Under Three Flags: Anarchism and the Anti-Colonial Imagination,* New York: Verso.

Azuma, Eiichiro（2005）*Between Two Empires: Race, History, and Transnationalism in Japanese America,* New York: Oxford University Press.

Brainard, Cecilia Manguerra（1999）*When the Rainbow Goddess Wept,* Ann Arbor: University of Michigan（1st edn. 1991. *Song of Yvonne,* Quezon City: New Day Publishers として刊行）.

Brands, H. W.（1992）*Bound to Empire: The United States and the Philippines,* New York: Oxford University Press.

Buaken, Manuel（1948）*I Have Lived with the American People,* Caldwell, Idaho: The Caxton Printers, Ltd.

Nomura, Gail（1986–87）“Within the Law: The Establishment of Filipino Leasing Rights on the Yakima Indian Reservation,” *Amerasia Journal,* 13.

Choy, Catherine Ceniza（2003）*Empire of Care: Nursing and Migration in Filipino American History,* Durham: Duke University Press.

Chan, Sucheng（1990）*Asian Americans: An Interpretive History,* Philadelphia: Temple University Press（スーチェン・チャン著、トーマス・J・アーチディコン編纂、住居広士翻訳『アジア系アメリカ人の光と陰——アジア系アメリカ移民の歴史』大学教育出版、二〇一〇年）.

Constantino, Renato, ed.（1985）*Thinking for Ourselves: A Representative Collection of Filipino Essays,* Manila: Cacho Hermanos, 1985（1st edn. Manila: the Oriental Commercial Co., Inc., 1928. とくに以下をみよ。Jose Rizal, "The Philippines: A Century Hence," and T. H. Pardo de Tavera, "The Filipino Soul"）.

Croghan, Richard, ed.（1975）*The Development of Philippine Literature in English (Since 1900)*, Quezon City: Alemar-Phoenix.

Cullinane, Michael（2000）"The Master and Juan de la Cruz: Hilario C. Moncado, Politiko and Man of Mystery," in Alfred W. McCoy（ed.）, *Lives at the Margin: Biography of Filipinos Obscure, Ordinary, and Heroic,* Quezon City: Ateneo de Manila University Press.

Daniels, Roger（1969）*The Politics of Prejudice: The Anti-Japanese Movement in California and the Struggle for Japanese Exclusion,* New York: Atheneum.

De Vera, Arleen（2002）"Constituting Community: A Study of Nationalism, Colonialism, Gender, and Identity among Filipinos in California, 1919–1946," Ph.D. dissertation, University of California, Los Angeles.

Espiritu, Augusto（2005）*Five Faces of Exile: The Nation and Filipino American Intellectuals,* Stanford: Stanford University Press.

Fujikane, Candace（2000）"Sweeping Racism under the Rug of 'Censorship': The Controversy over Lois-Ann Yamanaka's *Blu's Hanging,*" *Amerasia Journal,* 26.

Gonzalez, Narita（2000）*Writer's Wives,* Pasig City, Philippines: Anvil.

Gonzalez, N. V. M.（1963）*Look, Stranger, on This Island Now,* Manila: Benipayo Press.

——— (1979) *Mindoro and Beyond: Twenty-One Stories,* Quezon City: University of the Philippines Press.

——— (1993a) *The Bamboo Dancers,* Metro Manila: Bookmark, Inc. (1st edn. 1959).

——— (1993b) *The Bread of Salt and Other Stories,* Seattle: University of Washington Press.

Goodman, Grant K. (1967a) *Davao: A Case Study in Japanese-Philippine Relations,* Kansas: The University of Kansas Center for East Asian Studies.

——— (1967b) *Four Aspects of Philippine-Japanese Relations, 1930–1940,* New Haven: Yale University Southeast Asia Studies.

Gulick, Sidney L. (1905) *The White Peril in the Far East: An Interpretation of the Significance of the Russo-Japanese War,* New York: F. H. Revell Company.

Hartendorp, A. V. H. (1964) *The Santo Tomas Story,* New York: McGraw-Hill Book Co.

Henson, Maria Rosa (1999) *Comfort Woman: A Filipina's Story of Prostitution and Slavery under the Japanese Military,* New York: Rowman & Littlefield Publishers, Inc.（なお、日本語版が英語版より先に出版された。ただし、英語版とは章編成および内容が異なる。マリア・ロサ・L・ヘンソン著、藤目ゆき訳『ある日本軍「慰安婦」の回想――フィリピンの現代史を生きて』岩波書店、一九九五年）.

Holthe, Tess Uriza (2003) *When the Elephants Dance,* New York: Penguin（テス・ウリザ・ホルス著、小島希里訳『象がおどるとき』上・下、太田出版、二〇〇五年）.

Ichioka, Yuji (1988) *Issei: The World of the First-Generation Japanese Americans,* New York: Free Press（ユウジ・イチオカ著、富田虎男・粂井輝子・篠田左多江訳『一世――黎明期アメリカ移民の物語り』刀水書房、一九九二年）.

——— (1990) "Japanese Immigrant Nationalism: The Issei and the Sino-Japanese War, 1937–1941," *California History,* 59.

Ikehata, Setsuho, and Ricardo Trota-Jose, eds. (1999) *The Philippines under Japan,* Quezon City: Ateneo de Manila University Press（日本語版：池端雪浦編『日本占領下のフィリピン』岩波書店、一九九六年）.

Ileto, Reynaldo (1998) *Filipinos and Their Revolution: Event, Discourse, and Historiography,* Quezon City: Ateneo de Manila

University Press.

Javellana, Stevan（1947）*Without Seeing the Dawn,* Boston: Little, Brown and Company（ステヴァン・ハヴェリャーナ著、阪谷芳直訳『暁を見ずに』井村文化事業社、一九七六年）.

Joaquin, Nick（1983）*The Aquinos of Tarlac: An Essay on History as Three Generations,* Metro Manila: Solar Publishing Corp.（ニック・ホアキン著、鈴木静夫訳『アキノ家三代――フィリピン民族主義の系譜』上・下、井村文化事業社、一九八六年）.

Jung, Moon-Kie（2006）*Reworking Race: The Making of Hawaii's Interracial Labor Movement,* New York: Columbia University Press.

Karl, Rebecca（2002）*Staging the World: Chinese Nationalism at the Turn of the Twentieth Century,* Durham: Duke University Press.

Kerkvliet, Melinda Tria（2002）*Unbending Cane: Pablo Manlapit: A Filipino Labor Leader in Hawaii,* Honolulu: Office of Multicultural Student Services, University of Hawaii.

LaFeber, Walter（1994）*The American Age: United States Foreign Policy at Home and Abroad since 1750,* 2nd edn., New York: Norton（ウォルター・ラフィーバー著、久保文明ほか訳『アメリカの時代――戦後史のなかのアメリカ政治と外交』芦書房、一九九二年。ただし、原著初版の第一三～一九章の翻訳）.

Limqueco, Peter（1991）"From Co-Prosperity to Pax Nipponica," in Renato Constantino（ed.）, *Southeast Asian Perceptions of Japan,* Tokyo: Zensei Publishing Co., and Quezon City: Karrel, Inc.（レナト・コンスタンティーノ著、津田守監訳『第二の侵略――東南アジアから見た日本』全生社、一九九〇年）.

Manalansan, Martin（2003）*Global Divas: Filipino Gay Men in the Diaspora,* Durham: Duke University Press.

Maram, Linda（2006）*Creating Masculinity in Los Angeles' Little Manila: Working-Class Filipinos and Popular Culture, 1920s–1950s,* New York: Columbia University Press.

McCoy, Alfred W.（1980）"'Politics by Other Means': World War II in the Western Visayas," in Alfred W. McCoy（ed.）,

Southeast Asia under Japanese Occupation, New Haven: Yale University Southeast Asia Studies.
Meyer, Milton H.（1965）*A Diplomatic History of the Philippine Republic,* Honolulu: University of Hawaii Press.
Moncado, Hilario Camino（1932）*America, the Philippines, and the Orient,* New York: Fleming H. Revell Co.
Moore, Lina Espina, ed.（1994）*The Stories of Estrella D. Alfon,* Quezon City: Giraffe Books.
Ponce, Mariano（1932）*Cartas sobre la revolución,* Manila: Bureau of Printing.
Posadas, Barbara（1999）*The Filipino Americans,* Westport, Conn.: Greenwood Press.
Quinsaat, Jesse, ed.（1976）*Letters in Exile: An Introductory Reader in Pilipino American History,* Los Angeles: UCLA Asian American Studies.
Rafael, Vicente L.（1997）"'Your Grief Is Our Gossip': Overseas Filipinos and Other Spectral Presences," *Public Culture,* 9.
――――（2000）*White Love and Other Events in Filipino History,* Durham: Duke University Press（本書の第一、二、四章の邦訳が以下に所収。ただし第一章については部分訳。レイナルド・C・イレート、ビセンテ・L・ラファエル、フロロ・C・キブイェン著、永野善子編・監訳『フィリピン歴史研究と植民地言説』めこん、二〇〇四年）.
Recto, Claro M.（1930）*Asiatic Monroeism: Articles of Debate,* Manila: General Printing Press.
Roces, Alfredo（2000）*Looking for Liling: A Family History of World War II Martyr Rafael R. Roces, Jr.,* Manila: Anvil.
Romulo, Carlos P.（1943）*Mother America: A Living Story of Democracy,* Westport, Conn.: Greenwood Press.
San Buenaventura, Steffi（1990）"Nativism and Ethnicity in a Filipino-American Experience," Ph.D. dissertation, University of Hawaii, Manoa.
――――（1991）"The Master and the Federation: A Filipino-American Social Movement in California and Hawaii," *Social Process in Hawaii,* 33.
Saniel, Josefa（1973）*Japan and the Philippines, 1868–1898,* New York: Russell and Russell.
Santos, Bienvenido N.（1986a）*Villa Magdalena,* Quezon City: New Day Publishers（1st edn. 1965）.

——— (1986b) *The Volcano,* Quezon City: New Day Publishers (1st edn. 1965).

Steinberg, David Joel (1967) *Philippine Collaboration in World War II,* Ann Arbor: University of Michigan Press.

Tiempo, E. K. (1953) *Watch in the Night,* Manila: Archipelago Publishing House.

Takaki, Ronald (1989) *Strangers from a Different Shore,* New York: Methuen（ロナルド・タカキ著、阿部紀子・石松久幸訳『もう一つのアメリカン・ドリーム――アジア系アメリカ人の挑戦』岩波書店、一九九六年）.

Terami-Wada, Motoe (1991) "The Japanese Propaganda Corps in the Philippines: Laying the Foundation," in Grant K. Goodman (ed.), *Japanese Cultural Policies in Southeast Asia during World War 2,* New York: St. Martin's Press.

Tolentino, Rolando (2001) *National/Transnational: Subject Formation and Media in and on the Philippines,* Quezon City: Ateneo de Manila University Press.

Yang, Eun-sik (1984) "Korean Women of America: From Subordination to Partnership, 1903–1930," *Amerasia Journal,* 11.

Yu-Jose, L. (1999) *Japan Views the Philippines, 1900–1944,* Quezon City: Ateneo de Manila University Press.

（小川玲子 訳）

第7章　権力の三重奏
フィリピン人、日本人、植民地権力の場所

鈴木　伸枝

はじめに

近年、アイデンティティとは固定化されたものではなく、さまざまなことが行なわれる過程や人びとの関係性、あるいは多様な歴史、政治経済、文化の力関係のなかで偶発的に生成されるものだと考えられるようになってきた。こうした理解に従えば、われわれは他人とかかわることで、新たな自他のアイデンティティを構築し、また社会的なポジショナリティを獲得することになる。本稿で取り上げるフィリピン人の場合、こうした過程において、彼らの旧宗主国アメリカに関連すると思われる問題に言及することがよくある。少々長くなるが、ここでは、まずそうした事例をエスノグラフィックに紹介しよう。

一九九五年一二月、私がまだアメリカの大学院生だったときのことである。その年の夏に知り合ったジュリー(1)が私の名刺が欲しいというので、英語版を渡したところ、日本語の方がよいという。ジュリーの識字能力は一定レベルに達していたので、このとき私は勉強のために日本語の名刺を欲しがったのだ

と思っていた。その後、私は彼女がその名刺を財布のなかに入れて持ち歩き、新しく日本人と知り合うとそれを見せているのだと聞かされた。

また、彼女は私のことをフィリピン人の友人たちに話し、私が彼女の家を訪ねる予定のとき、その友人たちに彼女の家に電話をかけるよう事前にいってある場合もある。電話がかかってきて彼女たちのあいだでの挨拶が終わると、「アテ（お姉さん）、タガログ語で話してね」と私に受話器を渡す。言われたとおりに簡単な会話をすると、こんどはその受話器を取り上げ、相手につぎのようなことを告げる。「ね、これで私のこと信じるでしょ。アテは本当にタガログ語が話せるの。彼女が私のこと英語で『本』に書いた人なの！」この「本」とは、以前書いた論文が掲載された学術雑誌のことである。どうやら私のアメリカ的属性——英語能力、アメリカでの教育、アメリカ人の配偶者がいること——やタガログ語を話すことは、ジュリーにとっては自己エンパワーメントになるようだ。

これとは違う「アメリカ」を私の属性としてみるフィリピン人もいる。この場合、必ずしもジュリーのように自己エンパワーメントにはならず、むしろ自分のおかれた状況を悲観する結果に発展することがある。アイミーがその例だ。彼女の場合、何度も私に子どもをつくるよう勧めたが、その理由を「アメリカではベビー・シッターがすぐ雇えるし、みんなそうしてるんでしょ。だから子育ては楽だって」と説明した。ところが、当時の私は大学で末端ランクの語学教師をしており、パートナーは半分私の扶養の院生であった。このため、アイミーが想像するような「アメリカの」生活様式とはまったく無縁の状態にあった。しかし、そうした状況をいくら説明しても、アイミーは私を信じることはなかった。それどころか、私の手を見てこういった。「ね、伸枝の手はきれいでしょ。それはあまり家事をやってない証拠。旦那さんがアメリカ人だから。（日本人の夫と暮らす私の）ここの生活は大変！」たしかに私の手の方がアイミーのよりきれいだったが、それはパートナーがアメリカ人だからではなく、単に手抜きをしているからだ。けれども、アイミーはそうしたことに納得しなかった。

さて、以上の事例を、先述した偶発的に形成されるアイデンティティや社会的ポジショナリティの視点から捉えると、どのような解釈が成り立つのであろうか。ジュリーは、日本人でありながらアメリカと深くかかわり、また、多くの文化的資本をもつと彼女が考え、過大評価した「私」の存在を、名刺や会話をとおし周囲の人に知らしめている。さらに、ジュリーは「アテ」として私を彼女の「家族」に迎え入れ、「私」との関係性を密接にすることで、自分自身の社会的アイデンティティを高めようとしたと理解できるだろう。これとは反対に、アイミーの場合、私のなかに「アメリカ」を見ることで、「大変な生活」をしている自分の「低い」ポジショナリティを嘆くことになる。

本稿では、このように自己と他者のかかわりのなかで創発的に生まれるアイデンティティやポジショナリティについて、日本の首都圏在住の日本男性とフィリピン女性の夫婦（日比夫婦）の事例をもとに考察する。そして、彼女・彼らが一方的に相手について想像したり、彼女・彼らの相互行為のなかに現われる「アメリカ」の存在と、その影響によって日比夫婦間のジェンダーと民族の権力関係が揺れ動く状況に注目し、それを詳述することにしたい。

こうした作業に先がけ、フィリピン人と日本人の関係性を「アメリカ」という第三者の存在を視野に入れながら分析するうえで、重要な視点をひとつあげておく。それは、日比双方の文化がそれぞれ異なったかたちで異種混淆《ハイブリッド》だということである。フィリピンに関しては、スペインとアメリカによる植民地化以前から、先住民とマレー人、中国人、ムスリムなど異なる民族が交流し、またスペイン植民地支配のもとで土着のカトリック文化を育み、アジアでもっとも強くアメリカの影響を受けた国であることから、その異種混淆性《ハイブリディティ》への違和感は少ないであろう。

他方、一般に「単一民族国家」言説がまかりとおる日本を異種混淆と呼ぶ理由としては、日本では多様な民族が包摂されているだけでなく、明治時代には「文明」と「未開」のあいだの「半開」の位置にあり(小森 二〇〇一)、このことがそれ以後の日本人のグローバルなポジショナリティと強く結びついている、という点があげられよう。そして現代では、日本はその経済力によって「北」の成員と認識されながらも、「西洋」の文化的・人種的特権は付与されず、「伝統的(=後進的)」「東洋」の国、つまり、「両棲的」な「北」と「東」の属性をもつ国であるからだ。

それでは、このような二つの異なった異種混淆文化ならびにアメリカとの関係性をもつ社会出身のフィリピン女性と日本男性の場合、どのようなアイデンティティ形成が行なわれ、また先にみた「アメリカ」という第三者がいかに日常的な交渉過程に介入し、影響を及ぼしているのだろうか。次節では、こうした過程の分析の必要性を理解するために、まず一般的な言説が、国際移動するフィリピン女性たちをどのように捉えてきたかを概観し、さらに、分析の理論枠組みを提示することにしよう。

一　越境者の表象と多角的翻訳空間

越境《ボーダー・クロッシング》とアイデンティティの固定化

世界の多くの社会のジェンダー・イデオロギーは、いまもって女性の物理的移動や、社会経済的上昇移動を奨励していない。にもかかわらず、近年のいわゆる開発途上国の女性と先進国の男性との政治経済地勢・人種・民族・国籍などの境界線を越える「越境結婚《クロス・ボーダー》」の増加が、女性の国際労働移動などに端を発していることは否めない事実である。実際、日比男女の越境結婚の場合、すべてではないものの、まずフィリピン女性がエンターテイナーとして来日し、職場などで相手の日本男性と知り合い、結婚にいたっているというケースが大半を占めている。そして、このイデオロギーと現実のあいだに生まれた矛盾は、女性移住者や結婚当事者たちを一定の言説のなかに囲い込む結果を生むのである。

フィリピン女性の国際移動は植民地時代にも観察されているが、二〇世紀最後の四半紀になるとその規模は拡大し、移住先も世界中に拡がった。海外女性移住労働者たちのなかには、専門職や熟練労働者も含まれるが、現業労働者、とりわけ家事労働者とエンターテイナーにまつわる言説が一般的に取りざたされてきた。エリート海外駐在者や男性労働者と一線を画された女性労働者たちは、性・階級・国籍によって差異化されたアイデンティティを付与され周縁化されていることが多い。

日本の場合、一九七〇年代後半から大規模なフィリピン女性の流入が始まったが、彼女たちは、やはり非常に限られた日本社会の周縁の時空に位置づけられた。それは、その多くが夜の歓楽街でエンターテイナーとして稼働したことによる(2)。彼女たちは日本政府が発給した興行ビザなどで来日したが、実際には相当数がホステスとして稼働していた。この仕事は入国管理法上「非熟練労働」であるため、法的には「不法就労者」となる。また、日本のホステスのもっとも重要な役割は、客とのコミュニケーションであるが、水商売従事者は国籍にかかわらず正の社会認識を得ることはあまりない。ことにフィリピン女性の場合、エンターテイナーが売春婦と同一視されることが多く、彼女たちの観察者や外国人女性たちの「支援者」の多数は、エンターテイナーは第三世界から来た貧困者で、収入のためには手段を選べず性産業に従事するという、出身国の貧困と「性の売買」をリンクした「第三世界（の）性」を強調し、彼女たちのアイデンティティを本質化してきた（Suzuki *forthcoming*）。

こうした本質化については、第三世界からやってきた女性と第一世界に住む男性の結婚についても同様の傾向がみられる。世界各地で増加を続けるこのような組み合わせの越境結婚についての言説は、第三世界出身の妻を、ジェンダーや送り出し国と受け入れ国の二つの社会における不平等な権力構造の犠牲者としてみる傾向がある。その一方で、彼女たちの相手である第一世界の男性については、収入の少ない地方の第一次産業従事者や現業労働者、そして暴力やアルコール依存などの反社会的行動をとる者とされ、彼らも国内の経済地勢や男性性階層構造《ヒエラルキー》の周縁に位置づけられている（Suzuki 2007; 2003）。こうした表象のもっとも典型的なものは、アメリカやオーストラリアの「通信販売花嫁《メールオーダー・ブライド》」であろう。

日比結婚についての語りも同様であるが、日本男性はアジア人であるため、その「後進性」という負の特徴によって、より好ましくない男性群として表象されてきた。とりわけ日比結婚の大多数は、妻が元あるいは現役のエンターテイナーであることから、彼女たちは、結婚前にヤクザが経営するような風俗店で男たちによってその性がカネで買い漁られ、結婚後は、夫から性とジェンダーの奉仕が期待され、夫がそれに満足しないとき、さらなる暴力の対象になるとみなされがちである。フィリピン女性が白人男性と結婚した場合、その結婚の特徴がいわゆる「東洋」と「西洋」のあいだの文化的、社会的な差異をもって語られるのに対し、日比男女の関係性は、一方で「北」の男性のカネと暴力による支配と、「南」の女性のジェンダーや性の従属という二分法によって表象されている。さらに、こうした日比男女の関係性は不変であるかのように語られてきた。たしかに、暴力行為や東西あるいは南北の力関係は不在ではない。しかし、フィリピン女性を「『南』の（非力な）女性」とみなしたり、彼女たちが経済的理由だけで結婚にいたり、暴力に対しては耐えているだけだと捉える傾向は強く、日比男女の本質化を助長しているといえよう。

実際、このような日比男女の同一化《アイデンティフィケーション》は、夫婦間で行なわれている交渉や、その力関係が逆転する場合を想像することを困難にしてきたのではないだろうか。なぜかといえば、本稿の冒頭で述べたように、アイデンティティは偶発的に生成されるものであり、そうであれば、いかなる同一化もその対象のすべてを語りえないのである。本質化・同一化の境界を克服するためには、偶発性に注目することのほかに、先述の過大評価された「私」が示すように、同一化されたものと本人とのあいだにギャップが生じることを視野に入れる必要があろう。さらに、われわれ自らの経験に照らし、結婚生活や家族関係が、必ずしもつねに愛に満ち平和なものではなく、むしろ大小さまざまな交渉作業によって成立していることを考えれば、越境結婚についての想像力にも変化が起こるのではないだろうか。そして、既存の理解認識枠組みを超えた状況を想像する力こそが、日常生活の実践のなかで、日比夫婦がジェンダー、政治経済地勢、階級、民族のアイデンティティ、そしてポジショナリティの交渉を行なっていることへの理解を可能にするのである。

翻訳の空間と多角的視座

ここで、在日日比夫婦の交渉作業を分析する理論枠組みとして、「翻訳」という概念を用いることにしたい。酒井直樹（一九九七：二六）によれば、翻訳とは表面的言語の違い以上の、歴史的・社会構造的な非共約性（incommensurability）の克服を試みる作業である。それは既知の意味体系において、「異質な諸断片を駆り集め、新たな偶発的方法によってそれらの断片を結合する」ことで意味生成する「分節化の実践（articulatory practice）」である（同：一五三〜一五四）。この実践の結果は、先述のジュリーやアイミーが私にしたように、翻訳された人にとって外的な場合もあるものの、翻訳者の意味生成という点で重要である。

　実際、多様な外来要素によって構成されている社会に生きるフィリピン人は、歴史上、日常的に翻訳という作業を行なってきた。ビセンテ・ラファエルによれば、フィリピン人にとって翻訳とは「外的要素をその異質性を視界に残しながら流用し、別のものに置き換える二重のプロセス」である（Rafael 2005: xvii）。そして、世界の多くの人びとが、土着の起源を案出することで自国・自民族《ネー・ション》を主張するなかで、フィリピン人は外来の起源を探ることで自民族を語る。こうした異種混淆の主張をとおして民族の基盤を柔軟に書き換え、新たな関係性やアイデンティティを開拓してきた。

　現代フィリピンにおいても、翻訳作業は主体構築の中核であり、エンパワーメントの源となっている。こうした作業は、通常、富・教育・美・レジャーを示唆する想像の「アメリカ」に接近し、日常生活のなかにそうした「アメリカ」を取り込もうとする営為のなかに観察される（Cannell 1999）。そして、フィリピン人にとってこの富や美などを意味する「アメリカ」は、「外国に接近することでモダンな経験をする」過程を作り出す手段でもある（Rafael 2005: 5）。

日本人も「アメリカ」に言及することはよくある。しかし、言及の程度や内容はフィリピン人のものとは異なっている。「アメリカ」は、往々にして日本人に劣等感を抱かせる対象であり、それは明治の開国時と第二次世界大戦という、二度も軍事的敗北を喫したことに由来するといわれている。現在では、アメリカはモダンで、先進的で、裕福な生活様式がかなう国といった限られたメディア表象によって、そうした劣等感が再生産されていると考えられる。また、遍在する「単一民族国家」思想の影響から、アメリカを自己とは融合しえない他者として考える傾向がある。しかしそれと同時に、日本人は、アジアの人びとに対しては自身を無批判に「西洋と同定し、それと同じくらい無批判に、西洋を拒否する態度が奇妙に同居する戦略をとってきた」（Sakai 1997: 135）。もし、日比夫婦が、このような異なった解釈の「アメリカ」あるいは「西洋」を視野に入れながら、互いの関係性を築くのであれば、どのような交渉過程や結果が生み出されるのであろうか。

この問いに答えるのにレオ・チンの仕事が有益である（Ching 2001）。チンの提題は、一九世紀以降の日本の軍事・文化的な支配下における台湾人の主体形成であるが、日比男女がお互いのアイデンティティを翻訳しようとする過程を理解するのに、二つの面において示唆的である。まずひとつは、チンはホミ・バーバ（Bhabha 1994）の「ほとんど同じだが白人ではない（not-white, not-quite）」という概念をもとに、日本人を「白人ではなく擬態だがほとんど同じ（not-white, not-quite, yet alike）」存在として位置づけている点があげられる。バーバの議論は、被植民者の行為は白人植民者を真似てはいるが、植民者でないがゆえに、彼らの行動は植民者のコピーにしかなりえず、不完全（not-quite）といわざるをえないというものだ。台湾の場合、日本人の支配は西洋人が他地域で行なったものと似ている。それは、日本人は「北」の成員であり、時に「名誉白人」として振る舞うことと関係している。日本人のこうした態度について、私は最近ある在日フィリピン女性から、「忘れないで。日本はアジアのアメリカだってことを」と告げられた。たしかに頷ける。しかし、同時に日本人は世界的には「西洋」の正規成員にはなりえず、「極東」のはずれにある「伝統的」な国民として位置づけられている。こうした位置づけは、小森陽一がいう「半開」や、酒井直樹が観察する日本のグローバル秩序における二律背反的なポジショナリティと共鳴する。

チンの分析でもうひとつ重要な点は、台湾を単に日本と比較するのではなく、台湾人の主体形成に大きな影響を及ぼしている、日本と中国の双方に関係づけて考察していることである。この日・中・台のあいだの複雑な力関係は、日比の関係を「アメリカ」の存在に絡めて理解する試みにおいて、これまでの二項対立の硬直した直線的分析軸、つまり「北／南」「西／東」「第一世界／第三世界」から、それを超えた立体的視座を提供し、分析をよりダイナミックなものに変化させる。それは、通常想起される日比夫婦間の「北／南」「男／女」という分断され、前者が後者を支配する二分法の関係性のなかに「アメリカ」を加え、「三角関係」に持ち込むことで、日・比・米の三者間に新たな分析の空間が立ち現われることになるからだ。また、この「三角関係」で重要なのは、台湾にとっての日本や中国と異なり、アメリカは確固たる「西洋」の一員であるため、グローバルな秩序のなかで日比男女がいかにこの「西洋」に接近するかによって、既存の序列が揺らぎ、支配・被支配の関係性にも変化が起こりうることである。

こうした構図では、先にみたアイミーにとっての私は、「気味の悪い二重性」と写るのだろう。なぜなら、私が、「白人ではないが白人のような生活をしている日本人」と想像されるからである。以下に詳述するように、同様に日本人の夫にとってフィリピン人の妻は、互いのアイデンティティの翻訳過程や、過去の植民地の歴史によって「アメリカ人」や「西洋人」になりうる。つまり、フィリピン人が「アメリカ」という象徴に接近、またはそれを流用する際に、彼らはこのグローバルな権力から派生的な力を得るのである。同時に、かつてアメリカの植民地であったことに言及することで、今日においてもなお、フィリピンのアメリカとの系譜上の関係性が示唆される。このことが、日本人の「西洋」に対する劣等感を引き出し、フィリピン人を優位にする。

ただし「アメリカ」への接近は、時に裏目に出ることもある。たとえば、一九世紀までのスペイン統治下において、西洋の教育を受けたフィリピン人リーダーたちが植民者から虐待されたように、現代日本のフィリピン女性は「アメリカ人」と翻訳される過程で、日本人の夫の暴力や復讐の標的にもされうるからだ。それでは次節で、出国前のフィリピン女性にとって日本が「アメリカ」となる過程から眺めていこう。

二 「アジアのアメリカ」を求めて

第三世界の女性たちの就労や結婚を目的とする国際移動に関する支配的言説によれば、彼女たちは自己を犠牲にし、故郷に残る家族に仕送りすることによって孝行する伝統的な女性たちとなる。こうした解釈は、これらの女性たちが第三世界のなかでも貧困層の出身であるという捉え方によるものだ。たしかに彼女たちの家族への強い思いを考えれば、そうした捉え方は正しいのかもしれない。しかし、全世界の大多数の人びとがグローバルな資本主義経済下で生活している現状に照らしてみると、人の国際移動の理由としては説得力に欠けるものがある。なぜなら、貧乏であれ、金持ちであれ、われわれの多くが生活のため、そして家族のために働いており、よりよい賃金や「生活の質」の向上、そしてキャリアアップのために国際移動する人びとの数は確実に増加しているからである。

さらに近年の研究によると、女性の国際移動の動機には、生存権維持や経済的な上昇移動のみならず、多様な理由があることが明らかにされている（Constable 2005; Suzuki 2002b）。その一方で、世界の最貧層の人びとは移動不可能なほど苦しい状況にあるとの指摘もある（Cannell 1999: 1–26）。とすれば、国際移動ができる人びとは最貧層の出身ではないとも考えられる。それと同時に、グローバリゼーションは世界の隅々にまで物質的あるいはそれ以外のものを普及させているため、最貧層で経済的に移動が不可能な人びとであってもグローバルなものへの想像や夢、憧れは持っていると考えられる。彼女・彼らの豊かな想像力は、「アメリカ」や「外国に接近することでモダンな経験をする」原動力となることもあるだろう（Suzuki 2005）。

以上の問題意識にもとづき、ここでは、フィリピン女性の国際移動の多様で複雑な動機のなかでも、とくに「アメリカ」や「モダン」なものを求めた事例を中心にみていく。じつは、彼女たちが国際移動先として日本を選んだきっかけのひとつは、彼女たちの身近なところにあったのである。

一九七〇年代以降のグローバル経済の展開により、世界各地で外国のモノやイメージに触れる機会が増えている。一九六〇年代後半以降にフィリピンで育った人びとは、マルコス政権（一九六五〜八六年）とアキノ政権（一九八六〜九二年）のもとで、外資導入に大きく依存した経済政策のなかを生きてきた。一九八六年にマルコス独裁政権が崩壊すると、フィリピンに対する日本の政府や企業からの援助や投資が急増した。この結果、日本の製品や開発プロジェクト、あるいはアニメのような文化プロダクトも、フィリピンのメディアや国内各地の消費市場に溢れるようになった。さらに、一九七〇年代初めから始まった観光開発によって、日本人観光客の数も増えた。二〇〇一年には、日本からの観光客は一人当たり一日平均二五〇ドル消費している（郷 二〇〇二）。こうして第二次世界大戦時の反日感情が薄れるなかで、フィリピン人には日本が以前とは異なるかたちで想像されるようになっていく。たとえばそれはつぎのようなものだ。以下のフィリピン女性の例によれば、いまや日本は簡単にアメリカの代用になるようだ。

ブラックマーケット行ったらよう分かるけど、ドルと円がごっつう強い。アメリカ遠いしな。どうしても日本ということになるがな……。うち、日本には金のなる木があると思ったがな。日本に行こう、やねん。それまで、日本のことはよう知らんかった。お父さん、お母さんは戦争とか知っとるけどうちは知らんもんね。でも、日本人、マニラにぎょうさん来よったから、見慣れとった。ラジカセ、カメラ、カラーテレビ、そんなとこや。（ジョワン 一九八六：一一四）

近年、多くのフィリピン人は「メイド・イン・ジャパン」というブランドや、コスモポリタンとしての東京のイメージから日本に対する夢想を抱き、そこには寂れた地方や貧困が入る余地はない。日本は「アメリカ」のようなところで、グローバル都市としての喧騒や洗練性が容易に想像される。よって、先の引用にある女性の場合、日本を「金のなる木」としてのみならず、そこにあるはずの「モダン」なものや「質の高い生活《クオリティ・オブ・ライフ》」を享受できる「アメリカ」も視野に入れているのだろう。実際、日本は「文化の進んだ」、「今まで食べたことのないおいしいものがある」国であり（中野 一九九九）、東京ディズニーランドやすべてがプッシュボタンで動く最新技術の世界（Ventura 1992）として想像されているのである。

また、フィリピン人にとって肌が白いことは文化的価値をもつ。それは、熱帯の光のなかで作業をしなければならない農民や労働者と異なり、白い肌をもつことは「アメリカ人」であること、あるいはフィリピン上層社会出身の象徴とされる白人との混血《メスティーサ》であることを意味するので、やはり「アメリカ」に接近したように受け取られる（Cannell 1999）。

一九七〇年代以降、マルコス政権下で海外出稼ぎ労働政策が促進されるなかで、多くのフィリピン女性がエンターテイナーとして日本に出稼ぎに来るようになった。夜の稼働と温帯の気候によって、彼女たちのなかには肌の色が薄くなって帰国してくる者も多くいる。こうした肌の色は肯定的に受け止められ、時には嫉妬の対象ともなる。先述のジュリーいわく、「色が白くなって……何でみんなきれいになってるのかな。じゃあ、私も行こう。私もきれいになりたいじゃん！」といった具合である。

また、色白の肌以外に、多くのフィリピン女性たちは流行の服やセクシーな服、そしてブランド品を身にまとって帰国してくる。こうした身なりは、カトリックの国フィリピンでは社会的に公然と語ることのできない、若い女性たちの物質的、性的な欲望を十分に表現している。そして、腕に抱えた大きなディズニーのぬいぐるみが、彼女たちが「アメリカ」から帰国したことを「証明」する。

もちろん、彼女たちがエンターテイナーとして水商売で稼働し、セクシーな格好をしていることは、フィリピンの世間一般から非難や叱責を招いている。しかし、ここで確認しておきたいのは、若いフィリピン女性たちのこうした行為は、単に彼女たちの個人的な物欲主義に矮小化できない点である。こうした行動の背景には、第一に植民者とフィリピン人エリートたちが作り上げた強固な格差構造があり、第二に、日本人を含む「北」の国の人びとが自国の商品が溢れる市場をフィリピン国内に展開し、欲望の種を植えていることを忘れてはならない。「第一世界」の人びとや、フィリピン国内の上層社会の人びとであれば、国内にある「アメリカ」やモダンな生活様式を享受できる。しかし、それがかなわぬ労働者層の女性たちであっても、同様にモダンな空間に身をおきグローバルな消費生活を味わいたいという人間的な夢をもっている。こうして彼女たちは、フィリピンにいたのではかなわぬ生活様式を勝ち取るために、自らの意思で空路の旅を実現し、日本へと向かったのである。

「アメリカ」的なものを求めるフィリピン女性たちの心情は、これまで「植民地根性《コロニアル・メンタリティ》」として語られることが多かった。しかし、現代のフィリピン社会で観察される日本の資本・モノ・旅行者や、日本から帰国したフィリピン女性が見せる富や「モダン」なものによって彼女たちの欲望が生まれたのだとしたら、それは今日のグローバルな市場経済の効果ともいえよう。そして日本は、彼女たちの「モダン」なものへの新たな夢想のなかで、「アジアのアメリカ」や「類似のアメリカ」として翻訳されているのである。

三　優《マランビン》しい「アメリカ」男性

だが、このように日本のなかに「アメリカ」を求めたフィリピン女性たちは、日本男性との結婚後、日本や日本人は彼女たちが考えていたほど「モダン」ではないことに気づく。たとえば、先のアイミーの語りにみられるように、日本では家事労働者や子守りを雇ったりしないうえに、夫は優しくもないことに気づくのである。私が聞き取りをした多くのフィリピン女性たちは、「フィリピン男性は優しい」という。彼女たちは、意中の女性に「もうご飯食べた」と尋ねたり、仕事帰りにちょっとしたお土産を買ってきてくれるような行為を優《マランビン》しいと呼ぶ。ここで重要なのは、それが「アメリカ人」が示す態度と同じだという点である。インタビューのなかで、レアーは私のパートナーを想像し「鈴木さんのこと、レディとして扱ってくれるんでしょう。アメリカ人は『レディ・ファースト』。奥さんにも愛情表現してくれるでしょ」。そう言いながら、レアーはそうした行為をフィリピン男性の行為と比べてつぎのように言う。

フィリピン人はアメリカのやり方に従う……フィリピンでは女の人だけじゃなくて、男の人も何かしてくれる。だんなさんが奥さんに「コーヒー飲む」って聞いたりする。私はアメリカ人のやり方する人が好き。アメリカ人ってロマンチックでしょう。

このような理想化した優しい「アメリカ人」や、「アメリカ人みたいなフィリピン男性」についての語りは、日本人の夫との交渉の土台作りに役立つこともあるようだ。

こうした女性たちの理想とは裏腹に、「奥さんに『マハール・キタ（愛してる）』とかいうんですか」という質問に対し、ほとんどの日本男性たちは「死んでもいわない！」あるいは「マハールだ？ 水道代がマハール（高い）だよ」と答えた。しかし、こうした男性たちのなかにも少数ではあるが、「アメリカのやり方」をしてほしい妻の期待に応えようと努力している者も見かける。たとえば、柴田がその例だ。毎週教会のホールに現われる柴田はよく妻ファニーの手を握ったり、腰に手を当てている。また、周りに空いている椅子がいくつもあるにもかかわらず、一つの椅子に二人で座る、といった具合だ。ファニーは歩いているときも手を握るように言うが、買い物袋で手がふさがっていない限り柴田はそれに応えている。柴田は他の同様の男性たちのように、妻に向かって「愛してる」と言うことも習っている。たとえそれが儀礼的であれ、また「いつもいってるから空気みたいなもん」と言いながらも、そうした実践を繰り返している。

柴田のような夫たちは、日本人である私と話しているあいだは平静を装っている。しかし、ほかの多くの男性たちが、妻は「子どもの母親で女じゃない」とジェンダー役割で捉える文化に育ったにもかかわらず、彼らは妻が望むことばと行動で応えている。また、彼らは調査当時三〇代後半から五〇代で、語用的に「愛してる」よりも「好き」を使う方が一般的に思えるが、妻が日本語で理解せず、この二語を英語の"love"と"like"に対応させることから起こる誤解を避けるために、「愛してる」と言うのだ。つまり、このような日本男性はただ単に日本語の表現を使うのではなく、優しい関係を望む妻の希望を満たすために、語用に変化をもたせるのである。そして、日本の中年男性がそのような表現を口にすること自体、かなり「アメリカ的」であるといえよう。このような男性たちは、妻に「フィリピン人のような優しいだんなさん」として、家庭のなかで相応の待遇を受けているようだ。

このように、フィリピン人の妻たちが日本人の夫に求める「アメリカ的なやり方」は、夫たちを「優しい旦那さん」に変身させるのみならず、瞬間的であるにせよ、優勢なジェンダーや国籍の差による力関係の再配置を起こす可能性も秘めているのである。こうした再配置がより鮮明に観察されるのは、フィリピン女性たち自身が「アメリカ」を具現化し、夫に提示したり感じ取らせる場面である。

フィリピン女性と結婚した日本男性は、第三世界から来た彼女たちが「昔の日本女性」になってくれることを期待し惹かれていることが多い。しかし、彼女たちの英語力に衝撃を受けた男性も少なからずいる。たとえば、フィリピンの有名大学を出て、英語力を生かしフィリピン外務省で働くことを夢見たローナの場合がそれである。ローナは働いていた都心のバーで貿易商の夫と知り合ったが、彼は彼女の流暢な英語と自信に惹かれたのだという。

こうした夫たちのなかには、妻の英会話能力を「うちの奥さん、英語ぺッラペラ！」と誇らしげに語ったりする者もいる。フィリピン人の英語力は一様ではないが、日本語しかわからず、妻の実際の英語運用能力が測れない夫にとって、妻の英語力は実力とは関係なく「かっこいい！」ものとして尊敬に値するようだ。たとえば、かつてアマチュアロック・バンドをしていた日本男性は、フィリピン女性たちは「地球語ができる。英語は憧れだったから。俺は井の中の蛙。（彼女たちと付き合うことで）大海に飛び出せた」と語った。

また、フィリピン人の妻や恋人のいる日本男性の多くが、彼女たちあるいは書籍などから「昔、フィリピンはアメリカの植民地だった」ことや「アメリカ式教育を受けた」ことを習っている。こうしたことから、一部の日本男性は「フィリピン人は西洋化している」と考えるにいたる。日本人の夫がフィリピン人の「アメリカ的属性」に気づいたことや、日本人のなかにあるアメリカへの感心や劣等感をフィリピン人の妻が見抜くと、妻はコード・スイッチングを戦略的に使いはじめることがある。

たとえば、通常日本語で会話している妻が、英語で夫に「父親の権利」を語り、子どもの面倒を見るように仕向ける場合がそれである。もちろん、「権利」という近年西洋から日本に輸入された概念は、夫にさらにインパクトを与える。また、英語にことばを切り替えることで「平等」や「民主主義」などの「アメリカ」を連想させる概念も言外に含ませながら、メッセージが送られることになる。こうした営為をとおし、妻を「アメリカ的」と翻訳しはじめた夫は、「夫と妻はパートナー」と夫婦の平等を示唆する発言をしたりするようになるのである。

このような日常の相互行為のなかでとくに注目したいのは、フィリピン女性たちは英語を話すことで、生成的に「アメリカ」との関係性を確立するだけでなく、植民地であったという系譜学的にもアメリカとの強い関係性があることを夫に想像させることができるようになる、ということのみならず、この創発的に立ち上がった意味生成空間において、日本男性にとってフィリピン女性たちは、「アメリカ」の換喩として捉えられているという点である。

こうしてフィリピン女性たちが引用したり夫に想起させたりする「アメリカ」は、グローバルな国家・民族・言語の階層構造《ヒエラルキー》のなかに、これまでの「北」の男性と「南」の女性という関係とは異なるかたちで日比の男女を再配置する効果を発揮している。この空間においては、フィリピン女性は、白人ではないがほとんど同じ「西洋人」として、「東洋人」の夫より上位のポジショナリティを獲得することができる。さらに、権力とグローバリゼーションの象徴である「地球語」を駆使するフィリピン女性たちは「国際的」な領域を往来できるが、日本男性たちは地に深く根ざした不動の「井戸」のなかで天を仰ぐだけである。そして、フィリピン女性との関係性を築くことによって、「極東」より先の世界に間接的に接近できるようになるのである。

しかし、こうした夢想の「アメリカ」は、つねに女性に優位に働くわけではない。この「アメリカ」は逆境ももたらすのである。

四　「アメリカ」の裏切り

フィリピンの歴史が示すように、翻訳という作業は、外的あるいはモダンな要素との関係性をつねに平和に構築させてくれるわけではなく、誤訳、すなわち誤認は、疑念・紛争・暴力などの火種となってきた。翻訳は偶発的に知の断片を分節化する実践であるため、こうした負の反応は予期せずに起こる。翻訳される人についての知の断片が意図しないかたちで組み合わされると、フィリピン人の妻の「アメリカ」的属性や行為の翻訳者、つまり日本人の夫の裏切りや報復行為を招くこともある。

ここでは、グローリアと小山という夫婦の結婚とその破綻の例を取り上げ、フィリピン女性と日本男性のあいだで起きた誤訳・誤認の諸相について考察しよう。この事例は、日比結婚の破綻を一般化するために引用するのではない。そうではなく、母親となったグローリアと彼女の子どもたちがはからずも経験することになった試練は、グローリアと小山の夫婦関係のなかに、「アメリカ」が見え隠れしたため起きたことが顕著だからである。

グローリアと小山は一九七〇年代後半、小山がフィリピンを旅行で訪れた際に知り合った。小山は大卒でグローリアと出会ったとき、アメリカのサンフランシスコで長期にわたり観光接客関係の事業をしていた。大学卒業直後で二〇歳を過ぎたばかりのグローリアには、当時人気のあったフィリピンの映画俳優に似ていた小山が魅力的に思えた。他方、ビジネスを志す彼女にとって、アメリカ在住である彼は、自分自身の社会上昇やキャリア形成にとっても魅力ある男性だった。知り合ってから数年のあいだ、小山は休暇を利用してマニラに彼女を訪ねた。しかし、一九八〇年代初めに小山は事業に失敗し、日本に戻りタクシー運転手となった。二人の関係は、小山が、新しく居を構えた横浜とマニラを往復するかたちで継続した。小山の生活がこのように変わるなかで、グローリアは、小山とのあいだに生まれた息子と娘を子守りの手を借り養いながら、さまざまなビジネスを手がけていた。息子が学齢に達した時点で、二人は日本で共に生活することを決意した。

フィリピンを訪れていた時期の小山は紳士的であった。しかし、一九九〇年代初めにグローリアと子どもたちが横浜に到着すると、様子は一変した。その理由のひとつとして、彼女の日本でのキャリアウーマンとしての成功があるようだ。グローリアは、来日以前から先進国である日本が彼女にビジネス・チャンスをもたらすことを願っていた。そして、日本に到着するやいなや、英字新聞で求職活動を開始し、まだ日本語の挨拶もままならないうちに貿易会社に就職し、二週間後には二五パーセントの昇給を得た。さらに入社二カ月後、フィリピン中部セブ島の事務所経営を打診された。このとき提示された給与は月三〇万円で、年収にすると小山の当時の年収四〇〇万円の約九割に相当した。喜んだグローリアはさっそく帰宅し小山に報告したが、息子が小学校に通いはじめたばかりで移住はできないと言われた。グローリアは唇をかみ締めながら、「彼は私に普通の主婦になってほしかった」のだと分析した。来日したばかりのグローリアにとって、「先進国」の日本では、フィリピンのように子守りや家事労働者を雇う習慣がないことは想像できなかった。それどころか、日本で主婦をするということは、彼女自身が「家事労働者」にならなければならないことを思い知らされたのである。

こうした状況のなかで、二人が大小さまざまな事柄について口論するようになるのにさして時間はかからなかった。小山は直接グローリア個人には言及しなかったものの、フィリピン女性は「みな売春婦」で、フィリピンは「最低」で「ばか」な国だと罵った。グローリアの反論に対し、小山は「なまいき」で「偉そう」だと批判し続けた。こうした批判は、グローリアが自らの決断の根拠を説明したり、小山の論理的矛盾を指摘したとき、とくに激しいものになり、口論はやがてドメスティック・バイオレンス（DV）に発展した。小山は、身体上とことばによる暴力、金銭使用の制約や人との付き合いをチェックするようになった。

グローリアはじつは内心、こうしたDVが起こりうることを来日直後から感じていた。グローリアは子どもたちとともに、小山の住む2DKのマンションに到着したが、部屋を見るなり子どもたちが、「フィリピンのお母さんのうちのバスルーム（トイレとシャワー室）より小さい！」と言ったのを、小山は聞き漏らしていなかった。その後、子どもたちのいたずらを見るにつけ、「子どもは動物のようなものだから」と言いはじめ、言うことをきかないと平手で殴ったり、ひどいときは水道の蛇口や壁に頭をぶつける暴力を始めた。グローリアと小山は、複雑な交渉のすえに別居した。カトリック教徒同士であれば離婚が認められていないフィリピン社会に育ったグローリアにとって、結婚と個人的な夢の破綻は、小山のDVが始まって二〇年近くたついまでも、彼女を精神的にも経済的にも苦しませている。

グローリアの事例をはじめ、日比結婚の破綻についての情報は、フィリピン女性の側から得たものが大半である。日本人の夫たち数人とは、破綻が起こる前に話したり、公の場所で見かけたことがあったので、彼らの考えや状況について多少の情報も得てはいる。けれども、本節の議論は、妻側の見解に偏っていることは否めないうえ、部分的には推測の域を出ないものもある。また、小山のような日本男性たちが起こすDVについて、さらなる調査が必要なことも事実である。こうした点を踏まえたうえで、ここでは小山の暴力のきっかけとなったいくつかの事象について確認したい。日比夫婦の場合、お互いのなかに「アメリカ」の属性を感じ取っていることが、夫婦の関係性を複雑にし、トラブルの背後にあることが想像できるからだ。

グローリアは、小山が彼女に対する心理状況を悪化させた理由を、「自分に自信がないから」だと説明した。だからこそ、彼は社会に認められたいと願ったが、アメリカでの失敗によって親戚からもそうした認識が得られなくなった。アメリカは「だれもがチャンスを得られる国（the land of opportunity）」

のはずだが、事業の失敗によって、小山はそれを勝ち取るだけの資質がないことを自認せざるをえなくなった。他方、グローリアはアメリカで家族と自分自身の社会上昇を望んだが、夫が事業に失敗した結果、最終的には彼女だけが、「アメリカ」との関係性を維持することになってしまったのだ。

たとえば、グローリアと小山の言語使用である。グローリアは日本語をある程度習得したが、細かい説明ができるだけの能力はもたないので、母語のタガログ語話者以外との会話は、英語に頼ることが多かった。小山は英語はある程度できるが、やはり細部の説明ができるほどの実力はなかったし、タガログ語もあまり理解できないという状況であった。こうしたことから、夫婦の会話には英語が多用され、このことがグローリアを言語的に優位に立たせる結果を招いた。

さらに、彼女は夫婦関係が悪化するなかで、論理的な考えや合理性という、いわゆる「西洋」の属性をもって小山を圧倒した。また、グローリアは来日早々、職に就き、昇給を得、事務所経営を頼まれ、さらに小山の年収のおよそ九割の報酬が提示されるほどビジネス・センスが評価された。グローバルな資本主義経済におけるアメリカの支配性のなかで、グローリアが受けた評価は、彼女を「アメリカ人」のような存在にさせたといえるだろう。

他方、小山の状況はというと、家族が来日したのは平成不況が始まったばかりの一九九〇年代初めで、彼はすでに四〇代半ばになっていたが、突然育ち盛りの子ども二人を、タクシー運転手として養わなければならない重責を負うことになったのだ。こうしたなかで、たとえ子どもとはいえ、フィリピン人中間層と日本人労働者層の住宅事情を比較して、フィリピンの「バスルーム」サイズ以下のマンションに家族四人が住むのだというコメントは、小山の男性として、また「第一世界」の一員としての自尊心を大きく傷つけたに違いない。そして、フィリピン人中間層のそうした物質的優位性については、何度もフィリピンを訪れたことのある小山自身、よくわかっていたことでもある。

この文脈で、小山は、グローリアをジェンダー・国民・言語の階層構造《ヒエラルキー》を覆す「アメリカ」という要素を身体化し行動する女性として翻訳し、物質・文化・言語の序列を「常態」に戻すために、暴力に訴えたのだと考えられる。小山がフィリピンやフィリピン人を指して「売春婦」「最低」「ばか」といったことばをグローリアに浴びせたのは、教育も実力もあり、白人ではないがほとんど「アメリカ人」のような妻をはじめとするフィリピン人を意図的に誤訳し、支配的な言説にあるように、彼らを「後進的」で、貧困者が溢れた「第三世界」の人びととして誤認しようとする、植民者的暴力の実践とみてとれる。小山は、自分自身の「ほとんど同じだが白人ではない」ジェンダーと国籍のアイデンティティを、グローリアが具現化する「アメリカ」を否定することで「正常化」させ、それと同時に、「モダン」な「第一世界」、すなわち「アメリカ」の成員としてのアイデンティティを皮肉なまでに求めてやまない自らの欲望を、暴力によって満たそうと試みたといえよう。

おわりに

日常生活のトランスナショナル化と世界的な格差拡大、そして、それにともなって高まりつつあるコスモポリタンな世界都市の人びとと同様のモダンな生活様式を享受したいという多くの人びとの願望は、今日、人の国際移動や他民族・他国民との越境結婚の増加という結果をもたらしている。一方で専門職・熟練労働者などの国際移動も増加の傾向にあるものの、彼らについての記述は、物見高いグローバルな観察者の興味を引くことはあまりない。日本を含めた世界各地で、「外国人」の存在は日常的に意識されるようになったが、いわゆる第三世界から来た移住者は、どこでも否定的に表象されることが多い。こうした「外国人」の増加に対する負の言説は、国家、ジェンダー、階級、人種、セクシュアリティ、宗教あるいは民族が異なる人びとに対して、受け入れ社会の一般の人びとの社会的・心理的障壁をさらに高くする動きにつながるものである。

こうした状況のなかで、女性の海外移住者に関してひとつの共通した捉え方がみてとれる。それは、彼女たちが性的、物質的、そしてモラル面における他者という表象である。そして、彼女たちは、「南」から来た「貧民（＝教育のない）」であるため「犠牲者」になりやすいとされてきた。このような捉え方は、たしかに実際に被害にあった人びとへの支援活動をするのには重要かもしれない。しかし、それは、移住女性たちの行為体《エージェンシー》を軽視しているうえ、彼女たちが移住先の人びととの交渉によって新たに生み出す関係性や、そうした関係性の背後にある異なる歴史背景やグローバルな権力構造が、そうした関係性の構築にどのように影響しているかを不問に付している。

さらに、移住女性たちと彼女たちにかかわる男性たちに対する非常に限られた認識は、過去の植民者や帝国主義者がしてきたように、こうした男女に、彼らのジェンダーや社会階級、民族に「妥当」だとみなされる負のアイデンティティを付与し、社会の周縁に位置づけ、そして彼らと彼らについて語る者とのあいだに境界線を引く排他的な結果を招いてもいる。

本稿では、こうした認識枠ではとうてい計り知ることができない、移住者と受け入れ社会の人びととの関係性が、日常の相互行為のなかで偶発的に生成されていく様子を、在日日比夫婦の事例から検討してきた。本稿における記述の対象となった人びとは、日常生活のなかで、無意識にあるいは戦略的に、互いのアイデンティティを翻訳し、新たな関係性を築いている。そのような行為は、友好的・破壊的のどちらの結果も生み出す力を秘めている。

在日日比男女の場合、こうした交渉が非常にダイナミックになる重要な文脈は、両民族の異種混淆で両棲的な属性がせめぎあう場面である。本稿で検討した夫婦の場合、変わりゆく交渉場面で、異なる歴史的背景と不均衡な力関係のあいだを往来しながら、互いがもつ異種混淆の属性をそれぞれ違ったかたちで節合し、分節化していることがみてとれる。こうしたなかで、もっとも顕著な特徴は、お互いが抱く「モダン」の象徴である「アメリカ」というものに対する夢想である。

アメリカ植民地時代の残滓がある社会から来たフィリピン女性たちは、日本で「アメリカ」のシンボルをさまざまなかたちで動員することで、「南の貧民」からの脱却を図ろうとする。他方、日本人の「アメリカ」との関係性は、フィリピン人ほど親密でも自発的でもない。日本人は、「北」の成員ではあるが、グローバルな人種・民族・言語的な秩序のなかで、「西洋」の白人が享受する特権は与えられていない。このことが、日本人の「後進的」アジアの一員としての劣等感につながっている。日本男性がこうした心情をもつ一方、フィリピン女性たちは英語を話したり、「アメリカ的」行動をとることで「西洋」との関係性を生成し、さらに旧宗主国アメリカの教育を受けた過去に触れることで、アメリカの延長線上に自らを位置づけることができる。そしてフィリピン女性のこうした行為によって、日本男性は彼女たちを「西洋人」として捉えなおすことになる。

この瞬間、これまでフィリピン女性と日本男性の絶対的なポジションだと思われていた「南／北」の参照軸が崩れ、「西／東」の軸に自らの位置が感じ取られる。この流動化した「北」「南」「東洋」「西洋」の時空のなかで、日本人の夫は「北東」の片隅において、「国際的」な「アメリカ人」あるいは「西洋人」としてのフィリピン人の妻の存在をとおし、間接的にグローバルな属性を楽しませてもらうことになる。しかし、日本男性たちが、フィリピン人の妻の行為を否定しようとしたり、誤訳したとき、夫は妻を、日本人の、そして男性の優位性に対する挑戦者と捉え、「場違い」な女性を「妥当な」秩序のなかに送り戻し、転覆した権力関係修復のために復讐行為にはしるのである。このように、現代世界においては、グローバルな権力の源である「アメリカ」は、人びとをエンパワーし、また、「アメリカ」にはそうした力があるがゆえに、同時にその暴力性を露呈することを認識する必要があろう。

もしわれわれが、今日その増加が著しい国際移動や越境結婚といった事象のなかに見られる、人びとの関係性やその背後の権力構造を理解しようとするのであれば、まず、われわれと観察対象者のあいだの差異のみを見つめ、あるいはそうした差異を想像することで彼らを他者化するのではなく、本稿の事例が示すように、「われわれ」と「彼ら」が共有する事象にも着目する必要があろう。そして、人びとがそうした共有するものの諸要素を、ある特定の歴史・社会・政治・経済の文脈のなかで、それぞれのポジショナリティから、いかに節合し分節化するのかを考察することで、当事者やその直近社会のみならず、グローバルな権力作用の一端を可視化できるようになるのである。

さらに付言すれば、本稿で検討したような「アメリカ」、あるいはそれに内含される概念、たとえば

「平等」などを、過大評価や理想化することは回避すべきである。その理由は、そうしたものがこれまでその理想どおり実在したことはなく、その実態がもし生み出されるとすれば、それは将来的課題として残されているのである。そして、われわれは、そうした自分自身の過大評価や理想化したものに、われわれの認識能力の植民地化を許してしまう危険性があるからだ。したがって、もしわれわれが、批判的、根源的、価値転覆的な知を生み出し、トランスナショナル化する不平等な世界で起きている事象をより包括的に捉えようとするならば、まずもってわれわれ自身が自らの既存の認識枠組みから脱却し、われわれを含む多くの人びとの寓話とその想像の世界を脱植民地化することが求められている。

註記

(1) 本稿では、個人名はすべて仮名を使っている。その他の個人情報もその保護の立場から、議論の核心を左右しない範囲で変更している。名前の選択は通常の会話に従い、フィリピン人は「名」で、日本人は「姓」で呼ぶ。ただし敬称は省略した。

(2) 二〇〇五年三月、法務省は興行ビザの発給を前例にないほど引き締めた。二〇〇九年末現在のエンターテイナーの在留目的別外国人登録者数は、一九〇七人であった(法務省 二〇〇九)。

参考文献

郷 富佐子(二〇〇二)「リゾート『閑古島』旅行業者カンカン」『朝日新聞』一月八日。

小森陽一(二〇〇一)『ポストコロニアル』岩波書店。

酒井直樹(一九九七)『日本思想という問題――翻訳と主体』岩波書店。

ディナー、ジョワン(一九八六)「インタビュー――わたしのジャパゆき体験」『別冊宝島 五四 ジャパゆきさん物語』JICC出版。

中野フェ＝シェリアキタ（一九九九）『日本に嫁いで一一年』文芸社。

法務省（二〇一〇）「第一表　国籍（出身地）別在留資格（在留目的）別外国人登録者」<http://www.e-stat.go.jp/SG1/estat/List.do?lid=000001065021>。

Bhabha, Homi（1994）“Of Mimicry and Man: The Ambivalence of Colonial Discourse,” in *The Location of Culture,* London: Routledge（ホミ・バーバ著、本橋哲也ほか訳『文化の場所――ポストコロニアリズムの位相』法政大学出版局、二〇〇五年、第四章「擬態と人間について――植民地言説のアンビヴァレンス」）.
Cannell, Fenella（1999）*Power and Intimacy in the Christian Philippines,* Cambridge: Cambridge University Press.
Ching, Leo（2001）*Becoming “Japanese”: Colonial Taiwan and the Politics of Identity Formation,* Berkeley, Cal.: University of California Press.
Constable, Nicole, ed.（2005）*Cross-Border Marriages: Gender and Mobility in Transnational Asia,* Philadelphia: University of Pennsylvania Press.
Rafael, Vicente L.（2005）*The Promise of the Foreign: Nationalism and the Technics of Translation in the Spanish Philippines,* Durham: Duke University Press.
Sakai, Naoki（1997）*Translation and Subjectivity: On Japan and Cultural Nationalism,* Minneapolis: University of Minnesota Press（日本語版：酒井直樹『日本思想という問題――翻訳と主体』岩波書店、一九九七）.
Suzuki, Nobue（2002a）“Women Imagined, Women Imaging: Re/presentations of Filipinas in Japan since the 1980s,” in Filomeno V. Aguilar（ed.）, *Filipinos in Global Migrations: At Home in the World?* Quezon City: Philippine Migration Research Network and Philippine Social Science Council.
――――（2002b）“Gendered Surveillance and Sexual Violence in Filipina Pre-Departure Experiences to Japan,” in Brenda Yeoh, Peggy Teo, and Shirlena Huang（eds.）, *Gender Politics in the Asia Pacific Region,* London & New York:

Routledge.
——— (2003) "Of Love and the Marriage Market: Masculinity Politics and Filipina-Japanese Marriages in Japan," in James E. Roberson and Nobue Suzuki (eds.), *Men and Masculinities in Contemporary Japan: Dislocating the Salaryman Doxa*, London & New York: RoutledgeCurzon.
——— (2005) "Filipina Modern: 'Bad' Filipino Women in Japan," in Laura Miller and Jan Bardsley (eds.), *Bad Girls in Japan*, New York: Palgrave.
——— (2007) "Marrying a Marilyn of the Tropics: Manhood and Nationhood in Filipina-Japanese Marriages," *Anthropological Quarterly*, 80(2): 427–454.
——— (*forthcoming*) "'*Japayuki*' or Spectacles for the Transnational Middle Class," *positions: east asia cultures critique*, 19(2).
Ventura, Rey (1992/1993) *Underground in Japan,* London: Jonathan Cape (レイ・ベントゥーラ著、松本剛史訳『ぼくはいつも隠れていた』草思社、一九九三年).

第8章　アメリカの磁場のなかの自己形成

山口百恵と小泉元首相をとおしてみるヨコスカと戦後日本のねじれ

清水　展

はじめに

小泉純一郎元総理は横須賀に生まれ、横須賀に住み続け、横須賀を選挙区とする世襲三代目の衆議院議員を連続一二期、一九七二年から二〇〇九年まで勤めた。また、二〇〇一年から二〇〇六年までの五年五カ月の長きにわたって内閣総理大臣であった。本稿は、政治家としての彼と米軍基地、およびアメリカ大衆文化との関係について考察する。結論を先取りしていえば、異形の総理とも呼ぶべき小泉元首相は、アメリカの強力な磁場のなかで自己形成をしたゆえに、他の政治家とは大いに異なる仕方で戦後日本の社会を見ており、彼の心象風景にはその他大勢の政治家とは違った戦後日本の姿が映っていた。そのことが非情ともいわれ（浅川　二〇〇一：佐野　二〇〇六）、稀代のマキャベリストとも形容され（大嶽　二〇〇六：二四四）、色濃いニヒリズムの影を指摘される（御厨　二〇〇六）元首相個人の資質と、その強力なリーダーシップを支える信念や政治姿勢を導いた。

第二次世界大戦の末期、すでに日本の占領政策を立案していたアメリカ軍は、その地理的条件から戦争終了後に海軍の拠点として横須賀軍港を利用することを決めていた。そのため横須賀は、東京や横浜、平塚などと異なり空襲をまぬがれた。ある横須賀市議OBによれば、それゆえ「横須賀は戦中のまま戦後になった街」であり（岩崎　二〇〇六：五六）、「駐留する異国の兵士達に囲まれて戦後の後もなお、戦争の残滓を負わされてきた人々が……」生きる街となったのである（創価学会婦人平和委員会　一九八二：表紙文言）。

敗戦時に、そして朝鮮戦争からヴェトナム戦争までの間、さらにはヴェトナム戦争の後も現在にいたるまで、横須賀には一貫して米軍基地があり、艦船の修理や補給のため艦隊が寄港＝帰港するたびに、「休養と命の洗濯（R&R: Rest and Recuperation）」を求める水兵たちが街にあふれた。米軍基地のすぐ近く、正面ゲートから二キロメートルほどしか離れていない長浦町の引揚者寮で生まれ育った私の子ども時代、両親はアメリカ軍のことを進駐軍、基地のことをベースと呼んでいた。シンチュウグン、オンリー、パンパン、パンスケ、ハウスなどという言葉が、恐れと嫌悪と忌避の複雑な感情を喚起しつつ、アメリカ軍の圧倒的な存在感と、その支配が身近な日常のなかに浸み込んできていることを、子ども心につねに意識させられた。

私の引揚者寮とは反対方向に、基地から二キロメートルも離れていない安浦町に生まれ育った小泉元首相もまた、基地のアメリカを身近に感じていたはずである。もちろん、横須賀に生まれ育ったことが、必然的に小泉元首相の政治家としての資質や態度を一〇〇パーセント決定したわけではないだろう。彼の思想信条や政治姿勢、対米関係への基本的な構えと、横須賀という基地の街の特異な政治・経済・文化風土との因果関係を証明することは不可能であり、それが本稿の目的ではない。本稿で試みるのは、その蓋然性の高さの指摘であり、小泉氏が横須賀で生まれ育ったことの内在的理解の試みである。

しかしそれは、小泉元首相の心象風景を理解するために、単に日本の例外として基地の街の戦後を捉えるのではない。むしろ逆に、サンフランシスコ講和条約による占領からの解放と独立を経たあとの日本が、じつは現在にいたるまでアメリカの影のなかから逃れることができていないことを有り体に示し続ける厄介な存在として、あらためて注視しようとするものである。すなわち、ＧＨＱ＝アメリカ占領軍が周到に準備し、成功裡に実施した検閲によって洗脳されたことすらも忘れた日本人に対して、いらだちを抱き続けた江藤（一九九四）が見極めようとした戦後日本の擬制を撃つ特異点として横須賀を位置づけなおし、横須賀から戦後日本を再考していく作業の第一歩とする試みでもある。その意味では、ジョン・ダワー（二〇〇一）や袖井林二郎（一九八五、一九八六）らが代表する、敗戦と占領を解放と捉える戦後史観に対するささやかな異議申し立てでもある。

それはまた、いまだ荒唐無稽な夢物語ではあるが、私が三〇年あまり文化人類学の調査研究を続けているフィリピンと日本とを、前者はアメリカの植民地支配を、後者は占領支配を受けることによって心ならずも、しかしアメリカの明確な意図と戦略のもとで親米的心性へと飼いならされてしまった同類、挑発的にいえばアメリカを父とするアジアの異母キョウダイとして捉えなおそうとする企ての第一歩でもある(1)。

一　山口百恵が表わす横須賀

時代と寝た女

小泉元首相の心象風景のなかの横須賀を理解するための補助線として、一九七〇年代後半に圧倒的な人気を博した歌手で俳優の山口百恵が演じた世界について考えたい。敗戦後の横浜が国民的歌手の美空ひばりを生んだのに対して、朝鮮戦争とヴェトナム戦争の出撃基地としての横須賀は山口百恵を生んだ。そして一九七三年、美空ひばりが芸能界の表舞台から一時身を引き、代わりに山口百恵が舞台に上がっていった。美空ひばりは、一九六三年から一〇年連続してNHK紅白歌合戦で紅組のトリを務めていたが、この年、紅白への出場を辞退した。実弟の不祥事をきっかけに、暴力団山口組との関係が明るみに出たためである。他方、山口百恵は、その前年の五月にテレビ番組「スター誕生」に合格して芸能プロダクションと契約を結び、横須賀から東京に転居したあと、この年にデビューした。

美空ひばりは、敗戦時の焼け跡闇市に代表される活気と明るさ、とともに山口組の田岡会長の庇護がもたらす裏社会の影や暗さを同時に感じさせた。それに対して山口百恵は、敗戦から朝鮮戦争・ヴェトナム戦争へと続くアメリカの戦争の影が眼前から消えたあと、阿木燿子と宇崎竜童のコンビが作り出す歌世界のなかで、自立して自由に生きる女性の輝きを体現した。しかし、同時に、見えにくくはなったけれど依然としてその背後にたしかに存在するアメリカの影や桎梏を感じさせ続けた。

「歌は世につれ、世は歌につれ」という。歌謡曲は時代の雰囲気や気分をすくい取り、それに適切な言葉とメロディーを与えて明確で具体的なイメージとして描き出すとともに、逆にそうしたイメージで時代の気分を醸成する。すなわち歌謡曲は、時代との相即不離の関係のなかで、時代の気分や雰囲気を反映し、それをよりリアルな現実として感知させ、具体的な心象風景として構築するという、相互に依存的で反照的な作用をする。すくなくとも、国民の多数が共有する大ヒット曲がありえた一九七〇年代までの歌謡曲は、そのように時代を象徴する力を有していた。とりわけ山口百恵は、いみじくも阿久悠が「時代と寝た女」と評したように、その作用をもっとも強力に果たした歌手であった。

一九七〇年代の歌謡曲をシングル・レコードの売上高だけから見れば、一位はピンクレディーで、山口百恵は二位であり（デビューから引退までにシングル・レコード一六三七万枚、LP四三四万枚、総売上げで二四八億円）、三位の沢田研二へと続く。ただし、ピンクレディーがデュエットで歌が中心のタレントであったのに対して、山口百恵は後述するように、「赤いシリーズ」で出自の複雑さに悩むメロドラマのヒロインを演じて驚異的な高視聴率を取るテレビ俳優であり、『伊豆の踊り子』や『潮騒』、『古都』などの名作映画に主演する国民的女優であった。さらには、自身の生い立ちや私生活を週刊誌に頻繁に取り上げられ、さまざまなメディアをとおして、世間の関心や注目を浴び続けた。

自らがジャズ・ミュージシャンである平岡正明は、歌詞とメロディーの深い読解にもとづく出色の山口百恵論のなかで、二〇歳を迎えたときまでの山口百恵の成長と変身を四つの段階に分けている。第一段は、生い立ちからデビューまでの貧しい少女としての原体験（一～一四歳）、第二段は、デビュー曲から「横須賀ストーリー」を歌う前までの、つくられた少女としての屈辱の追認（一四～一七歳）、第三段は、「横須賀ストーリー」から「横須賀サンセット・サンライズ」までの感覚の全解放と、解放された感覚による体験の昇華の時期（一七～二〇歳）、第四段は、「曼珠沙華」から「マホガニー・モーニング」「夜へ……」と連なる時期で、自分の確信の強さに裏づけられたフルパワー期（二〇歳～）、である（平岡 一九八三：一〇）。そして三浦友和との結婚のため、人気の絶頂期に二一歳で芸能界から引退する。

原点としての「横須賀ストーリー」

平岡に限らず、山口百恵が、「青い性」で売り出した路線を捨て、新しいイメージで女性ファンを獲得していく契機となったのが「横須賀ストーリー」（一九七六年六月）であったことを多くの論者が指摘している。阿木燿子の作詞と宇崎竜童の作曲というコンビによる路線への転換を望み実現したのは、「涙のシークレット・ラブ」を聞いて心打たれた百恵自身であった。彼女の希望をいれて、酒井プロデューサーが阿木・宇崎コンビに曲を依頼するとき、二人が抱いている百恵のイメージをそのまま作品にしてほしいとの要望を伝えた。それでできあがった歌だから、二人のコンビによる「山口百恵のイメージソングだといっていい」と断言している（酒井 一九九五：二三二）。

一方、依頼を受けた宇崎は、平岡との対談のなかで、それまでの百恵の歌が嫌いだったと打ち明けている。しかし、「彼女が横須賀の子だ」とわかり、それだけで好きになるのに十分だったという（平岡 一九八三：二九二）。作詞をした阿木燿子にとっても、アイドルとの仕事ははじめてで、最初は何を書いていいかわからずに困ったという。が、「百恵さんが横須賀で育ったと聞いて、ようやく共通分母が見つかり、まずタイトルが決まった。その後は不思議なもので勝手に筆が進んだんです」という。阿木自身は横浜に住み、両親が横須賀に引っ越した縁で横須賀がより身近になっていた当時の彼女にとって、横須賀のイメージとは、「港に浮かぶのは客船ではなく軍艦。誘致したわけでもないのに基地を押付けられた歴史。横須賀という舞台と、これっきりですか、という言葉があれば、歌の主人公のせつない気持ちは、あえて説明しなくても伝わりますものね」と語る（坂本 二〇〇五）。

歌の出だしから「これっきり、これっきり、もうこれっきりですか」とサビの部分をリフレインして二度打ち込んでくる。一曲のなかに、そのリフレインが四回繰り返され、聞くものに強烈な印象を与える。そしてエンディングのフレーズの意味は深い。「一緒にいても心だけ、ひとり勝手に旅立つ人／私はいつも置いてきぼり、あなたに今日は聞きたいのです／これっきり、これっきり、もうこれっきりですか／これっきり、これっきり、もうこれっきりですか／そう言いながら、今日も私は、波のように抱かれるのでしょう／ここは横須賀」。このフレーズは、舞台装置としての街の気分と、横須賀の象徴的な物語を、おそらくは阿木自身の思惑を超えて巧みに的確に表現している。

そのエンディングの前には、「急な坂道を駆けのぼったら、今も海が見えるでしょうか」と問いかけ、今は横須賀にいない私が、忘れることのできない過去をまた思い起こしている。そこからフラッシュ・バックして独白する場面では、重ねた逢瀬の最後になるかもしれない直前に、「今日も私は波のように」抱かれるでしょう、と切なく歌う。海と波、そこに浮かぶのはもちろんアメリカの軍艦である。

ふたたび会えぬかもしれぬ別れを前にして、これっきりの逢瀬のセックスのあと、熱いミルクティーを飲む私の前で、話しかけても気づかずに、小さなあくびをしている男は、遊び人の日本男ではない。

それは、一〇〇パーセントのコミュニケーションは成立していない、けれども体で確かめた愛だけは信じたい、と切実に願うオンリーかパンパン、あるいは束の間の恋人の目が見つめる米兵である。その逢瀬のあとに船に乗り、ヴェトナムに行けば死んでしまうかもしれない、たとえ死なずともサイゴンの女に気が移って私を捨てるかもしれない、あるいは、生きて横須賀に戻ってきても、私に何も知らせずに本国に帰ってしまうかもしれない。横須賀に生き、米兵を相手にする女性の切迫した思いが、この歌の、さらには山口百恵の以後の歌の基層低音となって鳴り響いている。

響き続ける理由は、この歌が前年に発売されて大ヒットしたダウン・タウン・ブギウギ・バンドの「港のヨーコ・ヨコハマ・ヨコスカ」のアンサー・ソングとなっているからである。作詞作曲は同じ阿木燿子と宇崎竜童のコンビで、同年には、山根成之監督・早乙女愛主演で松竹から映画化されている。語り歌ともいえる「港のヨーコ」は、サビの部分で「港のヨーコ・ヨコハマ・ヨコスカ」と歌い上げる以外、もっぱらヨーコの所在を尋ねにきた男に対して、「アンタあの子の何なのさ!」と応えるバーテンダーとおぼしき男の独白語りからなる。「ハマから流れて来た娘だね、ジルバがとってもうまくてよお、……横須賀好きだっていってたけど、外人相手じゃあカワイソーだったねエ、……客がどこかをさわったって店をとび出していっちまった、ウブなネンネじゃあるまいし、どうにかしているぜ、あの娘」。

外人相手をしながらも純情と潔癖を秘めた「港のヨーコ」は、翌年の「横須賀ストーリー」のなかで、嘘かもしれないけれど束の間の真実の愛を見つけ、それを失うことに怯えている。「横須賀ストーリー」を歌って大ブレークした山口百恵は、それ以後、自らのアイデンティティをつねに横須賀と結びつけている。引退の翌年に出版した自叙伝、『蒼い時』の冒頭の書き出しは横須賀から始まる。「横須賀―誰かがこの名前をつぶやいただけで胸をしめつけられるような懐かしさを憶える。……私の原点は、あの街―横須賀」（山口 一九八〇：八～一一）。

その前年、一九八〇年一〇月五日の武道館での最終コンサートの際にも、ほとんど同じ言葉遣いで同じことを語っている。そのとき歌った二八曲のなかに、横須賀をタイトルとした曲が三曲もある（「横須賀サンセット・サンライズ」「I Came from 横須賀」「横須賀ストーリー」）。そのうちの一曲「一恵」だけは彼女自身の作詞であり、そのペンネームは「横須賀恵」である。母にもらった百恵という名前が望む、「多すぎるほどの幸せは、どこか寂しくて、……ひとつの愛を追いかけた」と歌い、最後に「私は女」と結ぶ。それは夫となる三浦友和へのラブソングであり、引退の一カ月後に発売された最終シングルである。

二 日本の郷愁への回帰

金メッキの日本男を見限って

「横須賀ストーリー」以後、山口百恵は、自身が歌う曲のなかで、あるいは曲をとおして、まったく分裂したイメージを演じることができた稀有な表現者となった。一方は、阿木燿子と宇崎竜童のコンビによる路線であり、他方は、さだまさしや谷村新司による路線である。後者の路線は、三浦友和との愛の成就や母娘の絆の称賛、そして家族の大切さという土着日本的なるものへとノスタルジックに回帰していく。山口百恵の実生活とも重ね合わせて歌詞の内容が読み取られ、相乗効果となって聞き手の心をしみじみと打つ。一方、前者の世界は、「横須賀ストーリー」で独白したスカの女（港のヨーコ）のその後の成長を追い、自立して男と対等に生きるカッコいい女の物語を歌っている。

まず「横須賀ストーリー」の翌年に発売された「イミテーション・ゴールド」（一九七七年七月）では、情事を終えた後の若い男の仕草のディテールをクールに眺める私がいる。去年の男を思い出しながら、去年の男と比べて声が違う、年が違う、夢が違う、さらには癖が違う、汗が違う、愛が違う、利き腕違う、と物足りなさを吐露する。卓抜した松田聖子論を語りながら、聖子との比較で百恵を分析する小倉は、「日本人男性は、この曲を、『今年の人』ではなく『去年の人』に同一視して聞いたのです。若い男にとって性愛技巧を評価し採点する恐るべき女は、しかし去年の男――大人の男――にとっては、いまだに自分のことを身体で覚えている可愛い女です」と解説する（小倉 一九八九：一〇三）。

しかし、「港のヨーコ」の物語のその後の展開として、また「イミテーション・ゴールド」というカタカナのタイトルから連想される去年の男は、もちろん日本人ではない。眼前にいる日本の若い男が、どんなに粋がって、カッコつけて頑張っても、しょせんはアメリカ人水兵との激しく燃えた去年の恋に比べれば、嘘っぽくて底が浅くて上辺だけのメッキ男なのね、という深い諦観。あるいは身体感覚として刻み込まれたかつてのアメリカ人との関係の自覚、あるいはそのほろ苦い思い出にひたりながら、日本の男を見る醒めたまなざしが、この歌の基調に流れている。

アメリカ人の愛技の名残を忘れえぬまま自己形成した私は、日本の因習や常識に囚われることはなく、日本と日本人の今に自身を同一化できず、自立したツッパル女として生きていくことになる。その翌年の「プレイバックＰａｒｔ２」（一九七八年）では、日本の歌謡曲史上はじめて、自ら車を運転する女を歌い、この歌で紅白歌合戦の紅組のトリをはじめて務める。それまでの歌謡曲のドライブシーンでは、すべて男が運転する車の助手席に乗せてもらう可愛い女であった。この曲のなかで百恵は、真紅なポルシェを自ら運転して緑の中を疾走するひとり旅の自由な女性である。交差点で隣の車の男がミラーこすったと怒鳴っているのに対して、「馬鹿にしないでよ、そっちのせいよ」とクールに言い返す。しかしその後で、昨夜、喧嘩別れしたばかりの恋人のことを急に思い出し、強がりばかり言ってたけど、本当の私はとても淋しがりやだから、「私やっぱり、帰るわね、あなたのもとへ、Play Back」と歌う。ただし、帰っていく先のその男は、「イミテーション・ゴールド」の「若いと思う今年の人」から「坊や」と呼ぶ可愛い男へと変わっている。男が若くなっていくのではなく、自立した女が、男との力関係のなかで、精神的には圧倒的な優位に立っているのである。

「横須賀ストーリー」ではじめて自分自身の歌に出逢えたと実感し、阿木の歌詞を歌いはじめた百恵に、実生活でも三浦友和との恋が始まっていた。「阿木さんの詩の中に書かれた言葉が、私に恋という感情のさまざまな波模様を教えてくれたように思う。……詩の中から、言葉で飛び込んできた感情が、今度は現実の恋の間に見え隠れした」（阿木　一九八五への解説文）。阿木の歌詞は、百恵にとっての感情教育の教材であり、歌の詩にあわせて彼女も「成長」し、七歳年上の友和との恋愛の実現に必要な大人の女の感覚と感情を身につけていったのである（小倉　一九八九：一〇九）。

阿木の歌詞の世界のなかに深く沈潜し追体験し、阿木に導かれて恋心のひだや恋愛関係の機微を修得し、自己成長した百恵であったが、小倉によれば、阿木が過剰に持ちあわせていたために、実生活の百恵が反発したであろうものがひとつあったという。それは、たとえ際物であっても似非ものであっても、阿木の「近代性」、言葉を換えていえば一種の都市性であり、都市の一隅を恋愛の舞台としながら、つねに結婚という制度の外で燃える恋愛であった。阿木・宇崎のコンビの歌によって、友和との恋愛に必要な自立した大人の女の感覚、積極的な愛の姿勢を身につけることができたが、その先にめざす恋愛の着地点としての結婚に向かう心情を用意したのは、阿木ではなく、さだであり谷村であった。

さだの「秋桜《コスモス》」(一九七七年一〇月) のなかで、「明日嫁ぐ私に、苦労はしても笑い話に時が変えるよ、心配いらないと笑った」母について、小倉は「日本的な、あまりに日本的な、無力な女の受苦の人生を、母は娘に送れと言っているのです。秋の日の女の円熟とは、マゾヒズムの別名です」と切り捨てる。そして谷村の「いい日旅立ち」(一九七八年一一月) の際に道連れとするのは、「母の背中で聞いた歌」であり「父が教えてくれた歌」である。「日本のどこかで私を待っている人がいる」と信じて旅立つことができるのは、そうした人が日本のどこにいても不思議ではないという、日本的な心情が全国津々浦々に遍在していることへの絶対的な確信に支えられているからである。「夕焼け」や「羊雲」に映し出される心象風景と、母、父、私そしてまだ見ぬ夫を強く結びつける家族という絆への信頼感が、日本の皆に共有されていることを信じて疑わない。

この歌は、日立と日本旅行とのタイアップで作られ、当時の国鉄の「ディスカバー・ジャパン」のキャンペーンの一環として流された。日本全土に張りめぐらされた鉄道網によって、どこかに必ずある、懐かしいほんとうの日本の原郷へと安全で気安く旅することが可能です、さあいい日旅立ちを、と誘いかける。しかし百恵は、この曲を自らの内部に日本を探し求める旅への誘いとして歌っている。その精神世界を経ることをとおして、「秋桜《コスモス》」で「日本の娘」になった百恵は、こんどは「日本の妻」になることを宣言し、制度のなかに回帰していった、と小倉はいう（小倉 一九八九：一一二）。

複数性の向こうに見える影

「青い性」路線から「横須賀ストーリー」を経て、さだと谷村の歌世界へと誘なわれてゆく山口百恵の成長物語は、小倉によれば日本的な心情と制度に回帰することによって、大団円を迎えることになる。しかし、他方で、阿木・宇崎が紡ぎだす物語は、そうした日本的な心性や情緒への耽溺をあくまでも嫌悪し、スカの女であり続ける。友和との交際を宣言したあと、引退と結婚を目前に控えながら、百恵は「ロックンロール・ウィドウ」（一九八〇）を歌う。その歌世界のなかでは、熱狂的なファンに取り囲まれ、チヤホヤされる夫に対して、「かっこばかり先ばしり」していると冷笑し、「私あなたのママじゃない……男はあなた一人じゃない」と昂然と言い放つ。舞台の上で華やかなスポットライトを浴びながら、歌手として百恵が歌いかける世界は、二つに分裂し調停されることがないまま対峙し並立している。

そのうえ、さらに、もうひとつ「赤いシリーズ」のテレビ・ドラマの世界がある。そこで百恵が演ずるのは、時代を先取りする自立して自由な女でも、また逆に愛と思いやりに包まれた温かい家族の一員でもない。そこで繰り広げられるのは、血縁は絆よりも柵と感じられ、悲劇をもたらす重荷や拘束以外の何ものでもない。それを積極的に解決したり主体的に乗り越えたりする方途はなく、百恵は、運命の過酷をただ耐えしのび、受苦する以外にない悲劇の主人公を演じ続ける。

「赤いシリーズ」は高視聴率に支えられて、五シリーズにわたって製作された。最高視聴率は、制作年代順に『赤い迷路』（一九七四〜七五年）二二・七パーセント、『赤い疑惑』（一九七五〜七六年）三〇・九パーセント、『赤い運命』（一九七六年）二七・七パーセント、『赤い衝撃』（一九七六〜七七年）三二・六パーセント、『赤い絆』（一九七七〜七八年）三一・四パーセントという驚異的な高さである（長谷 二〇〇六：七三）。各シリーズが独立して完結した物語となっているものの、しかし、いずれも親子や関係者を取り結ぶ血縁関係が複雑に錯綜していることが重要なプロットとなっている。

医師の父親を迎えに行った病院で被爆して白血病にかかり、闘病中に医学生（三浦友和）と恋に落ちるが、じつは二人は異母兄弟であったり（『赤い疑惑』）、検事の娘として生まれながら赤ん坊のときの伊勢湾台風による混乱で、後に殺人犯となる男の赤ん坊と取り違えられてしまい、成長したら自分の代わりに検事の娘として育った娘と同じ若者を愛するようになったり（『赤い運命』）、陸上短距離界期待のスプリンターであったが、犯人を追い詰める刑事（三浦友和）が発した拳銃の弾が命中して下半身不随になってしまったり（『赤い衝撃』）、出生の秘密を知って家を飛び出し、ひとりの青年と出会って恋に落ちたら、その青年にはすでに婚約者がおり、しかも彼女は母親が後妻として嫁いだ男の娘だったり（『赤い絆』）する。

異常ともいえる人気を博したが、百恵自身は、この「赤いシリーズ」を嫌っていたという。その理由のひとつは、出生の秘密と血縁をめぐる悲劇的な状況におかれ続ける主人公と百恵自身の実人生の暗い影の部分（彼女自身が婚外子として母子家庭に育ったことや、デビュー後に父母の親権をめぐる争いが起きたこと）とが、重ね合わせてみることができるよう、（おそらくは意図的に）製作されていたからである。百恵の「出生の秘密」が最初に週刊誌で報道されたのは、第一作の『赤い迷路』が開始される半年前であり、半年の放映が終了した直後には、入院中の父親が記者会見を開いている（小倉 一九八九：七二）。しかし、いくら荒唐無稽とはいえ、演ずる役柄がほんとうの自分の似姿であるということは、迫真の演技をすればするほど、本人にとってはまるで裸の自分をそのまま見せるような気恥ずかしさや嫌悪感をともなったであろうし、だから嫌いだったというのは、よくわかる。

しかし長谷正人によれば、そうした本人の思いとは別に、百恵人気の源泉は、じつは歌手や映画女優としての魅力ではなく、「実人生に関わる暗いドラマを演じ続けなければならなかった影のある女性・山口百恵の『実像』に対する支持だった」。だからこそ、引退し芸能活動とは完全に縁を切ったあとでも、女性週刊誌によって結婚生活や子育てをめぐる報道が繰り返され、実人生の一挙一動が注目され続けたのだと説明する（長谷 二〇〇六：七四）。さらに続けて長谷は、百恵を支持するファンは、同時に、歌手としての虚構をみごとに演じている百恵が、毎週一回は必ず「赤いシリーズ」のなかで「可哀想な妾の子」という実像を露にされることをサディスティックに楽しんでいたように見える、とさえいう（同：八〇）。

それと関係して長谷の指摘で興味深いのは、「芸能界のシステム」と呼ぶべき一連の製作過程において、演ずる百恵の生身の身体がいわばモジュール化された断片として扱われ、自由を奪われてしまっている点である。毎回のように脚本家と監督がそれぞれ変わるため、主体的な演者としての首尾一貫した役作りは不可能となり、その回ごとにいわば場当たり的な演技を求められることになる。長谷は、それを「撮影現場での疎外状況」と呼び、「製作者によって暴力的に抑圧され、……やりたくない役柄を困難な条件のなかで演じなければならない役者・百恵」の現実と説明している。そうした生身の人間として「耐える百恵」の姿は、実人生における不幸な家庭環境と重なり、さらに自身ではどうすることもできない不運や不幸に耐えるテレビのなかのイメージと共振し増幅しあうことになる。

阿木・宇崎のツッパリと背伸びの路線や、その対極にある谷村・さだによる家族の幸せと日本の郷愁へと回帰する路線の裏に、もうひとりの山口百恵がいる。それは、デビュー早々の一四歳のときに「青い性」路線で売り出され、「あなたが望むなら、私、何をされてもいいわ」(「青い果実」一九七三年)とか「あなたに女の子の一番大切なものをあげるわ」(「ひと夏の経験」一九七四年)とかのきわどい歌を歌わされたときから、「赤いシリーズ」の五作に至るまで、変わることなく受動性と受苦のイメージに塗りこめられている。

受動性を強いるものは、「芸能界のシステム」においては音楽プロデューサーや番組製作者であり、テレビ・ドラマのなかでは抗うことのできない運命であり、実生活においては日陰の子を強いる実父の無情であった。「赤いシリーズ」のなかでは「出生の秘密」がつねに重要な役割を果たし、難病のためにベッドで寝たきりとなったり、半身不随で車椅子に頼る生活となったりすることで、百恵の受動性は可視化され、視聴者に強烈な印象を与えた。自分ではどうしようもない受動性のなかで、百恵は泣きもせず、わめきもせずに、じっと耐えて受苦するのである。

受動性と受苦は、山口百恵イメージを理解するキーワードであるとともに、米軍基地との関係で横須賀を理解するための手がかりとしても重要である。なぜなら、それは彼女自身が婚外子であることと重なり合い、ファロ・セントリック(男根中心主義的)な力による個人的な疎外や屈従であると同時に、彼女が役者として一身に引き受けて体現した忍従は、じつは男性との関係で女性一般を、アメリカとの関係で日本を象徴していたからである。

三　基地の街の小泉元首相

異形の宰相

小泉純一郎元総理は、二〇〇一年四月から二〇〇六年九月までの五年五カ月、一九八〇日の長期にわたり在任した。その長さは、佐藤栄作、吉田茂に続き、戦後歴代総理のなかで第三位である。その間、小泉首相は強力なリーダーシップを発揮し、さまざまな「改革」を行なった。「聖域なき構造改革」と自ら称するその内容とは、財政諮問会議を活用し、大蔵・財務省が独占していた予算編成の過程に総理の意思を反映させ、「骨太の方針」のもとで、公共事業費の大幅な削減を行なったこと。特殊法人や許可法人の改革・統廃合を積極的に進め、道路公団や郵政三事業を民営化したこと。不良債権の処理と金融の再生を強力に実行したこと。患者本人・診療側・支払い側の「三方一両損」による医療制度改革を断行したこと、などなどが挙げられる。それらは、すべて新自由主義の考えかたにもとづく政策の推進であり、ある意味では、一九八〇年代のアメリカのレーガン大統領やイギリスのサッチャー首相が採用した政策を二〇年ほど遅れて推進したといえる（内山 二〇〇七：三五～一〇四）。

一方、外交政策は、日米同盟の強化という基本方針を堅持し、二〇〇一年の九・一一同時多発テロへの過剰ともいえるアメリカの攻撃的防衛戦略の発動（アフガニスタン攻撃やイラク侵攻）を全面的に支持し、テロ特措法（二〇〇一年）やイラク特措法（二〇〇三年）の制定を主導し、それまでのタブーを破り、自衛隊をインド洋やイラクへと派兵した。また憲法改正論議を俎上に載せ、中国や韓国の猛反発にもかかわらず靖国神社への参拝を実行し、「皇室典範に関する有識者会議」を設置して女系天皇の容認と長子優先を柱とする継承原理への「改正」の議論を引き起こした。御厨によれば、小泉政権のもとで憲法、靖国、天皇という戦後政治の三つの「タブー」がなくなった（御厨 二〇〇六：一一～一五）。

戦後日本の政治において大きな変革をもたらした小泉元総理の力の源について、政治学者や永田町ウォッチャーの議論では、ひとしく二つの要因が指摘されている。政治制度の改革の成果と、小泉首相本人の「特異」なキャラクターである。第一に制度に関する要因とは、橋本総理の時代に始まった行政改革によって官邸の権限が格段に強化され、一方、小選挙区の導入（一九九六年）とマニフェスト選挙の実施（二〇〇三年）によって派閥の弱体化が進み、首相の指導力を発揮する余地が格段に増大したことである。

第二のキャラクターに関しては、「稀代のマキャベリスト」であることや（大嶽 二〇〇六：二四四）、「天才的な勘の鋭さや意志の強さ、政治文法に関する知識から自由だったという党内履歴に由来する事情」が指摘され（御厨 二〇〇六：三二）、さらには「一匹オオカミ」「変人」「孤独な一言居士」などと評される性格が指摘される（清水 二〇〇五：三一六、三七二）。あるいは与謝野晶子の短歌を本歌取りして自ら詠んだ「柔肌の熱き血潮を断ち切りて仕事ひとすじわれは非情か」に想を得て、「非情」（浅川 二〇〇一：佐野 二〇〇六）や「無情」（松田 二〇〇五）をキーワードとして言動の分析や説明がなされている。

ほとんどの論者が制度と個性という二つの要因の相乗効果を指摘しているなかで、大嶽は、信田（二〇〇四）や竹中（二〇〇六）に言及して選挙制度改革と橋本行革によって首相の権力が著しく強化されたことが政治学者の一般的評価であると認めつつ、「小泉政治における首相の強いリーダーシップは、なによりも彼の人気に最も大きな源泉をもち、……彼のポピュリストとしての資質にあったのであり、制度変化の影響は、あったとしても副次的にとどまる」（大嶽 二〇〇六：二五九）と述べて、小泉本人の資質を強調している。

しかし小泉の力の源泉の重要な一因と指摘されている強烈な個性について、なぜそうした気質をもつにいたったのかという理由や経緯に関して、先に紹介した論者たちは、まったく考察していない。あたかも、持って生まれた遺伝子の作用により、自然にそうなったかのように不問に付す。しかしながら文化人類学を専門とする私には、後天的な学習や周囲の生育環境との応答をとおして自己形成をしていく側面を無視できない。とりわけ、小泉が横須賀で生まれ育ったことが、彼の世界観や戦後日本社会の理解、アメリカ認識などにおいて、ほかの政治家と決定的に異なる影響を与えたであろうことは否めないと考える。

制度の面から見れば、近年の総理大臣のなかで、小泉のみが都市部を選挙区とする政治家であった。東京を選挙区とした鳩山一郎（一九五四年一二月～一九五五年一一月）以来、ほぼ半世紀ぶりであった。もちろん東京で生まれ育った政治家は少なくない。が、その選挙区が地方であれば、地方の有権者の期待や要望を無視することはできない。その政策選択の志向も、都市住民の利益よりも、地方居住者の利害得失を配慮するものとなる。しかも小泉の場合は、親子三代にわたる政治家であり、横須賀の有力者らが支持基盤をしっかりと支えたため、地元に直接的な利益誘導をする必要もなかった。秘書の飯島勲によれば、小泉は地元に入り浸ることをせず、選挙区の支援者を国会や官邸に呼んで観光案内みたいなこともまったくしなかった。総理になってはじめて地元の有力な支援者（県会議員と市会議員）を官邸に招いたのは、辞任直前の九月であり、わずか二〇分に過ぎなかったという（飯島 二〇〇六：三二六；田原 二〇〇七：六六）。

一貫して小泉家の有力な支援者である横須賀市商工会議所会頭の小沢一彦は、地元への直接的な利益誘導という見返りを求めなかった理由について、つぎのように説明している。父親の純也は祖父・又次郎の女婿で鹿児島県出身なので「よそもの」のレッテルを貼られることを避けようと細かい陳情をこなし、地域政治にも深く関わった。だから衆院議員を九期つとめたにもかかわらず、入閣は防衛庁長官としての一回だけだった。「純也さんは地元のことにエネルギーを費やしすぎた。純ちゃん（純一郎）には同じてつを踏ませるわけにはいかなかった」（神奈川新聞報道部 二〇〇二：一九五）。いいかえれば、父親が培った磐石の地盤に支えられて、小泉は地元への直接的な利益誘導に腐心する必要がなかった。

だからこそ小泉は、内山（二〇〇七：一八一～一八二）が指摘するように、二〇世紀の終わりにきて現状と著しい不適合を起こし時代の閉塞・逼迫感をもたらしている、旧来の「利益の政治」に対抗して、「アイディアの政治」という対抗軸を立て、理念にもとづく政策選択肢を提示することができた。その政策の基本は、都市中間層の利益や志向に与するような経済自由主義であり、その理念のもとに自民党を糾合し、同意しない者たちを「抵抗勢力」として排除し、それによって国民の支持を広く集めようとした。小泉劇場と形容されポピュリストとも称される小泉の政治手法の特徴は、この二つの対立軸を鮮明に提示し、二項対立の選択肢としてわかりやすく熱く自らの政策の理《ことわり》を語り、国民の支持を直接に調達して自身の権力基盤としようとした点にある。

『豚と軍艦』が描き出す世界

多くの日本人にとって一九四五年八月の敗戦は、それが終戦と言いかえられたことが示すように、ある種の解放であった、少なくとも死の恐怖からの解放であった、といえるのかもしれない（ダワー 二〇〇一：上、一〇〜一一；御厨 二〇〇五：七八；加藤 二〇〇七）。歴史学者の入江昭も、「アメリカによる日本占領は、通常にいう『占領』というよりも、日本にとっては『解放』であった。……最も根底的なレベルでは、かつて存在した過去の日本が戦争で崩壊し、新しい日本をつくるためにアメリカが『解放軍』としてやってきた」（入江 二〇〇五：一五〇）という。しかし、横須賀に暮らす者たちにとって、決してそれは解放ではなく、帝国海軍に代わってアメリカ軍が新たに進駐し占領することを意味した。

連合国最高司令官のダグラス・マッカーサーが、まるで平和の訪れとしての終戦を象徴するかのように、コーンパイプを口にくわえ丸腰で厚木飛行場に降り立った同じころ、横須賀では上陸用舟艇に分乗した完全武装の海兵隊員が、先頭を率いる機関銃部隊・火炎放射器部隊に続き、自動小銃をかまえながらつぎつぎと上陸していた。この日八月三〇日だけで、横須賀軍港には一万三〇〇〇人の騎兵隊員が、そして追浜・田浦地区には四〇〇〇人の航空隊員が上陸した。また、九月二日に横浜市に進駐した陸軍部隊（米第八軍）も、その後横須賀に進出し、陸海空の三軍が担当区域に分かれて横須賀に進駐・占領

横須賀港に停泊するアメリカ海軍艦船レイテ（1951年）［Washington Navy Yard, Naval History and Heritage Command 所蔵］

した（横須賀市 一九八八：五六六：関 一九八三：四六）。横須賀にとって一九四五年八月の出来事は、その字義どおり敗戦以外の何ものでもなく、その後も進駐軍がいるかぎり、敗戦がもたらした状況を受け入れざるをえなかった。朝鮮戦争のときには、横須賀は半島の激戦地と直結した兵站基地となった。

一九五一年九月に調印され翌年四月に発効したサンフランシスコ講和条約により、連合軍の日本占領が終わりを告げたあとにも、同条約と同時に調印され発効した日米安保条約によって、横須賀の米軍基地は日本側から任意に貸与されるかたちで存続した。当時の横須賀の経済がいかに深く基地に依存していたかについては、一九五二年六月に基地司令のマックマネス大佐が発表した数字が明確に示している。横須賀基地で日本円に換えられるドルは、日本円に換算した月額で、駐留米軍の軍人軍属の俸給が八億一四〇〇万円、基地内の日本人要員一万三〇〇〇人への支払いが二億五〇〇〇万円、基地の荷揚げ・修理等のサービスへの支払いが二億六六〇〇万円で、計一三億三三〇〇万円になる。一九五二年度の横須賀市の歳入が一二億円ほどであるから、基地から市中に流入する一カ月の額がこれを上回ることになる。もちろんその反面では、市の中心部の土地、施設、港湾が接収されていることの損害は莫大で、横須賀市の財政を窮乏させ、行政水準を低下させた（今井 一九八二：二二七）。

横須賀商工会議所では、この数字に関連して、米軍人・軍属が手にした八億円のうち、二億円あまりが東京や横浜などで消費され、六億円が横須賀に落ちるものとみて、その内訳をつぎのように推定している。（一）いわゆるパンパンとハウス業者に一億五〇〇〇万円、（二）キャバレーやビアホール等に一億六〇〇〇万円、（三）スーベニア・ショップに一億四〇〇〇万円、（四）タクシーと輪タクに七〇〇〇万円、その他に八〇〇〇万円である。これらの業者の数は横須賀市警の調査では、パンパンが約三五〇〇人（このほか艦隊入港の日などにかけつける渡りのパンパンが推定一〇〇〇人）、ホテルおよびハウスが約一二〇〇軒である（今井 一九八二：二二八）。

横須賀の原点ともいうべき基地に依存する経済と人間を暗いユーモアや皮肉をたっぷり交えて描いた悲喜劇が、今村昌平監督の『豚と軍艦』である。それは、ちょうど安保闘争のさなかの一九六〇年の秋に横須賀で先行公開され、翌一九六一年に全国公開された。映画の冒頭は、米兵相手の売春宿の手入れから始まる。二段ベッドの上下で痴態が繰り広げられる猥雑な光景のなかを動くパンパンたちの身体が美しくエロチックだと、今村に大きな影響を受け彼の一連の仕事を高く評価するマーティン・スコセッティ監督は言う。主人公の欣太は、チンピラ・ヤクザであり、親分たちが基地放出の残飯で飼育する豚

現在のドブ板通り（横須賀）

の世話をしている。養豚場の入り口には「日米畜産」との看板が掲げられている。養豚を日本とアメリカとの共同のビジネスとあえて名乗らせることは、同年に改定された日米安保条約を意識したパロディとしての映画の性格を示唆している。もちろん基地の残飯を喰って丸々と太る豚は、アメリカのおこぼれを頂戴して肥え太る横須賀経済を象徴している。

物語の結末では、残飯の利権をめぐる暴力団同士の騙しあいと抗争に巻き込まれた欣太がライフル銃を乱射し、数台のトラックの荷台の鍵を開け、積み込まれていた豚を一斉に逃がす。制御の効かない豚の大群は、ドブ板通りをいっぱいに広がって疾走し、横丁の路地にもあふれ出して辺りを埋めつくす。スコセッティ監督は、このシーンを「アメリカが豚として描かれ、一つの国や文化が他の文明に陵辱されている」さまを象徴的に示していると解説する（NHK教育・ETV特集 二〇〇七）。

四　分裂するアメリカ・イメージ

現実逃避の夢世界

小泉元首相の実父の純也は、一九三七年以来、戦後の数年間の中断をはさみ一九六九年まで衆議院議員に計九回当選している。その間に、第三次池田内閣と第一次佐藤内閣（一九六四〜六五年）のもとで防衛庁長官を務めた。とりわけ、一九六〇年の日米安全保障条約の改定の際には、自民党外交調査会長として衆院本会議で与党代表質問と賛成演説を行ない、条約調印のために岸伸介首相に随行して渡米している。それゆえ「安保男」とも呼ばれた。また一九六四年一二月八日、カーチス・ルメイ空軍大将に勲一等旭日大綬賞を授与するのを、防衛庁長官として強力に推進した。ルメイはアジア・太平洋戦争中、日本全土の主要都市への焼夷弾による焦土化作戦と広島・長崎への原爆投下を積極的に推進した、爆撃部隊の司令官であった（川田 二〇一〇：九九、一九四）。

『豚と軍艦』が公開され、日本が日米安保条約をめぐって揺れ動いた一九六〇年に、小泉純一郎は地元の横須賀高校を卒業している。安保条約の締結に尽力奔走し名をはせた政治家の息子ではあったが、小泉は中学と高校を通じて、おとなしく目立たない存在だったという。小泉自身が、「高校ぐらいまではできるだけ目立たないようにしていました。あまり人前に出るのは好きじゃなかった。引っ込み思案でしたね。だから、政治家に向いてないと思っていました」と認めている（『小泉内閣メールマガジン』

二〇〇四)。高校時代の担任を含め、彼を知る同級生たちの印象は、「目立たない生徒」という人物評で一致している(岩崎 二〇〇六:八八~八九)。

外からは覗いしれない当時の小泉の内面について、数少ない友人であった安東正宣は、「純ちゃんは、映画と音楽がことのほか好きだった。放課後に過ごした時間の大半は映画やプレスリーの話」だったと回想する。印象的なエピソードとして、馬堀中学の遠足の出来事がある。ひっそりと目立たずにいた小泉が、中二のときの遠足の帰りのバスのなかで、「プレスリーの『ラブ・ミー・テンダー』を歌い上げた。すべて英語で。ふだんはいるかいないんだかわからない小泉だから、クラス中がびっくりした。小泉が歌い終わった後、しばらく沈黙が続き、やがてバスの中がどよめいた」。歌詞を丸暗記するほどにプレスリーが大好きで、レコードの溝が擦り切れるまで聴き、映画『さまよう青春』に登場したプレスリーの髪型が格好いいと感激すれば、映画を観た翌日には同じ髪型にしてきたという(岩崎 二〇〇六:一〇二~一〇四)。レコード以外に、というよりもレコード以上に、横須賀の街に流れるアメリカ軍のラジオ放送(FEN: Far Eastern Network)の音楽番組に耳を傾けていたはずである。

小泉自身が、プレスリーのデビュー当時からの熱烈なファンであることを公言し、「何度聞いても飽きないし、誕生日が同じ(一月八日)なのも自慢にしている」という。一九五六年に「ハート・ブレイク・ホテル」の大ヒットでエルヴィスが颯爽と登場してアメリカの若者たちの熱狂的な支持を集めたとき、目立たぬ中学生だった小泉もまた、同時代のアメリカ大衆文化に心奪われ、ロック音楽とハリウッド映画の世界のなかに耽溺していた。自宅から二キロほどしか離れていないドブ板通りの歓楽街で繰り広げられる、若い米兵たちの酔態や暴力、ドルの力で日本の女を買いあさる姿をあたかも存在しないかのように無視し、スピーカーやスクリーンをとおした海の向こうのバーチャルなアメリカに憧れを抱き続けたのである。

そして実際、後者のアメリカへの憧憬を臆面もなく披瀝することによって、具体的にはプレスリーの音楽とハリウッドの西部劇を共通体験として熱く語ることによって、ジョージ・ブッシュ大統領の胸襟を開かせ、親近感と信頼感を醸成することに成功した。それは、国内的にはきわめて弱い支持基盤を補うために米政権からの認知と支持を得ようとする、したたかな打算の面が半分あったことは確かであろう。だが、同時に個人的な体験にもとづく真摯な感情の吐露でもあったはずだ。

首相に就任してすぐの二〇〇一年六月に行なわれたブッシュ大統領との最初の会談は、異例ともいえる先方の好意により、キャンプ・デーヴィッドの山荘に招かれ、きわめて親密な雰囲気のもとで行なわれた。大統領としては、民主党のクリントン政権は中国を重視するあまり同盟国を大事にしなかったと批判してきた手前、同盟国を重視する姿勢を具体的に示す必要があった。それに応えて小泉は、ブッシュよりも多くの時間をとって、自身の政治経済面における構造改革の路線とアメリカに対する共感を語ったという。会談の途中、唐突に小泉は、ブッシュに『真昼の決闘』を観たことがあるかと尋ねた。ブッシュが観てないというと、小泉は、粗筋を説明したうえで、自分を悪漢たちに立ち向かう保安官になぞらえ、構造改革に反対する抵抗勢力に対して一人でも戦かっていく決意を述べたという。その夏のジェノヴァでG8サミットが開かれたとき、ブッシュ大統領は小泉に会うなり「ハイ、クーパー」(『真昼の決闘』の主役俳優の名前)と呼びかけたという(柳井 二〇〇七：二四七〜二五〇)。

初対面の際に自らを保安官に模した小泉は、同年の「九・一一」テロの直後にブッシュ大統領と第三回目の会談をもち、大統領サイン入りの『真昼の決闘』のポスターをプレゼントされた。それに対して小泉は、逆にブッシュ大統領の方を現代の悪であるテロリズムに敢然と立ち向かう保安官にたとえ、その姿が自由と平和と民主主義を守ろうとするアメリカの精神を体現していると賞賛した。そして映画と違って、それは孤独な戦いではなく、日本もまたアメリカと共闘する用意があり、テロ対策の新法を近々中に国会に提出すると約束した(「真昼の決闘」『小泉内閣メールマガジン』二〇〇一)。

それから五年ほどが過ぎ、総理の職を辞する直前の二〇〇六年六月末、ブッシュ大統領と会談したあとのホワイト・ハウスでの歓迎晩餐会での英語スピーチでも、小泉はあらためて『真昼の決闘』に言及し、「四人の無法者に立ち向かうゲーリー・クーパーの姿に、アメリカを重ねあわせる」と述べている。

東京への離人症的感覚

歓迎晩餐会の翌日、小泉首相はブッシュ夫妻とともに、大統領専用機でテネシー州メンフィスに飛び、夫妻直々の案内でプレスリーの旧邸宅・グレースランドを訪問した。そこで小泉は、プレスリーの二人の娘を前にして「ラブ・ミー・テンダー」と「愛さずにはいられない」のさわりの部分を歌い、つぎにエルヴィスのサングラスをかけて「グローリー、グローリー、ハレルーヤ」を歌い、さらにカメラマンのためにリサ・マリーの肩に手を置き“Hold me close, hold me tight”と歌った。大統領とプレスリーの娘たちが微苦笑する前で、おどけて演ずる小泉の写真は、翌日の『ワシントン・ポスト』の一面トップを飾り、『ニューヨーク・タイムズ』も一面中央で大きく扱い、アメリカでも話題になったという(星二〇〇六)。

そうした芝居がかった絵になる行動は、お高くとまっているわけではないことを一般大衆に示すために、あるいは同行カメラマンたちへのサービスのために、いわば計算された演出によるものであったかもしれない（内山 二〇〇七：一二）。しかしこのパフォーマンスは、おおむね日本での評判は良くない。霍見芳浩は「最後までしっぽを振ったポチ」と題する時事評論のなかで酷評している（霍見 二〇〇七）。

藤原新也も、アメリカの芸能人の猿真似を評価する国などどこにもないし、逆に軽蔑されるだけだと切り捨てている。しかし、自身が小泉の同時代人であり門司で占領軍の進駐を経験した者として、彼の「アメリカ・フリーク」ぶりの出自、背後にある世界が手に取るようにわかるという。まだ木炭自動車が走り、馬車が大通りに糞をたれているような貧困な情景のなかを走るジープやトラック、上級仕官たちが乗り回すピカピカのアメ車が、ただただ「格好いい」の一言に尽きたという。アメリカの物量文化が花開く一九五〇年代のポップス、なかでもプレスリーは、それまでの単にロマンチックな曲想とは異なって不良っぽかった点が一番の魅力であった。「アメリカの不良」に酔いしれたのが、そのころの小学生や中学生、ちょうど藤原自身や小泉の世代に当たるという（藤原 二〇〇六）。

藤原の指摘は一面の真実を突いてはいるが、小泉の場合は、そのうえにもうひとつの屈折とねじれがある。六〇年安保の年に横須賀高校を卒業した小泉にとって、高校の教員やクラスメートは、安保反対の側に立つ者ばかりであった。一方、小泉の父は、安保条約の成立に奔走していた。安保のときも、それ以後にヴェトナム反戦の学生運動や市民運動が盛り上がっていったときも小泉は、そうしたリベラルや左派の運動に対して、さしたる興味もないといった風を装い続けた。「話しても分かってもらえない、時代の雰囲気に流されている」として、左翼的な行動をする連中に冷ややかであった。「それにしても感情というか体温を感じられない」というのが、そのころを知る同級生の感想である（岩崎 二〇〇六：一一三）。

しかし他方、政治家になることを忌避していた小泉であったが、二浪して慶應義塾大学に入ったころから親の選挙を手伝ったり、親の代わりにあいさつに出たりするうちに「ああ自分でもできるかな」と思ったという。アメリカの不良のカッコよさにあこがれながら、同時にその不良が反発するアメリカの大人たちが作り上げた体制が日本に強いる安保条約の堅持を説く父を尊敬し、父の跡を襲う道を歩もうとする。身近にある米軍基地と米兵が体現する暴力的で傲慢なアメリカに対しては忌避や反発を覚え無視しつつ、しかし映画や音楽のなかでプレスリーが体現するバーチャルなアメリカには限りない憧憬を抱く。そうした矛盾と葛藤のなかで自己形成を遂げた小泉は、政治家としての始まりのときから、アメリカに対して愛憎が半ばする、ある種の分裂した志向を抱えこんでいた。

横須賀で身近に見聞する基地のアメリカと、映画や音楽として体験する海の向こうのアメリカという二つの世界は、ともに真でありながら、両者を行き来する小泉は、どちらの世界にもピタッと収まって安住する場所がない、という疎外感や違和感を覚え続けたであろう。慶應を卒業してロンドン大学に二年ほど留学し、父親の逝去にともない留学先のロンドンから急遽帰国して初出馬した、一九七〇年の選挙で次点の落選をする。その後に福田赳夫元首相のもとで見習い修行をかねた秘書として働くため東京まで電車に乗って通勤し、一九七二年に三〇歳で衆院議員に初当選する。政治家として活動する東京では、横須賀で経験した二つに分裂したアメリカとはまた異なる、もうひとつ別のアメリカと日本があることに、さらなる疎外感と違和感を覚えたであろう。

ちょうどそのころは、「戦争のヴェトナム化」というニクソン・ドクトリン（一九六九年）にもとづいてアメリカ軍がヴェトナムの戦場から徐々に引き揚げはじめ、一九七三年に戦闘部隊がすべて引き揚げたことにより、戦争の直接的な影が日本（東京発／経由のメディア）ではしだいに薄れていった時期である。しかし、その後もアメリカ軍は断固として横須賀にとどまり、逆に攻撃型空母ミッドウェーの母港とされることで（一九七二年）、基地機能が逆に強化され、その重要性がいっそう強まった。二〇〇八年には引退したキティホークの後継として、原子力空母ジョージ・ワシントン（総排水量九万七〇〇〇トン、乗員五〇〇〇人以上）が配備された。東京湾の入口、首都の喉元に突きつけられた匕首のような米軍基地の存在は、少なくとも横須賀の人間にとっては、敗戦により進駐軍が占領したころのまま、なんら変わらぬ戦後が続いていることを示し続けている。

おわりに

一九七〇年代の後半に圧倒的な人気を集めた歌手で俳優の山口百恵と、二一世紀の初めに戦後歴代三位の長期政権を維持できるだけの国民の強い支持を得た小泉純一郎元総理は、とてもよく似ている。二人とも、芸能人として総理として、つねにその一挙手一投足が注目され、舞台の上で輝き演じ続けた期間は五年あまりである。その華やかな活動と強烈な印象の反面、芸能人と総理を引退した後には、世間の注目を浴びるようなことを一切控え、スポットライトが当たるときの明と、舞台を降りたあとの暗や無のコントラストが鮮やかである。また、全盛期の活動中には、どこまでも熱く思いを込めて、歌い、演じ、語ったが、ときどき、そうした熱演する自分を冷ややかに見ているもうひとりの自分の存在があることを垣間見させるような、熱さのなかの冷ややかさ、あるいは光り輝く虚無といったものを漂わせる瞬間があった。

山口百恵について、小倉は「百恵にとって、百恵の正体は、素顔の自分のことです。〔芸能界という〕戦場ではなくて、愛する人といる時の自分が本物で、仕事をしている時の自分は偽りの自分だと感じている」と推測している（小倉 一九八九：二二四）。また平岡は、「一四歳で虚無の底をのぞき込んでしまうことがあり得るか、といえば、あり得る。私生児として生まれ、生活保護を必要とした母子家庭に育った山口百恵は、少女時代に底を見てしまったと断言したい」と述べる（平岡 一九八三：二三四）。

一方、小泉にしても、「小泉劇場」と揶揄をこめて称されたことが示すように、政治家としての言動が、真摯な政治姿勢の表明であるよりも、戦略目標を達成するための演技過剰なパフォーマンスと捉えられてきた。だから、その劇場での熱演にもかかわらず、慧眼の識者や鋭敏なジャーナリストからは、ニヒリズムの色濃い影を指摘されてきた。たとえば御厨は、小泉首相論の本のタイトルを『ニヒリズムの宰相』としている。小泉には、そもそも「理」も十分にないうえに「情」がまったく欠けており、「説得せず、調整せず、妥協せず」という三無主義によって「自民党をぶっ壊す」やり方が、ニヒリズムをともなうのだという（御厨 二〇〇六：四五、八〇）。

同じ政治学者の大嶽は、郵政解散選挙の直前に小泉が政治学者のジェラルド・カーチスと対談した際の政局見通しを引き合いに出しながら、小泉はポピュリストであると同時に冷酷なマキャベリストであり、「自分自身をも突き放して冷徹にながめ、政局をドラマとして『観客席』からみるニヒルな側面がある」という。それゆえ彼には、「革命家にしばしば見られるニヒリスティックなまでの政治スタイル、アンドレ・マルローの描いた冒険家、革命家の『行動的ニヒリスト』につながる要素が認められる」としている（大嶽 二〇〇六：二四六～二四八）。ジャーナリストの清水もまた同様に、小泉には信長ばりに徹底した旧秩序の破壊に突き進む「反主流のDNA」の匂いが漂い、どこか「権力のニヒリズムともいうべき寒々しさがつきまとって離れない」ことを指摘し、「孤高の権力家の心底には深い虚無が潜んでいた」と見抜いている（清水 二〇〇五：三七三～三七四）。

虚無やニヒリズムが山口百恵と小泉元総理に見いだされる共通の気質としたら、二人に同じように見いだされるものとして、その反面の率直さや正直さを指摘できる。山口百恵は、彼女を含めて乱脈な性関係を面白おかしくでっち上げた「芸能人交歓図」に対して果敢に名誉毀損の裁判を起こし、自ら証人として出廷している。また、そのことや、自身の生い立ち、婦人科の診療を受けたことなどを、自伝『蒼い時』のなかで率直に語っている。一方、小泉に関しては、ジャーナリストの上杉隆が、カントの「正直はあらゆる政治に勝る」という言葉を引用しつつ、「ときに支離滅裂な論理をふりかざすが、小泉は、誰がなんと言おうと、正直な政治家だった」と結論づけ、高く評価している（上杉 二〇〇六：二八五）。ただし二人とも、公的な生活での率直さとは裏腹に、自身の私生活に関しては見せる部分と隠す部分とを峻別し、「本当の自分」の世界は決して明らかとしなかった。

二人に通じる、舞台の上での熱演と、その背後に見え隠れするニヒリズムや虚無と、率直さや正直さとの同時鼎立は、普通に考えれば理解しがたいことかもしれない。しかし、あらためて横須賀におけるアメリカの影ということを思い起こせば、おそらく合点がいくだろう。日本では終戦とされ、ある意味で解放でもあった戦後の始まりが、横須賀ではアメリカ軍の進駐を甘受することにほかならなかった。それはサンフランシスコ講和条約による独立後も、ヴェトナム戦争の終結後も、さらに東西冷戦が終わっても、大きな変化なく現在まで続いている。「赤いシリーズ」の山口百恵の役柄と彼女自身の芸能人としての活動に、受動性と受苦を見いだした長谷にならえば、基地の街の横須賀で生まれ育ち横須賀を選挙区とした小泉元総理のなかに、同じような境遇や立場を見いだすことができるだろう。

芸能界というシステムの暴力の代わりに、アメリカの極東戦略のなかのコマとして位置づけられた日本の受苦と受動性を直接に経験することを強いられてきたのが横須賀である。そうした現実の側に身を置いて、東京の政局や外交を見れば、アメリカの影や拘束という大きな枠組みを日常的に意識せずに、敗戦が終戦であり解放であったという虚構や擬制の延長上で論じられ交渉されてきた。小泉元首相は、「王様は裸だ」と叫んだ子どものように、そうした政治過程の表層が虚構であり脆い仮設舞台であることを十分に見切りつつ、しかし敗戦とその後の日米の圧倒的な力関係のなかで、そうなることもやむをえないと諦観し、それでも積極的に政治に関わっていった。それゆえ、情熱とニヒリズムとがつねに並存し、表裏一体となって小泉を突き動かしていったのは当然である。

内山も小泉を「パトスの首相」と呼び、その言葉を小泉理解のキーワードとして本のタイトルにも用いながら、小泉は、ロゴス（理性）よりパトス（情念）を好み、ポピュリスト的手法によって有権者の心情に訴えかける「パトスの首相であった」と論ずる。ただしパトスには感情や情念のほかに、もうひとつ「受動的状態」という含意もあり、「パトスに基づく行動とは、主体的に志向し、判断するよりも、受動的、反射的に行動することを意味する」と説明し、小泉の政治には、そうした受動性が顕著にみられることを指摘する（内山 二〇〇七：二一〇〜二一二）。しかし残念ながら、小泉元首相が、何に対して受動的に行動するのかが不明なままである。一般には、郵政解散にしても、小泉の側が積極的に仕掛けて政局を動かしていったという印象が強い。しかし私は、識者たちが小泉に感知するニヒリズムや虚無や受動性は、米軍基地の存在をとおしてつねに想起されるアメリカに対する日本の劣位や従属的地位の自覚や、それにまつわるもろもろの現実への感性のゆえであると考えている。

註記

（1） フィリピンと日本の双方にとって、解放者としてのアメリカ、父としてのアメリカ人を体現したのはダグラス・マッカーサーであった。きわめて興味深い人物であり研究テーマであるが、紙幅の制約のために本稿では扱えない。次稿で考察する予定である。

参考文献

阿木燿子（一九八五）『プレイバック Part III』新潮文庫。

浅川博忠（二〇〇一）『われは非情か――人間小泉純一郎』光文社。

飯島　勲（二〇〇六）『小泉官邸秘録』日本経済新聞社。

今井清一（一九八二）「歴史的に見た軍事基地と基地問題〈神奈川を中心に〉」創価学会婦人平和委員会編『サヨナラ・ベースの街』第三文明社。

入江　昭（二〇〇五）「アメリカの戦争戦略と日本占領」『環』第二一巻。

岩崎大輔（二〇〇六）『ダークサイド・オブ・小泉純一郎――「異形の宰相」の蹉跌』洋泉社。

上杉　隆（二〇〇六）『小泉の勝利・メディアの敗北』草思社。

内山　融（二〇〇七）『小泉政権——「パトスの首相」は何を変えたのか』中公新書。

江藤　淳（一九九四）『閉ざされた言語空間——占領軍の検閲と戦後日本』文春文庫（初版一九八九年）。

NHK教育・ETV特集（二〇〇七）『今村昌平に捧ぐ』七月八日放映。

大江健三郎（一九六五）「今日の軍港——横須賀」同『厳粛な綱渡り』文藝春秋。

大嶽秀夫（二〇〇六）『小泉純一郎・ポピュリズムの研究』東洋経済新報社。

霍見芳浩（二〇〇七）「最後までしっぽを振ったポチ」『週間金曜日』七月七日号。

加藤周一（二〇〇七）「夕陽妄語——戦争は本当にあったんだろうか」『朝日新聞』八月二五日夕刊。

神奈川新聞報道部（二〇〇二）『自民党神奈川の乱——小泉総理誕生の軌跡』かなしん出版。

川田順造（二〇一〇）『日本を問い直す——人類学者の視座』青土社。

木村　聡（二〇〇五）『消えた赤線放浪記』ミリオン出版。

『小泉内閣メールマガジン』（二〇〇一）第一六号、一〇月四日。

『小泉内閣メールマガジン』（二〇〇四）第一三五号、四月一日。

酒井政利（一九九五）『神話を築いたスターの素顔』文藝春秋。

坂本哲史（二〇〇五）「ことばの旅人——神奈川・横須賀」『朝日新聞』三月五日（「be」一～二面）。

佐野眞一（二〇〇六）『小泉政権——非情の歳月』文春文庫（初版、原題『小泉純一郎——血脈の王朝』文藝春秋、二〇〇四年）。

清水真人（二〇〇五）『官邸主導——小泉純一郎の革命』日本経済新聞社。

関　興吉（一九八三）「米海軍に占領された軍都横須賀の日々」『週刊読売』八月二一号。

創価学会婦人平和委員会（一九八二）『サヨナラ・ベースの街』第三文明社。

袖井林二郎編（一九八五）『世界史のなかの日本占領——国際シンポジウム』日本評論社。

——（一九八六）『占領した者された者——日米関係の原点を考える』サイマル出版会。

ダワー、ジョン（二〇〇一）『敗北を抱きしめて――第二次大戦後の日本人』上・下、三浦陽一・高杉忠明訳、岩波書店。

長谷正人（二〇〇六）「『赤い』シリーズ――百恵神話の成立」四方田犬彦編『女優・山口百恵』ワイズ出版。

平岡正明（一九八三）『山口百恵は菩薩である』講談社文庫（初版一九七九年）。

藤原新也（二〇〇六）「エルビスの亡霊」『朝日新聞』七月一七日朝刊。

星　浩（二〇〇六）「米国の影――『屈折感』乗り越える日は」『朝日新聞』七月二五日。

松田賢弥（二〇〇五）『無情の宰相――小泉純一郎』講談社プラスアルファ文庫。

御厨　貴（二〇〇五）「占領期をどう見るか」『環』第二二巻。

――（二〇〇六）『ニヒリズムの宰相・小泉純一郎論』ＰＨＰ新書。

山口百恵（一九八〇）『蒼い時』集英社。

湯川博忠（二〇〇六）『小泉純一郎とは何者だったのか』講談社文庫。

横須賀市編（一九八八）『横須賀市史――市政施行八〇周年記念』上・下、横須賀市。

Tompkins, Tom（1981）*Yokosuka: Base of an Empire*, Novato, CA: Presidio Press.

あとがき

本書は、平成一七〜一八年日本学術振興会科学研究費補助金「アメリカの影の下で——日比両国における対米認識と社会形成の比較研究」(研究代表者・藤原帰一)の研究成果の一部である。この研究プロジェクトの立案と遂行の過程がこのプロジェクトの特徴そのものを表わしているので、ここではその経緯を簡単に述べることにしたい。まず、その前提として、この科研費プロジェクトを立案するにいたった背景から説明していこう。

東南アジア研究のなかでもフィリピン研究は、研究上の主要な使用言語のひとつが英語であることもあって、国際研究会議がさかんに行なわれてきた。一九八〇年のアメリカ・ミシガン州における第一回国際フィリピン研究会議を皮切りとして、一九八一年に第二回がハワイで開催され、さらに一九八九年には第三回がフィリピンのマニラで開催された。その後、この国際会議は、一九九二年に第四回がオーストラリアのキャンベラ、一九九六年に第五回がハワイ、二〇〇〇年に第六回がマニラ、そして二〇〇四年には第七回がオランダのアムステルダムで開催された。この国際フィリピン研究会議に多くの日本人研究者が参加するようになったのは、一九八九年の第三回マニラ会議からであった。他方、一九九〇年代にはヨーロッパの研究者たちのあいだでほぼ三年ごとにフィリピン研究会議が組織されるようになっていた。

このような流れのなかで、一九九〇年代初めから日本でも何らかのかたちでフィリピン研究を軸とした国際研究会議を組織すべきではないかとの声が、内外から出るようになった。国際フィリピン研究会議が回を重ねるごとに日本人研究者の参加者数は増加し、国際会議から私たち日本人研究者が多くの成果を得ていた。しかし、さまざまな事情から、日本人研究者が国際会議を組織して、諸外国のフィリピン研究者に「お返し」をすることができないという状況が続いた。そうしたなかで、二〇〇四年秋に日本に在住するフィリピン人研究者を含めて十数名のフィリピン研究者が集い、「第一回国際フィリピン研究会議アジア地区日本大会」（The First Philippine Studies Conference of Japan: PSCJ 2006）の開催に合意し、組織委員会（委員長・永野善子）が発足した。そして長年、国際フィリピン研究会議の組織に尽力されてきたハワイ大学教授〔現名誉教授〕ベリンダ・A・アキノ氏から多くのご助言を受けながら、準備が進められた。

こうして二〇〇六年一一月一一〜一二日に東京グリーンパレス（市ヶ谷）を会場として、「PSCJ二〇〇六」が開催された。期せずして、この年は日比国交回復五〇周年を記念する年であり、在日フィリピン大使館の後援を受けることができた。会議では、共通論題 “The Philippines and Japan in the Global Context: Making Multicultural Societies in the Asian Region” のもとで、国立シンガポール大学教授レイナルド・C・イレート氏が基調講演を行ない、全体会のほか、一五の分科会が組織された。論文発表数は六〇本を超え、会議登録者一五五名、スタッフ・ボランティアとして大学院生・学部生を中心に三〇名あまりが活躍した。レセプションでは、駐日フィリピン大使ドミンゴ・L・シアソン氏を主賓としてお迎えし、日本における国際フィリピン研究会議開催の意義についてのスピーチをいただいた。

冒頭で述べた科研費プロジェクト「アメリカの影の下で」は、「PSCJ二〇〇六」の全体会といくつかの分科会を組織するために立案されたものである。この研究プロジェクトのねらいは、従来、まったく異なる歴史的過程を歩んできたと考えられてきた日本とフィリピンであるが、アメリカを光源としてこの二つの国を並列すると違いだけではなくむしろ共通点が見いだせるのではないか、そうだとしたら、「日比関係」という枠組みを超えた日本とフィリピンのつながりだけでなく、両国を新しい視座のなかで比較する方法を模索できるのではないか、ということにあった。

本書は、研究プロジェクトの成果として、このプロジェクトのメンバーと海外からの招聘者によって最終報告として英文で提出された一七本の論文のうち九本を選び、日本語に翻訳したものである。ただし、日本人の著者の論文については英文論文をそのまま翻訳するのではなく、かなりの改訂を加えた場合がある。とくに第8章の清水展論文は論文テーマ自体を変え、まったく新しい論文の書き下ろしとなっている。また、本書に所収できなかった論文数本を加えた英文の論文集が、Kiichi Fujiwara and Yoshiko Nagano, eds., *The Philippines and Japan in America's Shadow* (Singapore: NUS Press, 2011) として刊行されている。

なお、本研究プロジェクトは、「PSCJ二〇〇六」への参加のほか、二〇〇五年一一月一二～一四日に東京大学法学部と学士会館別館でワークショップを実施し、研究分担者のほか海外から研究者を招聘し、プロジェクト全体のテーマと各自の研究テーマとのすり合わせを行なった。さらに、二〇〇六年三月八〜九日には、マニラの在フィリピン日本大使館が日比国交回復五〇周年を記念して、ラサール大学および国際交流基金マニラ事務所と共同企画したシンポジウムに参加した。このシンポジウムの成果は、*Proceedings of the Symposium: The Philippines-Japan Relationship in an Evolving Paradigm* (Manila: Yuchengco Center, De La Salle University, 2006) として公刊された。

このように本研究プロジェクトの実施にあたってはじつに多くの方々のお世話になった。

前記のマニラでのシンポジウムでは、元駐フィリピン日本大使山崎隆一郎氏から過分のご配慮を賜った。「PSCJ二〇〇六」では、本プロジェクトに関連した分科会の運営にあたって元筑波大学大学院教授レスリー・E・バウソン氏と神戸大学大学院教授・片山裕氏からご協力をいただいた。また海外からは、本書に収録されている翻訳論文の執筆者のほか、以下の方々のご参加をいただいた。ハワイ大学名誉教授ベリンダ・A・アキノ氏、ワシントン大学教授ビセンテ・L・ラファエル氏、カリフォルニア大学ロサンゼルス校准教授マイケル・サルマン氏、スミソニアン博物館研究員パトリシオ・O・アファブレ氏、アテネオ・デ・マニラ大学教授ヘルメリーノ・M・バウティスタ氏、元国立フィリピン大学准教授フロロ・C・キブイェン氏、国立フィリピン大学助教授・米野みちよ氏、アテネオ・デ・マニラ大学助教授オスカー・V・カンポマーネス氏。

本研究プロジェクトの遂行や「PSCJ二〇〇六」開催にあたっては、東京フィリピン研究会事務局の玉置真紀子氏をはじめ、フィリピン研究会全国フォーラムに集う多くの大学院生のご支援をいただいた。さらに「PSCJ二〇〇六」は、二〇一〇年一一月に共通論題“Remapping the Philippines in the Globalizing World”のもとで「第二回国際フィリピン研究会議アジア地区日本大会」(The Second Philippine Studies Conference of Japan: PSCJ 2010、於：つくば国際会議場エポカルつくば、組織委員会委員長・鈴木伸隆)へと引き継がれたことをここで付け加えておきたい。

最後に、本書の編集では法政大学出版局編集部長・勝康裕氏から多くのご助言を頂戴した。この場を借りて心より感謝申し上げます。

二〇一一年四月

藤原　帰一
永野　善子

索　引

［マ　行］

芹澤 隆道（せりざわ たかみち）［第4章］
1981年生まれ。現在，国立シンガポール大学博士課程在籍。
修士論文：「フィリピン鉱山開発からみたアメリカ植民地主義と日本占領」（東京外国語大学，2007年）; 書評論文「アメリカから解放された歴史叙述に向けて」『クアドランテ』（東京外国語大学海外事情研究所）第8号（2006年）。

小川 玲子（おがわ れいこ）［第7章］
1964年生まれ。ライデン大学社会科学学部修士修了。現在，九州大学法学研究院准教授。
共著：*Civic Engagement in Contemporary Japan: Established and Emerging Repertoires*（New York: Springer, 2010）；主要論文（共編）："Transnational Migration from Southeast Asia to East Asia and the Transformation of Reproductive Labor: Comparative Study between Korea, Taiwan and Japan"（Visiting Researcher's Research Paper, Kitakyushu Forum on Asian Women, 2010）.

中 野　聡（なかの さとし）［第4章］
1959年生まれ。一橋大学大学院社会学研究科博士課程修了。社会学博士。現在，一橋大学大学院社会学研究科教授。
主要著書：『フィリピン独立問題史――独立法問題をめぐる米比関係史の研究（1929–46年）』（龍渓書舎，1997年），『歴史経験としてのアメリカ帝国――米比関係史の群像』（岩波書店，2007年）。

アウグスト・エスピリトゥ（Augusto Espiritu）［第6章］
1965年生まれ。カリフォルニア大学（ロサンゼルス校）博士（歴史学）。現在，イリノイ大学アーバナ・シャンペーン校准教授。
著書：*Five Faces of Exile: The Nation and Filipino American Intellectuals*（Stanford: Stanford University Press, 2005）.

鈴木 伸枝（すずき のぶえ）［第7章］
ハワイ大学博士（文化人類学）。現在，千葉大学文学部教授。
共編著：*Men and Masculinities in Contemporary Japan*（London: Routledge, 2003）; 主要論文："Outlawed Children: Japanese Filipino Children, Legal Defiance, and Ambivalent Citizenships," *Pacific Affairs,* vol. 83, no. 1（2010）.

清 水　展（しみず ひろむ）［第8章］
1951年生まれ。東京大学大学院社会学研究科博士課程中退。社会学博士。現在，京都大学東南アジア研究所教授。
主要著書：『文化のなかの政治――フィリピン「二月革命」の物語』（弘文堂，1991年），『噴火のこだま――ピナトゥボ・アエタの被災と新生をめぐる文化・開発・NGO』（九州大学出版会，2003年）。

［翻訳者］
鈴木 伸隆（すずき のぶたか）［第1章］
1965年生まれ。筑波大学大学院博士課程歴史人類学研究科修了。博士（文学）。現在，筑波大学大学院人文社会科学研究科准教授。
主要論文：「米国植民地統治下におけるミンダナオ支配と『モロ』としてのムスリム」『鹿児島大学多島圏研究センター南太平洋海域調査研究報告』第40号（2003年），「ムスリムの再生を願うコロニアリズム――米国植民地行政官ナジェーブ・サリビーの『モロ問題』を通して」『東南アジアのイスラーム』（東京外国語大学アジア・アフリカ言語文化研究所，2011年）。

岡田 泰平（おかだ たいへい）［第3章］
1971年生まれ。一橋大学大学院言語社会研究科博士課程修了。博士（学術）。現在，成蹊大学文学部助教。
主要論文：「アメリカ植民地期フィリピンの公立学校教育における中央集権的性格――アメリカ人教育官僚の理念と教育行政組織を中心に」『〈教育と社会〉研究』第18号（2008年8月），「他者としてのフィリピン人の形成――フィリピン植民地教育をめぐる越境的な教育社会史の試み」『歴史評論』第707号（2009年3月）。

執筆者・翻訳者紹介

［執筆者］（＊は編者）

藤原 帰一（ふじわら きいち）［序章］*

1956年生まれ。東京大学大学院法学政治学研究科博士課程修了。現在，東京大学大学院法学政治学研究科教授。

主要著書：『デモクラシーの帝国——アメリカ・戦争・現代世界』（岩波新書，2002年），『新編　平和のリアリズム』（岩波現代文庫，2010年）。

永野 善子（ながの よしこ）［第5章］*

1950年生まれ。一橋大学大学院社会学研究科博士課程修了。社会学博士。現在，神奈川大学人間科学部教授。

主要著書：『フィリピン経済史研究——糖業資本と地主制』（勁草書房，1986年），『フィリピン銀行史研究——植民地体制と金融』（御茶の水書房，2003年）。

ジュリアン・ゴウ（Julian Go）［第1章］

1970年生まれ。シカゴ大学博士（社会学）。現在，ボストン大学准教授。

著書：*American Colonial State in the Philippines: Global Perspectives*（co-edited with Anne Foster, Durham, N. C.: Duke University Press, 2003）; *American Empire and the Politics of Meaning: Elite Political Culture in the Philippines and Puerto Rico during US Colonialism*（Durham, N. C.: Duke University Press, 2008）.

テマリオ・C・リベラ（Temario C. Rivera）［第2章］

1947年生まれ。ウィスコンシン大学（マディソン校）博士（開発研究）。現在，国際基督教大学教養学部教授。

主要著書：*Landlords and Capitalists: Class, Family and State in Philippine Manufacturing*（Quezon City: University of the Philippines Press, 1994）; *State of the Nation: Philippines*（Singapore: Institute of Southeast Asian Studies. 1998）.

レイナルド・C・イレート（Reynaldo C. Ileto）［第3章］

1946年生まれ。コーネル大学博士（東南アジア史）。現在，国立シンガポール大学教授。

主要著書：*Pasyon and Revolution: Popular Movements in the Philippines, 1840–1910*（Quezon City: Ateneo de Manila University Press, 1979）, *Filipinos and their Revolution: Event, Discourse, and Historiography*（Quezon City: Ateneo de Manila University Press, 1998）.

サピエンティア　**18**
アメリカの影のもとで
日本とフィリピン

2011年6月10日　初版第1刷発行

編著者　藤原帰一・永野善子
発行所　財団法人法政大学出版局
〒102-0073 東京都千代田区九段北3-2-7
電話 03(5214)5540／振替 00160-6-95814
製版・印刷　三和印刷／製本　ベル製本
装　幀　奥定 泰之

ISBN 978-4-588-60318-1　　Printed in Japan

16 **スターリンから金日成へ**　北朝鮮国家の形成　1945〜1960 年
A. ランコフ／下斗米伸夫・石井知章 訳 ……………………………………3300 円

17 **「人間の安全保障」論**　グローバル化と介入に関する考察
M. カルドー／山本武彦・宮脇 昇・野崎孝弘 訳 …………………………3600 円

18 **アメリカの影のもとで**　日本とフィリピン
藤原帰一・永野善子 編著 ……………………………………………………3200 円

【以後続刊】（タイトルは仮題を含みます）

天皇の韓国併合
新城道彦 著

歴史のなかの障害者
山下麻衣 編著

比較のエートス　冷戦の終焉以後のマックス・ウェーバー
野口雅弘 著

シティズンシップ論
B. クリック／関口正司・岡崎晴輝・施光 恒 監訳

土着語の政治
W. キムリッカ／岡﨑晴輝・施 光恒・竹島博之 監訳

正義の境界
M. ヌスバウム／神島裕子 訳

一党支配型権威主義体制の政治力学
岸川 毅 著

国家のパラドクス
押村 高 著

《サピエンティア》（表示価格は税別です）

01 アメリカの戦争と世界秩序
菅 英輝 編著……3800円

02 ミッテラン社会党の転換 社会主義から欧州統合へ
吉田 徹 著……4000円

03 社会国家を生きる 20世紀ドイツにおける国家・共同性・個人
川越 修・辻 英史 編著……3600円

04 パスポートの発明 監視・シティズンシップ・国家
J. C. トーピー／藤川隆男 監訳……3200円

05 連帯経済の可能性 ラテンアメリカにおける草の根の経験
A. O. ハーシュマン／矢野修一ほか 訳……2200円

06 アメリカの省察 トクヴィル・ウェーバー・アドルノ
C. オッフェ／野口雅弘 訳……2000円

07 半開きの〈黄金の扉〉 アメリカ・ユダヤ人と高等教育
北 美幸 著……3200円

08 政治的平等とは何か
R. A. ダール／飯田文雄・辻 康夫・早川 誠 訳……1800円

09 差異 アイデンティティと文化の政治学
M. ヴィヴィオルカ／宮島 喬・森 千香子 訳……3000円

10 帝国と経済開発 途上国世界の興亡
A. H. アムスデン／原田太津男・尹春志 訳……近刊

11 冷戦史の再検討 変容する秩序と冷戦の終焉
菅 英輝 編著……3800円

12 変革する多文化主義へ オーストラリアからの展望
塩原良和 著……3000円

13 寛容の帝国 現代リベラリズム批判
W. ブラウン／向山恭一 訳……4300円

14 文化を転位させる アイデンティティ・伝統・第三世界フェミニズム
U. ナーラーヤン／塩原良和 監訳……3900円

15 グローバリゼーション 人間への影響
Z. バウマン／澤田眞治・中井愛子 訳……2600円